청소년을 위한
민주주의 교육의
이론과 실제

청소년을 위한

민주주의 교육의

이론과 실제

권재원·구민정

ⓚⓢⓘ 한국학술정보㈜

머리말

　2006년 타이에서 군사쿠데타가 일어났다. 비록 우리나라는 아니지만 멀지 않은 나라에서 민주적 의사결정의 제도와 절차가 총칼 앞에 처참하게 유린된 것은 참으로 슬픈 일이다. 그러나 문제는 타이가 아니라 바로 우리나라에도 있었다. 그것은 타국의 군사쿠데타를 바라보는 한국인의 시선이었다. 그 시선에는 "무능한 정권이라면 쿠데타를 통해서라도 전복시키는 것이 타당하다."라는 위험한 메시지가 담겨 있었다. 한나라당의 그 논란 많은 쿠데타 논평이 공연히 튀어나온 것은 아닐 것이다.

　실제로 누리꾼들이 달아놓은 수많은 답 글들에서도 이런 견해들이 무수히 쏟아져 나왔다. 심지어 일부는 실제로 그렇게 어려운 것인지 실감은 잘 나지 않지만 여하튼 경제의 어려움을 이유로 차라리 군사독재 시절로 돌아가자는 위험한 주장들이 적지 않게 눈에 띄었다. 청소년들 중에는 이미 기성세대가 된 소위 민주화 세대를 비판하면서 독재가 사라졌으니 민주화의 이념도 더 이상 유효하지 않다며 목소리를 높이는 이들도 있었다. 이 모든 목소리에는 결국 경제 등의 기능적인 필요가 민주주의보다 더 중요하다는 위험천만한 전제들이 깔려 있었다.

　이러한 민주화 염증, 독재 회고 현상은 길고 고단한 민주화 운동을 통해 민주주의를 쟁취한 국가에서 흔히 나타나는 현상이다. 오랫동안 투쟁하면서 민주화 운동과 그 세력은 하나의 테제가 아니라 기성의 정치, 즉 독재와 억압에 대한 반테제로 민주주의를 정립하는 경우가 많다. 그 결과 민주주의는 시민들이 스스로 만들어 나가는 하나의 원리가 아니라 현실의 문제점에 대한 반대 상황, 즉 모든 모순과 문제가 해결된 장엄한 이상과 꿈같은 세상으로 과대 포장된다. 세상의 모든 문제가 "그날이 오면" 해결되고 모두가 "그날이 오면" 잘 살 것으로 기대하게 되는 것이다. 그러다가 막상 "그날이 오면" "그날" 역시 모순과 문제를 담고 있으며, 저절로 행복을 창출해 주는 자동기계가 아니라는 것을 알게 된다. 이내 "거센 땀방울"은 "넘실대는 정의의 물결"이 아니라 거대한 실망의 물결이 되어 거세게 몰려온다. 그리고 심하면 이렇게 도리어 독재를 그리워하며 민주주의를 상대화 시키는 지경에 이르게 되는 것이다.

그러나 민주주의는 현재 인간이 선택할 수 있는 정치 제도와 원리들 중 대안 없는 최선의 것이며, 단지 제도의 차원뿐 아니라 인간의 존엄성과 가치를 실현하고 보호하기 위해서도 반드시 지켜져야 하는 것이다. 그런데 이렇게 민주주의가 상대화 되는 바람직하지 않은 현상이 나타나는 것은 소위 민주화 세력이 항상 민주주의를 독재와 억압에 대한 반테제로만 정립했을 뿐 그 자체 하나의 체계 있는 내용으로 제시하지 않았기 때문이다. 그 결과 민주주의는 구호 속에서만 존재하게 되었고 실제 생활의 원리로 행위의 원칙으로 시민사회 구석구석까지 정착하지 못하였다. 즉 몇몇 제도들만 공식적으로 민주화 되었을 뿐 시민들의 사고방식까지 민주화 되지는 못한 것이다.

그렇다면 어떻게 민주주의를 시민사회의 구석구석까지 생활의 원리로 정착시키고 시민들의 사고방식을 민주화 할 것인가? 여기에 대해서는 가장 상식적인 언명 외에는 해답이 없을 것이다. "민주적인 시민 없이 민주주의는 불가능하다."라는 말이 그것이다. 즉 민주적인 시민을 양성해서 이들이 장차 시민사회의 주류가 되도록 해야 하는 것이다.

그렇다면 민주적인 시민은 어떻게 양성되는가? 그 하나는 일상적인 공공영역에의 관심과 참여일 것이며, 또 하나는 청소년기 때의 교육일 것이다. 특히 청소년기는 가치관과 규범이 형성되는 시기로, 이때의 교육은 거의 결정적이라고 할 수 있다.

이 연구는 바로 이 지점, 즉 장차 민주적인 시민으로 청소년을 성장시키기 위해 어떤 교육적 처치가 가능할 것인가 하는 고민의 산물이다. 물론 현행 공교육과정의 사회과는 '민주시민 양성'을 직접적인 교육목적으로 삼고 있다. 그러나 사회과는 사회과학, 가치·태도, 그리고 반성적 사고력이라는 복합적인 목표를 가지고 있는 교과기 때문에 '민주주의'라고 하는 특히 '민주적 생활과 문화'라고 하는 단일한 목표로 장기간의 교육활동을 수행하기에는 어려움이 있다. 따라서 '민주주의 교육'이라는 특수한 교육의 영역이 필요하며, 이는 범교과 활동으로 수행되어야 한다. 또 '민주적 태도와 문화'를 목표로 삼는 청소년 대상의 민주주의 캠프나 수련 프로그램도 필요할 것이다.

이 연구는 이러한 교육활동에 활용할 수 있는 비교적 장기간에 걸친 일관된 민주주의 교육 프로그램을 개발하고, 구체적인 지도안을 마련하는 것을 1차적인 목적으로 삼아 시행되었다. 이 연구에서 개발된 프로그램과 지도안은 민주주의 교육을 실현하고자 하는 교사나 청소년 지도사들이 일선 학교 범교과 재량학습 시간에 한 학기 이상 장기간 활용하거나, 일선 청소년 수련 시설이나 캠프 등에서 3박4일가량 집중적으로 진행되는 수련 프로그램에 활용할 수 있도록 구성되었다.

물론 이 연구에서 제시하고 있는 민주주의의 개념, 혹은 민주주의 교육의 목표 등을 절대적이라고 강변할 수는 없다. 사실상 강변하는 것 자체가 비민주적일 것이다. 그러나 지금까지 민주주의 그 자체를, 특히 생활과 문화의 민주화를 직접적인 목표로 삼은 일관성 있고 장기간에 걸쳐 실시할 수 있는 교육 프로그램이 사실상 전무했다는 점에서 억지로나마 이 연구의 의의를 찾아볼 수 있을 것이다.

당연한 이야기지만 이 연구의 결과는 일선 현장에서 널리 활용되기를 기대하고 있는 것이다. 또한 이 연구의 결과는 어떠한 비판에도 공개되어 있다. 완벽한 결과물을 내어놓기보다는 우선은 문제의식과 고민을 결정체로 만들어 세상에 내어놓고, 그 소통과정에서 활발한 토론, 비판, 반비판이 오가는 속에서 보다 훌륭한 민주주의 교육 프로그램이 개발되고 정착될 수 있기 때문이다. 모쪼록 민주주의의 정착에 헌신하고자 하는 많은 교육자들의 충심어린 비판과 격려, 그리고 질정을 기대하는 바다.

이 책은 원래 2005년 4월 '민주화운동 기념 사업회'의 위탁을 받아 수행한 연구 보고서를 근간으로 하고 있다. 당시 보고서를 완성 납품한 뒤에도 아쉬움이 많이 남았었는데, 그중 연구자들의 능력 부족과 촉박한 시간으로 인해 프로그램의 큰 그림을 그리고, 수업 모형을 개발하는 데 그쳤다는 점이 가장 큰 아쉬움이었다. 납품 당시 보고서는 교육 전문가이면서 민주주의 교육에 어느 정도 열의를 가지고 있는 독자들이 고심해 가면서 읽어야 겨우 활용이 가능할 정도로 불충분하고 불친절하게 구성되어 있었다. 즉 수업 모형에 대한 구체적인 설명, 혹은 수업에 사용할 구체적인 자료 등을 상세하게 제시하지 않았던 것이다. 따라서 경력이 짧은 교사나 청소년 지도자에게는 그다지 큰 도움이 되지 못했고, 그 결과 애초에 저자들이 목표하였던 민주주의 교육의 보급이라는 뜻도 제대로 달성하지 못하였다.

그 이후 이 문제를 앞으로 시간을 넉넉하게 두고 해결할 수 있기를 늘 기대하고 있었고, 틈틈이 후속작업을 계속하였다. 이 책이 바로 계속된 후속작업과 보강작업의 결과물이다. 이 책에서는 2005년 보고서를 바탕으로 제시한 수업 모형들에 대한 상세한 매뉴얼과 활용할 수 있는 자료모음 등을 함께 제시하였다. 따라서 비교적 경력이 짧은 교육자도 2005년 보고서에 비해 보다 손쉽게 민주주의 교육 수업모형들을 활용할 수 있도록 배려하였다.

여기에 더하여 미진하다고 여겨졌던 이론적 바탕도 튼튼하게 보강하였다. 특히 민주주의의 기본 이론부분은 거의 완전히 다시 작성하였다.

2005년 당시 저자들은 로버트 달(Robert Dahl)의 폴리아키를 완전히 오독하였으며, 정치학의 필독서인 세이빈(Sabine)의 정치사상사도 제대로 검토하지 못하였다. 결국 불충분한 이론적 기반과 오독한 결과를 바탕으로 논의를 진전시켰으며, 이는 심각한 결함의 원인이 되었다. 따라서 이 부분은 완전히 다시 쓸 수밖에 없었다.

또 2005년 처음 보고서를 발표했을 당시 저자들에게 가장 많이 가해졌던 비판을 수용하여 "수업 방법, 교수·학습 모형의 정치성"에 대한 성찰을 보강하였다. 실제로 파울루 프레이리(Paulo Freire)나 마이클 애플(Michael Apple), 그리고 보다 근본적으로 존 듀이(John Dewey)가 강조했듯이 민주주의 교육은 교육의 내용에서만 반영되는 것이 아니다. 민주주의 교육은 교육의 방법에서도 구현되어야 한다. 교육의 방법과 내용은 유리된 것이 아니다. 내용과 무관한 방법은 없으며, 방법으로 구현되지 않는 내용도 없다.

물론 2005년 당시에도 이 점을 분명히 의식하여 가능하면 교사가 일방적으로 진행하는 독재형 수업을 피하고자 하였다. 그러나 당시에는 교수·학습 방법 그 자체가 이미 정치이며 이데올로기라는 분명한 이론적 근거를 제시하지 못하고, 그저 막연히 학생 주도형 수업이 보다 민주주의에 가까울 것이라는 원시적인 기대에 머물러 있었다. 따라서 학생에게 자유를 부여한다는 것 역시 위험한 이데올로기일 수 있다는 가능성을 인식하지 못하였다. 2005년 보고서를 기반으로 다시 쓴 이 책에서는 이 점을 분명하게 보강하여, 왜 민주주의 수업에 여기에서 개발한 수업 모형들을 선택하였는지 이론적으로 그 근거를 밝혀두었다.

이러한 보완과 보충에도 불구하고 저자들은 이 책이 민주주의 교육을 위한 최상의 방안을 제시하고 있다고 보지는 않는다. 그렇게 생각하는 자체가 지극히 비민주적인 발상이기도 하다. 그러나 이 책이 민주주의 교육 연구의 새로운 차원을 열었다고는 자신 있게 말할 수 있다.

그 동안 민주주의 교육은 이념적, 철학적으로만 다루어지거나 아니면 대단히 기능적인 민주시민성 교육으로 다루어졌다. 이 책에서는 양자를 결합하고자 하였다. 이에 따라 민주주의의 이념적, 철학적 고찰로부터 구체적인 수업 지도안의 개발까지 일관된 논리적 틀을 유지하고자 하였다. 이러한 시도가 성공적이었는지 여부는 이후 여러 검증을 통해 확인할 수 있겠지만, 적어도 이러한 시도를 사실상 거의 처음 시도했다는 점에서 저자들은 민주주의를 가르치는 사회과 교사로서 충분히 자부할 만한 일을 성취했다고 감히 자위한다. 모쪼록 이 책이 교육자들과 청소년 지도자들에게 도움을 주어 청소년들이 민주시민으로 성장하고 민주주의가 내면화되어 장차 민주주의의 공고화를 앞당기는 데 조금이라도 기여했으면 하고 기원해본다.

항상 다른 학자들의 저서를 볼 때마다 머리말 말미에 붙곤 하는 감사의 글이 무척 번거롭다고 느꼈다. 하지만 막상 책을 쓰는 입장이 되자 감사의 글을 쓰지 않는 것이 오히려 어려움을 알게 되었다. 한 권의 책이 저자들만의 것이라는 생각은 지극히 독선적이고 오만한 생각이다. 이 책이 나오기 위해 수많은 사람들의 크고 작은 노력이 함께 하였다. 애초에 이 책의 기본이 되는 연구를 제안해 주었던 민주화 운동 기념사업회 이찬혁 전 교육팀장에게 감사드린다. 또 어려운 출판계 사정에도 불구하고 이 책의 출판을 의뢰하고 또 깔끔하게 편집하는 데까지 수고해 주신 한국학술정보(주)에 박주선 씨에게도 깊은 감사를 드린다. 이 책으로 인해 받게 될 모든 찬사는 이런 모든 분들의 덕분이며, 이 책에서 발견될 오류와 잘못은 전적으로 저자의 잘못임을 밝혀둔다.

2007년 3월

권재원, 구민정

목 차

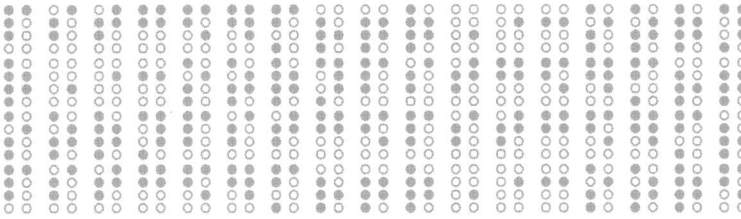

1부 민주주의 교육의 목표

-한국 민주주의 공고화의 과제와 교육의 역할

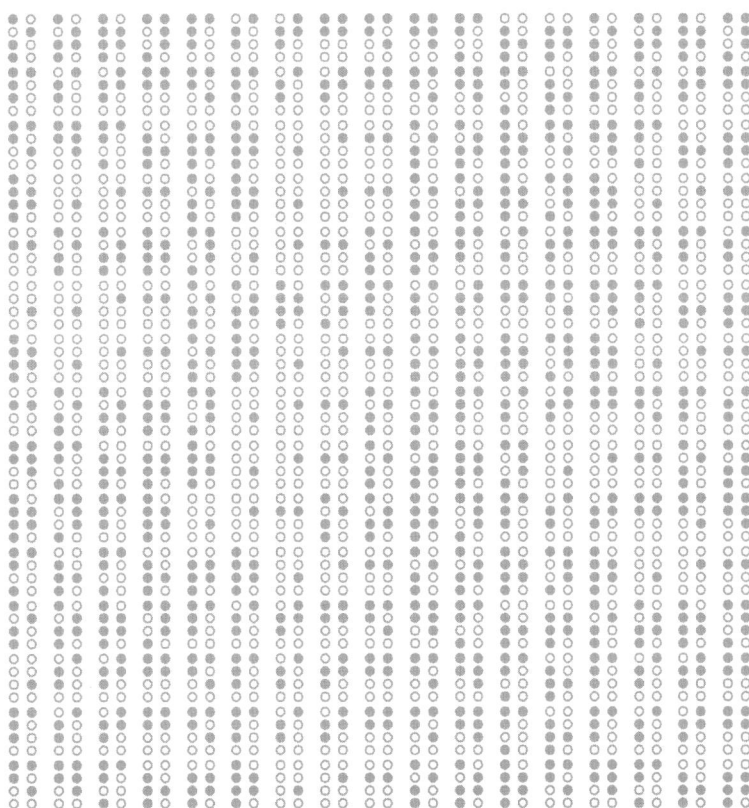

Ⅰ. 서 론

1. 문제제기

한국의 민주화 운동은 세계적인 모범 사례로 꼽히고 있다. 한국 민주화 운동의 역사는 1960년 4·19 혁명에서 1987년 6월 혁명에 이르기까지 30년간이나 강고하게 이어져 왔다. 이렇게 긴 시간 동안 한결같이 이어져 내려오고, 또 실제로 독재를 완전히 종식시킨 사례는 스페인을 제외하면 세계에서도 거의 찾아보기가 어려운 사례로 이는 우리 역사의 자랑이며 길이 계승되어야 하는 유산이다.

그러나 이러한 자랑스러운 민주화 운동의 역사에도 불구하고 우리나라의 민주주의가 아직 완전한 정착에 이른 것은 아니라는 비판적인 목소리들이 있다. 즉 민주주의의 이행기는 통과하였으나 아직 공고화 단계에 이르지는 못했다는 주장이 그것이다(최장집, 2006).

린쯔와 스테판(Linz & Stepan, 1996)에 따르면 민주화에는 이행기와 공고화라는 두 단계가 있다. 민주주의는 권위주의나 전체주의에서 민주주의로 변화하는 이행기뿐 아니라 이것이 완전히 정착하는 공고화 단계에 이르러야 비로소 완성되는 것이다. 따라서 한국의 민주화가 아직 공고화를 완수하지 못했다는 말은 민주화 운동이 단지 과거의 전통일 뿐 아니라 완성시키고 정착시켜야 하는 진행형의 과제라는 의미를 담고 있다.

그런데 민주주의의 공고화는 이행기를 지나 어느 정도 시간만 지나면 기계적으로 이루어지는 것이 아니다. 민주주의의 공고화를 위해서는 민주적인 가치를 내면화한 시민들의 실천이 필요하다. 실제로 한국의 민주화 운동이 세계의 모범이 될 정도로 성공적이었던 이면에는 조직화된 시민사회의 성장과 그를 바탕으로 한 의식적인 사회운동이 기성 정치체제에 균열을 일으키고 그중 일부를 견인해 낼 수 있었기에 가능하다는 해석도 있다(윤상철, 1999).

물론 이러한 민주화 시민들은 자연발생적으로 나타난 것이 아니라 의식적인 교육과 실천을 통해 만들어졌다. 유신독재와 5공화국을 거치면서 장장 20년간 계속된 폭압적 현실은 이러한 민주화 시민들을 양성하기에는 더할 나위 없이 좋은 정치 교실이었다. 그 시대에는 민주화 시민이 되거나 아니면 완전히 순응하는 외에는 선택의 여지도 없었다. 이런 상황에서 어느 정도 지식을 갖춘 시민이 민주화 운동에 적어도 심정적으로나마 동조하게 되는 것은 당연한 일이었다.

그러나 6월 민주화운동도 거의 20년이나 지난 지금은 그런 폭압적 현실이 존재하지 않는다. 물론 평택 대추리의 미군기지 반대시위에 대한 야만적인 진압을 놓고 말이 많지만, 그런 일이 비일비재했던 시대에 비해, 폭력 진압 자체가 비판거리가 되고 화젯거리가 된다는 사실만으로도 얼마나 오늘날의 현실이 폭압과 거리가 먼 것인지 반증하고 있다.

이렇게 20년 전과 비교할 때 그리 억압적이지 않은 사회적 현실은 그 시대와 같은 강고하고 조직적인 사회 운동과 민주화 운동의 동력을 감소시켰다. 문제는 운동의 동력은 감소하였지만, 민주주의가 공고화되었다고 보기는 어렵다는 점이다. 즉 민주주의가 후기 전체주의나 권위주의로 역이행할 경우 이를 차단할 세력이 허약해졌다는 의미다. 실제로 민주화 이행기 이후에 공고화에 성공하지 못하면 권위주의나 전체주의로 퇴행할 가능성이 높음을 라틴아메리카의 선례들이 보여주고 있다 (Linz & Stepan, 1996).

따라서 이러한 퇴행을 막고 민주주의의 공고화를 완수하기 위해 민주화 시민이 계속해서 양성되어야 한다. 권위주의나 전체주의의 폭압이 있을 경우는 그 현실 자체가 민주화 시민을 양성하는 학교의 역할을 하여 민주화 이행기의 주역들이 억압에 저항하는 과정 속에 스스로 학습하고 탄생했다. 하지만 억압적 현실이 존재하지 않는 공고화의 주역들은 사회적 현실에 의해 저절로 발생·성장하는 것이 아니라 의식적인 교육과 실천을 통해 만들어져야 한다.

바로 이런 이유 때문에 청소년을 대상으로 한 민주주의 교육은 한국 민주주의의 장래를 위해 대단히 긴요한 과제다. 물론 이 중요성은 정부나 민간 모두 인식하고 있다. 그래서 7차 교육과정에서는 사회·윤리 과목을 중심으로 민주화 운동 관련 내용들이 보강되었다. 또 '민주화 운동 기념 사업회'에서 '역사다시읽기' 시리즈와 자료집을 발간하였고, 역사교사 모임과 사회교사 모임에서 교과서에 기술된 민주화 운동 관련 기록들을 체계적으로 정리하기도 하였다. 그러나 이러한 노력들에도 불구하고 여전히 청소년들을 민주주의 공고화의 주역으로 육성함에 있어 다음과 같은 미해결 과제들이 남아있다.

첫째, 아직까지 '민주주의 교육'의 고유한 영역을 확보하지 못하고 있다. 민주주의 교육은 민주주의라고 불리는 정치체의 속성과 제도적 특징들, 혹은 우리 민족이 민주화를 위해 노력한 역사적 사실들을 습득하는 것과는 구별되어야 한다. 즉 민주주의 교육은 민주주의에 대한 지식을 습득하는 교육이 아니다. 또 이는 사회과에서 목표로 삼고 있는 민주시민성 교육과도 구별되어야 한다. 민주시민성 교육은 이미 완성된 민주사회의 안정을 해치지 않을 건전한 시민을 양성한다는 의미를 강하게 내포하고 있다. 어떤 면에서 민주시민성은 건전한 시민성과 거의 동의어다.

그러나 민주주의 교육은 그런 건전한 시민을 양성하는 것이 목표가 아니다. '민주주의 교육'은 아직 공고화를 완수하지 못하여 자칫 역행의 위기를 맞을 수도 있는 상황에서 민주주의 공고화 주역이 될 시민의 육성을 목표로 한다. 따라서 이는 민주화가 완전히 공고화 단계까지 이르지 못한 사회에서 더욱 필요한 교육이다. 따라서 만약 민주주의의 퇴행 가능성이 0%가 되면 비민주주의 교육 역시 해소될 것이다.

따라서 이는 특정 교과교육으로 환원되지 않는 별개의 교육 프로그램이 되어야 한다. 또 이러한 민주주의적 소양이 비단 청소년과 어린이에게만 필요한 것이 아니고, 성인이라고 해서 민주주의적 소양이 더 높지 않은 것이 현실이기 때문에 이는 평생교육 차원에까지 확대되어야 한다.

이를 위해 학교 내 범교과 재량활동, 특별활동을 이용한 혹은 학교 밖의 청소년 수련시설이나 각종 단체, 캠프 등을 이용한 민주주의교육이 활발히 이루어져야 한다. 마찬가지로 이를 목적으로 하는 프로그램들도 활발하게 개발되어야 한다. 그런데 지금까지 민주주의와 교육을 접목시키고자 했던 노력들은 '사회과'와 '윤리과'라는 정규 교과의 테두리를 벗어나지 못한 경향이 있었다. 더욱이 청소년 수련 프로그램에서 민주주의 교육을 다룬 경우는 찾아보기 어려웠다. 물론 정규교과를 통한 민주주의 교육도 의미가 없는 것은 아니나, 현행 정규 사회 · 윤리과는 민주주의 교육만을 위해 많은 시간을 할애하기 어려운 사정이 있어 분명한 한계를 가지고 있다.

둘째, 지금까지의 민주주의 교육은 일관성이나 연속성에서 많은 문제를 가지고 있었다. 이는 민주주의 교육이 특정 교과에 매몰되었던 지금까지의 경향에서 벗어나야만 해결할 수 있는 문제다. 만약 사회과, 역사과, 혹은 윤리과라는 특정 교과 시간에 그것도 해당 내용이 나오는 단원에서만, 혹은 관련 기념일 때의 계기교육으로만 민주화 운동이 다루어지고 민주주의 교육이 이루어진다면 이는 산발적이고 일관성이 부족하다는 비판을 면하기 어려울 것이다. 게다가 공교육 교과목들은 모두 나름의 인지적·메타 인지적 목적을 가지고 있기 때문에 비록 민주화운동 관련 내용이 언급되는 부분이 교과서에 나온다 할지라도, 이를 민주주의 교육으로 일관성 있게 취급하기는 어려운 일이다. 따라서 일관성 있게 집중적으로 소기의 목적을 달성할 수 있는 민주주의 교육 프로그램이 요구된다. 이 프로그램은 특정 교과가 아니며 민주주의 교육 외에는 어떤 다른 목적도 가지지 않은 것이라야 한다.

셋째, 민주주의 교육을 담당할 교육자들, 즉 교사나 청소년 지도자의 민주적 소양이 신뢰할 만하지 못하다. 교사들의 민주적 소양이 그리 높지 않음은 심성보 등(2003)의 연구에서 널리 알려진 사실이다. 이는 민주주의 교육을 교과내용으로 담고 있는 사회과 교사의 경우도 크게 다르지 않은 형편이다. 민주주의의 절차와 역사를 알고 있는 것과 실제 민주적으로 생각하고 행동하는 것은 별개의 일이다. 이 점에서 한국의 교사들은 분명 심각한 문제를 가지고 있으며, 따라서 교사들을 대상으로 적용해도 좋을 만큼 일관성 있고 심도 있는 민주주의 교육 프로그램이 절실하다.

이러한 문제의식들을 기반으로 이 연구는 일선 학교나 청소년 지도 현장에서 정규 교과의 테두리를 벗어나 1개월(매일 실시할 경우)에서 1학기(주 1회 실시할 경우) 정도의 기간 동안 일관성 있게 진행되는 범학년, 범교과적 '민주주의 교육' 프로그램을 개발하고자 실시되었다. 이 프로그램은 '민주주의 공고화의 주역 양성'이라는 고유의 목표를 가진 독자적인 교수 영역이 될 것이며, 일선 학교의 범교과 재량학습이나 청소년 민주주의 캠프, 혹은 교사나 청소년 지도자, 그리고 사회복지사 들을 대상으로 하는 민주주의 연수 등에서 지속성 있게 수행될 완결되고 일관성 있는 프로그램이 될 것이다.

2. 연구의 목적과 의의

앞에서 제기한 문제의식들에 기반하여 이 연구는 다음과 같은 구체적인 연구 목적들을 설정하였다.

첫째, 민주주의 교육의 대상이 될 '민주주의'와 '민주화 운동'을 가능한 수준에서 조작적으로 정의한다. 민주주의라는 개념은 대단히 용례가 다양하고 그 의미의 편차가 넓은 가치의 집합체다. 물론 교육 역시 무수히 많은 정의들을 가진 복합개념이다. 그러나 교육은 무수한 정의들이 있더라도 이들 모두를 관통하는 일관된 내용이 있다. 그것은 학생들에 대한 의도적 개입을 통해 행동이나 생각 혹은 태도를 변화시킨다는 것이다(김신일, 2003, p.435). 이때 기대하고 있는 변화된 상태를 교육목표라고 한다. 그렇다면 민주주의 교육에서 기대하는 변화된 상태는 '민주주의'가 된다. 그런데 만약 '민주주의', '민주화' 등의 개념이 모호한 상태로 남아 있다면 어떠한 교육 프로그램도 목표 자체를 수립하지 못하여 소기의 목적을 달성할 수 없을 것이다. 따라서 이 연구가 '민주주의'와 '민주화 운동'의 엄격한 정의에서부터 시작해야 함은 당연하다.

둘째, '민주주의 교육'의 목표를 설정한다. 이는 민주주의 교육의 결과 청소년들이 갖추게 될 것으로 기대되는 태도와 가치들의 목록을 작성하는 것이다. 물론 이는 '민주주의'와 '민주화 운동'의 엄격한 정의를 통해서 도출할 수 있을 것이다.

셋째, 이렇게 정리된 가치 목록을 중심으로 연속성과 일관성이 있는 민주화 운동 교육 프로그램을 개발한다. 이 프로그램은 원칙적으로는 국민공통과정 기준 8, 9, 10학년을 기준으로 한다. 8, 9, 10학년을 기준으로 삼은 것은 7학년 이하는 이러한 프로그램에 필요한 기초적 정보가 부족하며, 11학년 이상은 교실 내 활동이 아니라 이미 구체적인 사회 속의 실천 프로그램까지 고려되어야 하기 때문이다. 여기에서 말하는 프로그램이란 목표로 하고 있는 가치, 태도를 획득하기 위한 연계성을 가진 단원들의 집합을 의미한다.

넷째, 구성된 프로그램의 각 단원들에 따라, 가장 적합한 구체적인 16개의 교수-학습 지도안들을 개발한다. 프로그램이 16개의 교수-학습 지도안으로 구성된 것은, 매주 1시간씩 진행되는 범교과 활동의 1학기 분량을 고려한 것이다. 만약 3박 4일간 집중적으로 실시되는 민주주의 캠프에서 활용하고자 한다면 약간의 시간 조정이 필요할 것이다.

그런데 민주주의 교육은 교수-학습 방법 역시 민주적이라야 한다. 즉 프레이리가 말한 은행 저금식 교육을 지양하고 문제 제기식 교육이 될 수 있도록 세심하게 고려하여야 한다. 이 연구에서는 가능한 한 은행 저금식 교육을 피하고자 최대한 노력하였다.

이 연구를 통하여 기대되는 효과는 다음과 같다.

첫째, 청소년들을 민주화 시민으로 양성할 수 있는 민주주의 교육의 구체적이고 일관성 있는 방안을 제시할 수 있다. 특히 이 연구의 결과는 특정 교과의 범위를 벗어난 범교과적인 활동을 가능하게 함으로써 파편적이고 계기적이었던 민주주의 교육의 비일관성을 극복할 수 있다는 점에서 그 의의를 찾을 수 있다.

둘째, 청소년들에게 민주주의와 민주화 운동을 교육함에 있어 검증된 교수-학습 모형을 적용·개발함으로써 효율성을 높일 수 있다. 사실 지금까지 파편적으로 이루어진 민주주의 교육은 교수−학습에 대한 연구와 고려가 부족하여 결국 교사가 학생들에게 민주주의를 '강변'하는 아이러니로 끝나는 경우가 있었다. 이 연구에서는 학생들이 흥미를 잃지 않으면서 활발한 활동을 보장받는 가운데 민주주의의 태도와 가치를 스스로 발견할 수 있는 교수−학습 모형들을 신중하게 선택하여 프로그램을 구성하였다. 따라서 이 연구의 결과를 세심하게 이행한다면 민주주의를 비민주적으로 강요하는 아이러니는 발생하지 않을 것이다.

셋째, 이 연구는 민주주의 교육의 범교과, 범과정적 수업 모형을 제공함으로써 이를 국민공통 교육과정 내의 독자적인 영역(Strand)으로 정착시킬 가능성을 제시할 수 있다. 더 나아가서 이 결과는 민주주의 교육을 중심으로 시민교육을 재편성할 수 있는 가능성도 보여주고 있다.

실제로 정치, 경제, 사회문화, 역사, 지리, 윤리로 산개되어 있는 현행 시민교육은 그 파편성으로 인해 시민성 함양에도 제대로 기여하지 못하고, 그렇다고 해서 각 분과학문의 내용을 제대로 가르치지도 못하는 딜레마에 빠져있다. 이러한 상황을 타개하기 위해 어떤 당위적 가치를 중심으로 각 분과 학문의 내용을 재편성해야 한다는 주장이 제기되어 왔으며 최근에는 '인권교육'을 중심으로 시민교육을 재편해야 한다는 주장이 점점 높아지고 있는 추세이며, 그 외 '시민교육' 혹은 미국의 경우처럼 '정치'와 '경제'로 분과해야 한다는 주장도 나오고 있다.

그러나 '인권교육'은 그 자체가 지나치게 가치 편향적이고 모호한 점이 많아 이를 담당할 핵심 목표로 어려운 점이 있다. 또 '정치'의 경우는 이 속에 자연법 사상과 실증법 사상의 개념이 모두 포함되어 있기 때문에 자칫 잘못하면 기능적이고 행태적인 정치교육에 함몰되어 사실상 행정교육이 되어버릴 위험이 있다. 반면 '민주주의'는 인권만큼이나 보편적인 가치이면서 동시에 조작적 정의가 가능하여 명확한 교육 목표 선정에도 어려움이 없다. 따라서 이 연구의 결과는 이른바 시민교육이

'민주주의'라는 핵심을 통해 어떻게 재편되고 통합될 수 있는지 보여줄 수 있는 좋은 사례가 될 것이다.

3. 연구의 한계

앞에서 밝힌 여러 의의에도 불구하고 이 연구는 다음과 같은 한계를 가지고 있기 때문에 그 적용에 있어서도 주의할 필요가 있다.

첫째, 이 연구에서 개발한 프로그램의 효과에 대한 경험적인 검증이 이루어지지 않았다. 물론 학생들을 통제하고 연구자가 주도권을 잡아서 조작을 행하는 양적 실험연구는 연구방법 자체가 비민주적(Freire, 1970)이라 애초에 고려하지 않았다. 그러나 문제는 이 연구에서 개발한 프로그램이 적용된 사례에 대한 질적인 자료도 수집하지 못했다는 것이다. 물론 연구자들은 이 수업을 일선 현장에서 적용하였고, 또 이를 통해 청소년이 변화하는 모습을 목격하였다. 그러나 그것이 프로그램의 효과인지 아니면 연구자들의 교사로서의 역량 때문인지는 확인할 방법이 없었다. 따라서 이 연구의 결과가 널리 보급되고, 또 이를 적용한 일선 교육자들의 사례가 연구자들에게 가능하면 많이 전해진다면 이러한 문제는 보완해 나갈 수 있을 것이다.

둘째, 이 연구에서 사용한 교수–학습 모형의 비조작성에 대해 완전히 확신하기 어렵다. 물론 연구자들은 민주주의 교육은 교수–학습 방법부터 민주적이라야 한다는 신념하에 학생들의 자율성을 최대한 보장하는 수업 모형을 찾고 개발하고자 노력하였다. 그럼에도 불구하고 수업 그 자체의 진행은 결국 교사가 담당할 수밖에 없다. 따라서 동일한 수업 모형을 가지고 수업을 진행한다 하더라도 교사의 성향에 따라서 매우 자율적이 될 수도 있고, 반대로 대단히 조작적이거나 통제적이 될 수도 있다. 물론 어떤 교사가 사용하더라도 자율적이 될 수밖에 없도록 수업 모형을 고안할 수도 있겠으나, 이 경우는 교사의 자율성을 심하게 훼손하는 또 다른 비민주성이 될 수 있어 포기하였다.

셋째, 절차적 민주주의에 대한 비중이 크다. 민주주의는 정치의 절차를 의미할 뿐 아니라 이념이기도 하다. 그러나 이념으로서의 민주주의는 지나치게 추상적이고 주관적이라서 이를 바탕으로 민주주의 교육 모형을 수립하기는 어렵다. 따라서 이 연구에서는 민주주의를 정치 과정상의 어떤 절차로 간주하여 조작적으로 정의하였다. 물론 문화와 태도로서의 민주주의도 중요하게 다루기는 하였지만, 자유나 평등 같은 이념을 충분히 다루지 못한 것은 분명한 한계로 남는다. 따라서 이러한 추상적 가치를 교육시킬 수 있는 교육 프로그램의 개발은 장기 과제로 남게 되었다.

Ⅱ. 민주주의란 무엇인가?

가난은 결코 차별의 장벽이 될 수 없다. 아무리 나쁜 환경에
처한 사람이라도 조국에 기여할 일은 있기 때문이다.
 - 페리클레스 -

　민주주의 교육의 목표를 수립하기 위해서는 먼저 민주주의 그 자체에 대한 정의를 분명히 해야 한다. 그런데 문제는 민주주의라는 용어가 대단히 복합적이고 추상적이며, 그 용례도 너무 다양하다는 것이다.[1]

　이 용어는 어떤 특정한 정치구조 및 정치과정의 특징을 표현하는 용어로 사용되기도 하고, 특정한 유형의 의사결정 절차를 의미하기도 하며, 역사적으로 형성된 일군의 이념과 이데올로기를 의미하기도 한다 (Baradat, 1984).

　교육이라는 것이 '계획적으로 의도된 행동과 사고의 변화'라고 볼 때, 이렇게 불분명한 가치와 개념의 혼합물을 구체적 수업의 학습 목표로 삼기는 어렵다. 따라서 이 연구에서는 민주주의라는 용어가 사용되는 여러 측면들을 두루 살펴보고 이를 바탕으로 학습 목표로서의 민주주의를 보다 분명하게 정의하고자 한다.

---

1) 예컨대 지금 미국은 북한을 민주주의의 적이자 악의 축으로 규정하고 있는데, 공교롭게도 북한의 국호는 '조선 **민주주의** 인민 공화국'이다. 이는 두 집단이 민주주의를 전혀 다른 용례로 사용하고 있다는 증거다.

1. 정치사상과 원리로서 민주주의의 세 원천

"민주주의란 무엇인가?"라는 질문은 대단히 어려운 질문이며, 사실상 답변이 불가능한 질문이다. 민주주의는 어떤 절차나 과정을 의미하기도 하고, 특정한 정치체의 속성을 의미하기도 하며, 일종의 사상이나 원리로 사용되기도 하기 때문이다.

절차나 과정을 사용될 경우 민주주의는 공동체의 의사를 결정하고 운영하는 특정한 방법과 절차가 되며 민주적인가 아닌가의 문제는 순전히 기술적인 문제로 좁아지게 된다. 만약 민주주의를 이렇게 기술적인 과정의 문제로 좁히게 된다면 효율성의 이름으로 민주주의를 거부하는 논리를 반박할 수 없게 된다.

반면 민주주의를 사상이나 원리로 사용하게 될 경우 필연적으로 가치가 개입된다. 이 경우에 민주주의는 인간이 추구해야 할 가치 있는 정치체 혹은 정치체를 가치 판단하는 기준이 된다. 민주주의라고 불리면 이는 좋은 것이 되며, 비민주주의는 나쁜 것이 된다.

실제로 민주주의를 이렇게 일종의 정치사상이나 원리로 사용하는 용례는 흔히 찾아볼 수 있다. "김 선생님은 학급을 민주적으로 운영한다.", "박 교장은 학교를 비민주적으로 운영한다.", "권 박사는 민주인사다." 등의 용례에서 '민주주의', 혹은 '민주'는 가치 판단의 근거가 되는 사상이자 인간이 지켜야 할 어떤 원리의 역할을 하고 있다. 이 경우 민주주의는 가치 함축적 개념으로 민주주의라는 관념에 가까울수록 좋고 바람직하며(good), 멀면 멀수록 나쁘고 바람직하지 않다는(bad) 의미가 내포되어 있다. 이때 민주주의의 반대 관념인 독재나 전제는 명백히 bad로 간주된다. 신새벽에 타는 목마름으로 남몰래 썼던 "민주주의여 만세" 역시 이러한 용례에 해당된다.

그러나 정치사상이나 원리로 민주주의를 사용할 경우 나타나는 문제점도 적지 않다. 무엇보다도 민주주의는 일관성 있는 사상이 아니며, 단일한 체계의 사상도 아니다. 민주주의라는 사상체계 내부에는 역사적으로 서로 다른 근원에서 비롯된 여러 관념들과 준칙들이 어지럽게 섞여 있으며, 이 섞임에 일관된 원칙도 존재하지 않는다. 민주주의는 이렇게 여러 관념들의 복합체이며 일관성이 없어서 차라리 일종의 이데올로기라는 주장도 있다(Baradat, 1984). 그런데 만약 민주주의가 일종의 이데올로기로 간주된다면 우리는 민주주의라는 이름으로 객관적인 가치판단 기준을 수립할 수 있다는 기대를 접어야 한다. 이데올로기는 어떤 근거에 기반을 두지 않고 주관적 신념에 기반을 두기 때문이다. 이데올로기로서의 민주주의는 냉전시대 서로 상대방을 비민주적이라고 비난하던 동서 양측이 모두 스스로를 민주주의 국가로 정의했다는 점에서 확인될 수 있다.

이렇게 민주주의라는 용어에 다양한 관념들과 개념들이 엉켜 있어 명확한 정의가 불가능하다. 오늘날 우리가 민주주의라고 부르는 사상이나 원리는 다양한 이념과 사상들의 조합이며, 심지어 일종의 이데올로기로 받아들여지기도 한다. 따라서 민주주의를 이해하기 위해서는 이것이 어떤 다양한 근원에서 비롯되었으며, 이것이 어떤 과정을 거쳐 근대 민주주의 사상으로 변천하였는지 살펴볼 필요가 있다.

1) 민주주의(DEMOKRATIA):
인민(DEMOS)에 의한 통치(KRATOS)

대부분의 사람들이 상식으로 알고 있듯이 민주주의 정치사상, 혹은 민주주의라는 이념의 근원은 고대 그리스, 구체적으로는 고대 아테네다. 그런데 오늘날에는 민주주의가 good으로 사용되고 있지만, 정작 민주주

의의 발상지라는 고대 아테네에서는 꼭 그러하지만은 않았다. 중·고등
학교 사회 교과서에서 일관되게 소개하고 있는 민주주의(Democracy)의
고대 헬라어 어원인 DEMOS와 KRATOS의 합성어는 사실 플라톤과 아리
스토텔레스 같은 철학자들이 중우정치(衆愚政治), 심지어는 폭민정치(暴
民政治)란 의미로 매우 부정적으로 평가했던 용어다. 실상 페리클레스의
감동적인 연설문2)을 제외한다면 오늘날 우리가 고대 아테네의 민주주의
에 대해 살펴볼 수 있는 자료들은 민주주의에 반대했던 플라톤과 아리스
토텔레스의 민주주의 비판서들을 통해서다.

플라톤은 그의 대화편인 『공화국』이나 『소크라테스를 위한 변명』에서
철학적으로 계몽되지 않은 다수의 뜻이라는 것이 얼마나 어리석은가에
대해 집요하게 설파하고 있다. 실제 플라톤과 그의 스승인 소크라테스가
모든 시민이 평등하게 참여하는 이른바 아테네의 민주정보다 현명한 소
수에 의해 통치되는 스파르타의 과두정(oligarchy)이나 귀족정(aristocracy)
을 지지하였음은 분명하다. 또 그의 제자인 아리스토텔레스 역시 아테네
의 민주주의보다는 현명한 독재자 알렉산드로스를 지지하였고, 그의 사
망과 함께 정치적 망명을 떠나야 했다.

이러한 정황으로 미루어 볼 때 고대 그리스인들이 모두 민주주의자였
던 것은 아니다. 고대 그리스인은 민주주의, 과두제, 군주정 등 다양한
정치사상을 지지하는 집단으로 나뉘어 있었다. 그러나 플라톤이 민주주
의를 격렬하게 비판한 것으로 볼 때, 당시 가장 유력한 정치제도와 사
상으로 보편화된 것이 민주주의임은 분명하다.

그런데 한 가지 특기할 만한 사실은 과두정을 지지하던 스파르타인들
이나 민주정을 지지하던 아테네인들이나 할 것 없이 모두 페르시아나
이집트의 정치에 대해서는 완강한 반대 입장을 보였고, 실제 이들을 상

---

2) 투키디데스의 『펠로폰네소스 전쟁사』에는 스파르타와의 전쟁 중 사망한 용사들을 기리는
페리클레스의 연설이 나오는데, 이는 고대 민주주의 사상을 가장 집약적으로 표현했다는
평가를 받는다.

대로 싸우기 위해 기꺼이 동맹을 맺기도 했다는 점이다. 이는 과두정과 민주정을 포괄하면서 페르시아 제국의 정치와 반대되게 만드는 공통분모가 있었음을 시사한다. 헤로도토스에 따르면 이는 자유 시민(eleutheros)으로서의 공통점이며 전제(monarchia)에 대한 혐오였다.

따라서 비록 플라톤이 비록 demokratia란 용어를 부정적으로 사용했다 할지라도 플라톤을 포함한 그리스인들 demokratia를 포함한 자유 정치를 옹호하였고, 전제정치에 반대하였음을 알 수 있다. 이때 고대 그리스인들이 전제정치와 자신들의 정체를 구별하는 가장 결정적인 근거는 통치자가 1인인가 다수인가 하는 것과 시민들은 자의에 의해 복종하는가 아니면 복종을 강요받는가 하는 것이었다. 그래서 가혹할 정도로 엄격하고 검소한 집단생활을 했던 스파르타인들 조차 그것을 스스로 선택했기에 자신들을 전제정치의 반대편에 선 것으로 간주하였다.

그렇다면 민주주의를 과두정이나 플라톤의 『공화국』과 구별하는 것은 무엇인가? 그것은 문자 그대로 인민(DEMOS)에 의한 통치(KRATOS)다. 고대 아테네인들은 이를 문자 그대로 정치에 적용하고자 하였다. 아테네의 중요한 결정은 모든 시민이 참석하는 민회에 의해 결정되었고, 이 민회는 1년에 10회 이상 개최되어야 했다. 아테네 시민들은 여기에 그치지 않고 공직을 담당하여 실제 국정운영에 참여했다. 오늘날 국무회의에 해당되는 500인위원회(council)나, 무려 3000명으로 구성되는 재판부, 그 외 각종 공직들은 추첨에 의해 선발되었으며, 재선은 허용되지 않았다. 당시 아테네 시민들이 35000명 정도였음을 감안하면 이들은 평생 적어도 한 번 이상의 공직을 맡도록 되어 있었다. 스파르타의 인민들이 스스로 선택한 법과 지도자에 복종하였다면, 아테네 시민들은 스스로 선택한 법을 직접 운영하고, 스스로 지도자가 된 것이다(Sabine, 1973, pp.48-71).

아테네 시민들이 이런 정치체를 운영할 수 있었던 것은 폴리스의 공공선이 개인의 사적 이익과 욕구를 통합하고 조화를 이루게 한다는 믿음이 있었기 때문이다. 따라서 이러한 민주주의가 가능하기 위해서는 시민들이 공동체의 공동선에 대해 합의해야 한다. 그리고 공동체의 의사결정에 직접 참여해야 하며, 자신들이 사적인 이익을 공동체의 이익을 위해 유보할 수 있어야 하며, 결정적으로 공동체의 규모가 지나치게 커서는 안 된다. 공동체의 규모가 일정 수준을 넘어서면 공동선에 대한 합의가 불가능해지고, 필연적으로 갈등이 발생하게 되기 때문에 민주주의는 불가능해진다(Dahl, 1989).

그러나 이렇게 합의 가능한 작은 규모의 공동체에서 구성원들 전체가 직접 공동체를 다스리는 고대 아테네의 민주주의 사상은 흔히 학교에서 가르쳐지는 것과 달리 오늘날 민주주의의 직접적인 근원이 아니다. 고대 아테네의 민주주의와 오늘날의 민주주의의 차이는 단지 직접 참여, 간접 참여 수준의 기술적인 것이 아니다. 여기에는 보다 근본적인 차이가 존재하는데 이는 다원성과 갈등에 대한 입장이다. 고대 아테네인들은 구성원들의 다양한 욕구와 이익을 폴리스라는 공동체의 이름으로 통합하기 위해 구성원들이 직접 폴리스를 다스리는 민주주의를 선택했다. 반면 근대 민주주의는 거꾸로 공공선으로 개인을 통합하기 위해서가 아니라 개인적 자유와 권리를 보장하는 것을 그 목적으로 삼고 있다.

게다가 고대 아테네의 민주주의는 오늘날 적용시키기에 지나치게 이상적일 뿐 아니라, 그 당시에도 사실상 지나치게 이상적이었다. 링컨의 게티즈버그 연설이 감동적이긴 하나 실제의 미국의 모습이 아니듯, 페리클레스의 연설은 실제의 아테네 모습이 아니라 이상적인 아테네의 모습인 것이다. 물론 고대 아테네에서는 원칙적으로 모든 시민이 참여하는 민회에서 폴리스의 중요한 의사결정이 이루어졌다. 그리고 원칙적으로 모든 시민들은 민회에서 동등한 발언권과 기회를 가졌다. 그러나 실제의 발언은 소수 엘리트들과 그들의 추종자들에 의해 독점되었다. 이들 엘리트들은 뛰어난 수사학을 소피스트들에게 배웠고, 따라서 보통 시민들보다 훨씬 자신을 부각시키고 대중을 설득시키는 데 능했던 것이다(Sabine, 1973, pp.48-71).

폴리스의 공공선으로 사적 이해관심을 통합하고 조화시킨다는 것도 이상이었을 뿐이다. 실제 민회 참석한 시민들은 폴리스의 이익이 아니라 자기 가족이나 정파들의 이익을 관철시키려고 하였다. 이때 자신의 사적인 이익을 폴리스의 공적인 이익으로 둔갑시킬 수 있는 언어의 마술로서 수사학과 웅변술이 동원되었다.3) 도편추방제(ostracism) 역시 사사로운 이익을 위해 반대파를 제거하는 목적으로 남용되는 경우가 비일비재했다. 심지어 아테네 시민들은 민회에 잘 참석하지도 않았다. 아테네의 시민은 35000명가량이었지만 정족수인 6000명을 채우지 못해 의결이 무산되는 경우도 드물지 않았다고 한다(Jones, 1969).

그러나 결정적으로 고대 아테네의 민주주의가 근대 민주주의의 직접적인 근원이 될 수 없는 것은 자유에 대한 무관심 때문이다. 물론 고대 그리스인들은 자유의 중요성을 피력하는 감동적인 연설을 많이 남겼지만 그들의 자유는 폴리스의 시민이라는 신분의 속성이지 인간의 권리가 아니었다. 즉 자유는 시민이라는 신분을 얻음으로써 비로소 행사할 수 있는 일종의 특권이었다. 따라서 이들은 폴리스라는 작은 도시국가 이상으로 공동체가 확대되었을 때 적용할 수 있는 민주적 수단을 전혀 보유하지 않았으며, 국가의 힘이 미치지 않는 사적 영역의 권리들도 인정하지 않았다(Finley, 1983).

이와 같이 고대 그리스의 민주주의에서 근대 민주주의의 근원을 찾는 것은 무리한 비약으로 보인다. 근대 민주주의는 고대 아테네가 아닌 다른 곳에서 발생한 것으로 보인다. 그런데 Dahl(1989)은 근대 민주주의는 사실상 어떤 일관된 철학이나 제도라고 보기 어렵다고 하여, 근대 민주

---

3) 민주주의에 반대했던 소크라테스가 소피스트들과 대결한 이유도 바로 여기 있다. 수사학은 사익을 공공선으로 둔갑시킴으로써 진실하지 못한 결과를 가져오는 것이다. 따라서 수사학이나 웅변술은 민주주의의 독소가 된다. 하지만 소크라테스나 플라톤은 이런 수사학이나 웅변술에 의한 대중 선동은 민주주의가 실시되는 한 결코 제거할 수 없다고 보았다.

주의의 근원을 추적하는 노력을 무의미하다고 못박았다. 근대 민주주의는 고대 그리스의 민주주의 전통, 로마의 공화주의 전통에, 계몽사상의 이념들이 기묘하게 혼합된 복잡한 화합물인 것이다.

2) 공화주의(Republic)

"대한민국은 민주공화국이다."라는 대한민국 헌법 1조에서 보듯, 오늘날 민주주의와 공화주의는 자연스러운 파트너로 받아들여지고 있다. 그러나 실제 공화주의는 민주주의의 대안 혹은 그 반대의 것이라는 의미로 사용되었다.

현재까지 알려진 공화주의의 가장 오래된 문헌은 플라톤의 『공화국(Politeia)』이다.4) 그리고 이미 언급한 바와 같이 플라톤은 민주주의를 비판하는 입장에서 이 책을 썼다. 플라톤이 민주주의를 반대하는 이유는 아주 간단하다. 그는 여론이라는 것이 진실을 왜곡하는 선전·선동에 의해 손쉽게 오도되기 때문에 신뢰할 수 없다고 보았다. 이렇게 신뢰할 수 없는 인민의 여론에 공동체의 운명을 맡기는 것은 위험하다. 그렇다면 차라리 위대한 지도자를 선출하고 그에게 공동체를 위임하는 것이 더 좋은 결과를 가져올 것이다. 그의 『공화국』은 결국 어떻게 변덕스러운 인민을 잘 이끌 수 있는 통치자를 만들어 내는가에 집중되어 있다. 그 결론은 널리 알려져 있다시피 '철학하는 통치자'다(Sabine, 1973, pp.96-137).

플라톤 사상에서 공화주의에 영향을 준 가장 결정적인 부분은 바로 국가에 의한 조절과 조화라는 개념이다. 그는 인민들은 필연적으로 사

---

4) 원래 Politeia는 정치체를 뜻하는 말이다. 그런데 어떤 이유로 이 저서가 『공화국』이란 이름으로 번역되었는지는 상고하기 어렵다. 그러나 이 책의 내용이 공화주의의 근원이 되었다는 점에서 그렇게 나쁜 번역이라고 보이지는 않는다.

익을 추구한다고 보았다. 이 충돌하는 사사로운 이익갈등은 페리클레스의 희망처럼 폴리스의 공공선을 함께 추구한다고 해서 해소되지 않는다. 오히려 사사로운 이익을 공공선으로 둔갑시킬 뿐이다. 이러한 상황을 방치하면 다수가 자신의 수를 이용하여 사익을 폭력적으로 관철시키는 폭민정치가 도래한다. 따라서 이 조절을 인민들에게 맡기는 민주주의는 해결책이 되지 못한다. 갈등하는 사적 욕구들을 잘 조절하여 조화를 이루는 사람은 일체의 사적인 이익관심이 없는 공동체에게만 헌신하는 특별한 존재라야 한다.5) 이 특별한 존재는 공동체의 이름으로 인민들의 사적 욕구를 억제시키고, 갈등을 조절한다. 인민들은 이 수호자에게 정치를 맡기고 각자의 일을 하면 되는 것이다(Sabine, 1973, pp.96-137).

여기에서 민주주의와 공화주의는 그 근본적인 목적이 다름을 확인할 수 있다. 민주주의는 다수(Demos)에 의한 통치를 목적으로 한다. 그러나 공화주의는 멋대로 자기 이익을 관철시킬 다수의 횡포를 효과적으로 통제하는 것을 목적으로 한다. 공화주의자들은 시민사회가 필연적으로 평민, 귀족, 통치자의 이해관계가 충돌하는 갈등의 장이 된다고 보았다. 따라서 가장 이상적인 정치는 이러한 갈등을 효율적으로 조정하여 조화를 회복하는 것이다(아리스토텔레스『정치학』).

사실 공화주의는 플라톤에게는 이상에 불과했다. 하지만 고대 로마인들은 이러한 공화주의를 실제로 구현하였다.6) 그리고 이 공화주의는 18세기 영국에서 다시 한번 모범적인 모습을 보여주었다. 로마 공화국은 통치자인 집정관, 귀족들의 대표회의인 원로원, 그리고 평민들의 민회가 서로의 이익을 조화시키는 정체를 구현하였다. 마찬가지로 18세기 영국은 국왕, 귀족의 대표인 상원, 평민의 대표인 하원이 서로를 견제하는 정체를 구현하였다(Pocke, 1975). 몽테스키외는 통치자, 귀족, 평민의 권력분립 대신 입법부, 사법부, 행정부의 권력분립을 주장하였는데, 이

---

5) 그래서 이 수호자는 재산도 가족도 가져서는 안 된다.
6) 공화국(Republic)의 어원도 공동체(re publica)라는 라틴어에서 비롯되었다.

아이디어가 왕도, 귀족도 없이 건국한 미국 헌법에 적극 반영된 것은 당연하다(Wood, 1969).

어쨌든 공화주의는 여러 집단, 신분들의 갈등을 공동체의 법과 이름으로 조정하고 통제하는 것을 목적으로 한다. 다수의 뜻이라 해서 반드시 옳은 것은 아니다. 공동체는 다수, 소수와 무관하게 공공선의 입장에서 이를 이행하여야 한다. 이러한 공화주의의 전통이 다수(demos)에 의한 통치라는 민주주의와 어울리지 않음은 자명해 보인다. 오히려 공화주의는 다수의 횡포를 견제하고 통제하는 것을 목적으로 한 것으로 보인다. 공화주의는 결코 인민에 의한 통치를 용납하지 않는다. 인민과 군주와 귀족들이 서로 균형을 이룰 것을 요구한다(Dahl, 1989).[7]

그럼에도 불구하고 민주주의와 공화주의는 몇 가지 전제를 공유하고 있다. 첫째, 두 정치 모두 시민들이 법 앞에서 동등한 권리를 가지고 있음을 전제하고 있다. 둘째, 두 정치 모두 공동체는 그 구성원들인 시민들의 덕성에 성패가 달려있음을 전제하고 있다. 셋째, 두 정치 모두 구성원들인 시민은 상호 간에 자율적임을 전제하고 있다. 다만 시민들이 합의 가능한 공동선의 존재를 긍정하면 다수의 지배인 민주주의로, 시민들 간에 필연적인 이익갈등이 있음을 인정하면 이를 공동체의 이름으로 조정하고 조화시키는 공화주의 가게 된다.

그렇다면 이렇게 인민에 의한 통치라는 의미에서의 민주주의와는 반대의 목적을 가지고 있는 공화주의가 어떻게 오늘날 '민주 공화국'을 이룰 수 있게 되었는가? 여기에는 플라톤에서 비롯된 공화주의 전통과 구별되는 또 다른 급진적인 공화주의 전통이 기여하였다. 이러한 근대적 공화주의의 창시자는 흔히 정치적 책략가로 잘못 알려진 마키아벨리와 계몽사상가 몽테스키외다. 이들은 횡포를 막고 조화를 이룬다는 공화주

---

7) 적어도 아리스토텔레스에게는 그러하였다.

의의 전통은 온존하였지만 통제해야 할 대상을 다수의 횡포가 아니라 소수의 횡포로 바꾸어 놓았다. 이는 다시 말하면 어떻게 절대 권력자의 횡포를 통제할 것인가의 의미가 된다(Dahl, 1989).

마키아벨리는 정치에서 공공선이라는 도덕적, 가치의 측면을 제거하고 정치를 순수 공학으로 바꾸어 놓음으로써 특별한 통치자 신분의 필요성을 부정하였다. 몽테스키외는 3권 분립을 주장함으로써 통치자의 횡포를 제도적으로 방지하고자 하였다.

여기에 영국에서 발생한 공리주의적 전통은 공화주의의 색깔을 더욱 민주주의에 가깝게 만들었다. 전통적 공화주의는 공동체의 이익, 공공선의 이름으로 다수의 횡포를 통제하는 것이었다. 그리고 이 공공선은 신분, 이익집단들이 조화와 균형을 이루는 것이었다. 그러나 공리주의자는 흔히 알려진 대로 "최대 다수의 최대 행복"이 곧 선이라고 주장하였다. 따라서 공공선은 다수를 억제하는 것이 아니라 다수의 이익을 관철시키는 것이다. 마침내 인민(DEMOS)의 이익이 곧 공공선의 이름을 가지게 된 것이며, 비로소 민주공화정이라는 새로운 정체가 등장한 것이다.

이 민주공화정은 기존의 민주주의와도 공화주의와도 다르다. 사실 전통적 민주주의와 공화주의는 모두 다수가 되었든, 소수가 되었든 사적인 이익을 추구하는 것을 부정적으로 보았다. 다만 민주주의는 시민들이 정치에 참여함으로써 사적 이익보다는 공공선을 추구하게 될 것이라 믿었고, 공화주의는 이것은 불가능하며 공공선을 담당하는 특별한 통치체계가 사적 이익 간의 갈등을 조절하고 억제시켜야 한다고 주장하였다. 반면 민주공화정은 공동체의 공공선을 다수 인민의 복지로 환치시켰다. 즉 공공선과 이익추구가 동의어가 되어버린 것이다.

그러나 이것이 민주주의의 완성은 아니다. 어디까지나 이는 DEMOS의 복지를 위한 통치이지, 고대 아테네인들이 주장한 DEMOS에 의한 통치는 아니기 때문이다. 기본적으로는 민주공화정도 특정 집단에 의한 권력 독점과 횡포를 방지한다는 공화주의의 오랜 전통을 계승하고 있다.

다만 전통적 공화정은 여러 집단들 간의 동등한 균형을 중요시하였다면, 민주공화정은 DEMOS(인민)의 복지를 공공선의 지위에 놓음으로써 통치에 영향력을 행사하는 집단들과 통치의 대상이 되는 인민의 권력 균형을 중요시하고 있다.

여기에서 우리는 유럽 정치의 오랜 전통인 권력 독점에 대한 혐오를 확인할 수 있다. 특히 1인 통치에 대한 혐오는 사실상 절대군주였음에도 불구하고 한사코 군주라는 호칭을 거부한 로마의 황제들[8])이 보여주었다. 중세는 완전한 지방분권으로 1인 통치와 가장 거리가 멀었으며, 18세기 절대왕정 조차 사실은 봉건 귀족들과 신흥 부르주아 사이에서 국왕이 권력의 줄다리기를 한 과도기에 지나지 않는다. 따라서 1인 통치를 거부하는 정치체의 전통은 시민혁명 때 갑작스레 발생한 것이 아니며 실상 유럽의 역사를 통해 늘 관철되어 왔던 것이다.

그러나 고대 민주주의(인민에 의한 통치)와 공화주의(권력의 분립과 균형)이라는 두 전통만으로 근대 민주주의는 성립할 수 있었을까? 사실 민주주의와 공화주의 사상은 모두 고대 사상이다. 근대 공화주의 역시 그 주창자인 마키아벨리가 베네치아라는 도시국가를 기반으로 하였다는 점에서 고대 사상의 한계를 공유한다. 이 사상들은 보편적인 인류를 전제하지 않고 있으며, 사실상 자그마한 도시국가나 공동체를 전제하고 있다. 이들이 주장하는 인민은 어떤 도시나 공동체의 시민이라는 자격을 획득해야만 행사될 수 있는 특권이었다. 즉 아리스토텔레스의 말처럼 도시를 벗어난 인간에게는 자유가 없는, 즉 인간으로서의 권리가 없는 것이다. 고대 로마 공화국이 거대한 영토를 확보하면서 더 이상 유지되지 못하고 제국이 되어버린 사례, 중세의 베네치아나 제네바 공화국이 결코 유럽에 보편화 될 수 없었던 사례 등은 그 한계를 분명하게 보여주고 있다.

---

8) 원래 황제라는 의미의 imperator는 한사코 왕(rex)이라는 호칭을 사용하지 않으려 했던 로마의 절대자가 자신을 왕이 아니라 최고군사령관이란 의미로 사용했던 용어다.

민주주의와 공화주의라는 전통이 근대 민족국가라는 넓은 영역에 적용되기 위해서는 배타적 시민관이 아니라 포괄적 시민관이 필요하다. 그리고 포괄적 시민관이 가능하기 위해서는 인간에 대한 보편주의적 접근이 요구된다. 따라서 배타적 시민의 권리들은 보편적인 인간의 권리, 즉 인권으로 제기되어야 한다. 이러한 보편적 인간의 권리라는 관념은 순전히 근대의 소산이며 17-18세기 계몽 사상가들이 바로 그 주역들이다.

3) 계몽사상과 민주주의의 이념

흔히 널리 알려진 근대 계몽 사상가들은 홉스, 몽테스키외, 로크, 볼테르, 루소 등이다. 또 이들의 전통과 아메리카의 전통을 결합한 토크빌역시 중요한 기여를 하였다. 이들의 사상은 모두 근대 민주주의의 중요한 젖줄로 인정되고 있으며, 그렇게 가르쳐지고 있다.

그런데 이들의 사상은 사실상 자유라는 핵심 개념을 바탕으로 자신들의 사상을 엮어나갔다는 공통점 외에는 서로 일관되지 않는다. 이는 당연한 결과다. 오늘날에는 편리하게 계몽사상이라고 부르지만, 이들은 하나의 학파를 이룬 적도 없으며, 활동한 시기나 배경도 서로 다르다. 소위 계몽사상가들 중 동질의식을 가지고 함께 학파로 활동했던 집단은 이른바 백과전서파라 불렸던 집단이 유일하다.[9] 따라서 계몽 사상가들의 민주주의에 대한 주장은 서로 일관되지 않을 뿐 아니라 상호 모순되기도 한다. 심지어는 공통의 주제인 자유에 대한 견해, 자유를 보장하기위한 견해 역시 상호 모순된다.

---

9) 루소와 볼테르가 주고받은 그 험악한 상호비판들은 이들을 도저히 같은 사상흐름에 둘수 없음을 보여준다. 또 철학자는 아니었지만 역시 계몽주의자로 분류되는 음악가 모차르트는 볼테르의 죽음 소식을 듣고 '떠돌이 개처럼 죽었으며, 이는 그에게 합당한 죽음이다'라며 극언을 퍼부었다.

(1) 계몽 사상가들의 정치사상

ㄱ. 홉스(Hobbes)

홉스는 인간을 본질적으로 이기적이고 공리적이라고 보았다.[10] 인간은 이기적이기 때문에 자연 상태에서는 수많은 이익들이 서로 충돌하여 소위 만인의 만인에 대한 투쟁 상태에 놓이게 된다. 이때 인간은 자신과 자신의 이익을 보존하기 위한 가장 좋은 방안을 찾아야만 하고, 또 그런 방안을 선택할 자유를 가지고 있다. 이는 이기적인 혹은 공리적인 자유라고 할 수 있다(Sabine, 1973).

홉스는 자신의 안전에 해가 되는 행동이라고 생각되면 어느 누구도 자연법에 따라 행동할 필요가 없지만 일반적으로 자연법이 준수되지 않는다면 평화는 달성될 수 없기 때문에 자연법이 준수된다고 생각했다. 따라서 홉스의 해결책은 개인을 보호하기에 충분한 권력을 창출함으로써 만인에게 타인의 선행을 보장해 주는 것이었다. 선택된 몇몇 사람들이 전체의 평화와 보호를 위해 요구하는 명령이 모든 개인에 의해 수행될 때 이러한 권력이 창출될 수 있다. 결국 홉스의 자유는 개인의 이익과 안전을 위해 이를 지켜줄 수호자를 선택할 자유다.

ㄴ. 로크(Locke)

로크는 기본적으로 인간의 본질에 견해에서부터 홉스와 달랐다. 로크는 인간에 대한 홉스의 비관주의를 거부하였다. 인간이 비록 이기적이지만 합리적 선택을 할 수 있는 공리적 존재라면, 도대체 강력한 권력에게 자신의 권리를 위탁할 이유가 어디에 있는가? 인간이 이성을 가지고 합리적인 선택을 할 수 있는 존재라면 그는 당연히 자신의 의사에 따라 갈등을 자율적으로 해결할 수 있는 존재다. 따라서 거대한 정부의

---

10) 이기적이란 의미는 자신의 이익을 최우선시한다는 의미, 공리적이란 의미는 가장 좋은 방법을 합리적으로 선택할 수 있다는 의미

간섭 따위는 불필요하다. 여기에서 로크의 자유가 본질을 드러내는데, 그의 자유는 사상·언론·종교, 그리고 재산권이며, 여기에 대한 간섭을 받지 않을 자유다(Baradat, 1984, pp.121-148).

당연한 귀결로 로크는 홉스가 주장한 시민의 자유의사에 의해 권력을 위탁받은 절대 정부론을 정면으로 반박했다. 정치권력은 재산권의 보호, 외국의 침략 방어, 그리고 공공선을 위한 권리로 한정되어야 한다. 정부는 공공선을 확보하는 조건하에 시민들이 권력을 통치자에게 신탁하는 것에 불과하다.

홉스의 정부처럼 시민에게서 권력을 위임받은 것이 아니라 신탁받은 것이기에 통치자의 권위는 절대적이 아니라 조건적인 것이며, 권력의 소유자는 여전히 시민에게 있다. 따라서 시민은 정치권력이 자신의 재산권과 자유를 보호하는 데 사용되도록 기대할 권리가 있다. 만약 정부가 이러한 기대를 위배할 경우 언제나 지지를 철회하고 정부를 전복할 권리가 있다.

ㄷ. 루소(Rousseau)

루소는 근대 계몽사상가들 중 매우 이질적인 존재다. 물론 루소는 자연 상태를 이상적인 것으로, 그리고 사회가 개입하면서부터 불평등과 자유의 침해가 발생했다고 보는 점에서 로크와 길을 같이한다. 그런데 그는 사회, 즉 정부의 개입을 최소화함으로써 자유를 보장하려는 로크와 반대로 해결책은 홉스와 같은 강력한 정부를 주장한다(Baradat, 1984, pp.121-148).

루소가 주장한 공화국은 비록 개인적 이익 때문에 가끔 갈등을 일으키기도 하지만 일반의지의 창조물이며, 일반의지는 결코 각 구성원의 의지로 흩어지지 않으며, 공적·국가적 이익을 지향하는 의지다. 공화국의 구성원은 이 일반의지의 반영인 공화국의 법에 복종해야 한다. 이 의지에의 복종은 모든 시민사회 구성원들이 공화국과 남김없이 합의함으로써 계약관계로써 성립된다.

즉 공화국의 시민권을 갖기 위해 자연권을 포기하는 일종의 권리교환의 계약이 일어나는 셈이다. 이 거래는 공리적인 이유 때문에 성사된다. 개인이 포기하는 권리는 전적으로 개인 자신의 힘으로 실현되기 때문에 실현 가능성이 불분명한 데 반해, 그것을 포기함으로써 얻은 권리는 공동체의 집합적 힘에 의해 강화되는 합법적 권리이기 때문에 결과적으로 개인에게 유리하기 때문이다.

(2) 계몽사상과 근대 민주주의의 이념

지금까지 민주주의의 근원으로서 주요 계몽 사상가들의 정치사상에 대해 살펴보았다. 그런데 이들은 간간히 자연, 자유와 같은 단어를 사용하고, 공화국이라는 용어를 사용하였을 뿐, 민주주의라는 용어는 사용하지 않았다. 또 흔히 알려지고 가르쳐지는 바와 달리 실제로 이들은 '인민에 의한 통치'라는 의미에서라면 결코 민주주의자가 아니었다. 심지어 로크나 루소는 입법부를 선거를 통해 구성해야 한다는 주장에 대해 격렬하게 반대하기도 하였다(Locke, 1690; Rousseau, 1762).

이렇게 계몽 사상가들은 민주주의 그 자체에 대해서는 언급조차 하지 않았지만, 사정은 그 나마 공통의 주제로 다룬 자유와 정치라는 개념에 있어서도 다르지 않았다. 자유에 대한, 그리고 정치에 대한 이들의 견해는 매우 다르고 심지어 상반되기까지 하였다. 로크에게는 국가가 최소화되고 개인이 최대로 자율적인 것이 이상적인 정치였지만, 홉스에게는 국가가 국민들로부터 정당하게 권력을 위임받고, 이를 통해 합리적으로 개인의 망동을 예방할 수 있는 것이 정치의 본분이었다. 또 로크와 루소는 이성적인 존재로서 개인에 대한 믿음을 공유하였고, 쓸데없는 정부의 간섭이나 제도를 인간의 기본권에 대한 도전으로 보아 비판한 점에서는 비슷한 견해를 보였지만, 정부에 대한 견해는 결국 상반되었다.

로크는 정부의 간섭을 최소화 하는 자유주의를 주장하였으나, 루소는 집합의지의 구현체로서 국가의 역할을 중요시하는 공화주의를 주장하였다(Baradat, 1984, pp.121-148).

이렇게 민주주의 그 자체에 대해서는 언급하지 않았고, 자유와 정치에 대해서는 서로 상반되거나 일관되지 않은 주장을 한 계몽 사상가들이 근대 민주주의의 근원을 제공한 것은 그럼에도 불구하고 이들의 사상이 몇 가지 공통된 전제들을 가지고 있었기 때문이다. 그리고 이 공통의 전제에서 근대 민주주의의 한 근원이 비롯되었다. 그 공통의 전제들은 다음과 같다.

첫째, 이들은 어떤 민족도, 국가도, 공동체도 존재하지 않는 자연 상태를 상정하고, 이 상태에서 최소한 유지되는 인간의 권리, 즉 자연권을 주장하였다. 정작 자연권의 내용이 무엇인지는 중요한 것이 아니다. 중요한 것은 아테네인, 로마인, 베네치아인이 아니라 단지 '인간'이기만 해도 보유할 수 있는 권리가 존재한다고 천명한 것이었다. 그리고 실제 그 내용 역시 고대나 중세 민주주의와 공화주의 전통에서 시민의 권리로 나타났던 것들이다. 즉 시민의 특권을 인간의 자연권으로 바꾸어 놓은 것이다.

이는 민주주의를 도시국가를 넘어 민족국가 범위로 확대시키기 위한 중요한 근거가 된다. 아테네, 혹은 베네치아 시민들의 권리의 근원을 아테네, 혹은 베네치아 시민이기 때문이 아니라 인간이기 때문에 누리는 권리라고 천명한다면, 그 범위는 무한정해지기 때문이며, 아테네와 베네치아가 아닌 다른 곳의 시민들 역시 자신들의 통치자에게 그런 권리를 요구할 수 있기 때문이다.

둘째, 군주제가 되었건(홉스), 야경국가가 되었건(로크), 공화정부가 되었건(루소), 정부는 다수의 의지, 즉 국민의 합의에서 그 정당성을 확보해야 하는데 이때 시민들은 자유의사를 가진 개인으로 평등한 권리를 가지고 참여해야 한다. 이는 어떤 정부든 시민들의 위임 혹은 신탁 혹은 계약이 없으면 정당성을 가질 수 없으며, 그 위임, 신탁, 계약을 할 권리는 모든 시민들이 동등하게 보유한다는 신념이다. 이는 사실 계몽 사상가들에 의해 제시되었다기보다는 이들이 모두 전제하고 있던 유럽 민주주의와 공화주의의 전통이다. 따라서 결국 계몽 사상가들이 근대 민주주의에 기여한 것은 근대 민족국가의 규모에 걸맞게 민주주의를 확장시킬 수 있는 근거인 보편적 인권, 즉 자연권의 개념을 마련한 데 있으며, 이 자연권의 내용으로 민주주의와 공화주의 전통에서 시민들이 보유했던 권리들을 인권으로 제시한 데 있다.

4) 민주주의의 최소 원리

근대 민주주의의 세 가지 근원인 고대 그리스의 민주주의, 고대 로마와 중세 도시 국가들의 공화주의, 그리고 근대 계몽사상을 살펴보았다. 그리고 이들은 상호 연관되지 않았으며, 공통된 지향을 가지기는커녕 서로 대척되기까지 함을 알아보았다. 그럼에도 불구하고 이들 세 근원의 기묘한 화합물인 근대 민주주의가 성립 가능했던 것은 이들 세 근원이 공통으로 전제하고 있는 세 가지 원리가 있기 때문이다. 따라서 이 원리들이야말로 민주주의의 최소한이라 할 만한다. 이제 민주주의의 최소한인 세 원리에 대해 살펴보자.

(1) 정치적 평등의 원리

이는 근대 민주주의의 근원으로 간주되는 여러 정치체나 정치사상에서 모두 전제되고 공유되는 신념이다. 이를 Dahl(1989, p.74)은 '강력한 평등의 원리(strong principle of equality)'라고 지칭하였다. 이 원리는 다음과 같은 세 가지 준칙으로 구성된다.

첫째, 정치가 구현될 무대가 되는 집단은 다른 외부집단에 종속되거나 영향을 받지 않는 독립적 집단이라야 한다. 둘째, 이 집단의 구성원들은 모두 자신들을 평등하게 통치할 자격이 있다. 셋째, 집단의 어떤 소수의 구성원도 전체를 지배할 수 있을 정도로 명백하게 더 탁월한 능력을 가지고 있다고 인정되지 않는다.

이 세 가지 준칙들이야말로 고대 아테네의 민주주의, 스파르타의 과두정, 로마와 베네치아의 공화정, 그리고 근대 계몽사상에 이르기까지 철의 법칙으로 전제되어온 것들이다. 이 중 첫 번째 준칙은 기본적으로 국가의 주권의 전제기 때문에 당연한 것이고, 핵심은 두 번째와 세 번째의 준칙인데, 이는 결국 동일한 언명임을 확인할 수 있다. 즉 "모든 사람은 자신을 통치함에 있어 동등한 능력과 기회를 가지고 있다."라는 전제다.

이는 바꾸어 말하면 "통치권에 접근할 수 있는 기회가 주어지는 자격으로 인민(DEMOS)은 유일한 것이다."라는 언명이 된다. 이때 인민을 시민이라 부르더라도 뜻은 달라지지 않는다. 혹은 "어떤 집단의 의사결정에 참여하기 위한 자격은 그 집단의 구성원이라는 것 외에 없다."라는 진술로 바꾸더라도 뜻은 바뀌지 않는다. 집단 구성원이라는 것이 통치에 접근하는 유일한 자격조건이기 때문에 이는 당연히 모든 구성원들에게 동등하게 주어질 수밖에 없다.

이는 고대 민주주의와 공화주의가 서로 대척점에 있었음에도 불구하고 관철되었다. 민주주의는 당연히 인민(DEMOS)이 직접 정책을 결정함으로써 이를 관철시켰고, 공화주의는 인민이 직접 통치하지는 않으나 집정관이나 호민관 같은 공직자를 선출하는 권리를 모든 인민이 신분과 관계없이 동등하게 가지도록 함으로써 이를 관철시켰다. 근대 계몽사상은 계약의 결과와 원인은 서로 다르지만 기본적으로 통치권과 맺게 되는 사회계약권이 모든 시민들에게 동등함을 전제하고 있다.

원래 이 절대적 평등의 원리는 포괄의 원리가 아니라 배타의 원리였다. 즉 DEMOS의 자격이 보편적이지 않았던 것이다. 이는 고대 아테네나 로마의 시민권으로 표현되는 일종의 특권이었다. 근대 민주주의의 역사는 바로 이 DEMOS의 자격이 점차 확대되어 마침내 모든 인간을 포괄하게 되는 과정이다. 실제로 시민혁명 이후 근대민주주의 형성의 역사가 참정권(suffrage) 확대의 역사라는 것은 이를 증명하는 사실이다.11)

이런 의미에서 투표권이 재산세 납부액에 비례했던 시민혁명 초기 영국과 프랑스의 정치체는 결코 민주주의라고 할 수 없다.

(2) 개인적 자율의 원리

이는 절대적 평등의 원리에서 파생되거나 전제되는 원리로, DEMOS 혹은 시민 등 어떤 집단의 구성원은 스스로 자신에게 최상의 결과를 가져오는 대안을 선택할 능력이 있다는 원리다. 즉 자신에게 가장 좋은 선택을 할 수 있는 주체는 자신이라는 것이다.

이는 왜 민주주의에서 절대적 평등의 원리가 전제되어야 하는가에 대한 설명이 된다. 시민사회는 필연적으로 다양한 사적 이익이 충돌하

---

11) 흔히 알려지고 가르쳐지는 바와 달리 청교도 혁명과 명예혁명 이후 영국이 근대 민주국가가 된 것은 아니다. 그 결과는 오히려 전통적인 공화주의의 이상적 귀결이었고, 이것이 근대 민주주의로 전환한 것은 19세기 격렬하게 일어난 참정권확대운동(차티스트 운동)의 결과다. 그 결과 상원과 국왕은 유명무실하게 되고 하원이 모든 권력을 차지하게 되었다. 즉 세력들 간의 균형과 조화에서 인민에 의한 통치로 전환한 것이다. 이런 점에서 명예혁명만을 중요시하고 차티스트 운동을 가볍게 취급하는 현행 중, 고등학교 정치교육은 분명 심각한 오류를 범하고 있는 것이다. 마찬가지로 프랑스 혁명에서 수평파-자코뱅 당의 역할은 단지 단두대로만 표현되고 있고, 1848년 혁명은 참정권의 확대와 공화정의 민주화의 측면이 아니라 이미 완성된 민주주의의 확산 정도로 잘못 취급되고 있다.

는 장소다. 이 사적 이익을 잘 조화시키든(공화주의), 아니면 사적 이익들 대신 공공선을 선택하든(고대 민주주의), 혹은 다수의 이익을 선택하든(근대 민주주의)간에 반드시 전제되어야 할 것은 요구되고 주장되는 이익들이 요구자 주장자 자신의 것이라야 한다는 것이다. 만약 자신의 의사와 무관하게 타인의 이익을 요구해야 하는 상황이 된다면, 혹은 자신의 이익을 주장하거나 이와 관련된 의사결정에 참여하지 못하고 이를 타인에게 위임해야 한다면 이미 평등의 원리는 무너지게 된 셈이다.

더 나아가서 개인적 자율의 원리는 도덕적 판단을 내릴 수 있는 최선의 행위자로서도 개인을 전제하고 있다. 즉 모든 개인은 자신의 이익을 위해서나 혹은 보다 보편적인 도덕을 위해서나 최선의 판단을 내릴 수 있는 자격과 능력을 가지고 있다. 따라서 타인의 이익을 대변한다는 논리도, 혹은 공동체의 이익을 대변한다거나 공공의 선, 도덕을 위한다는 논리도 개인의 자유를 침해할 수 없다.

(3) 민주적 과정의 원리

절대적 평등의 원리와 개인적 자율의 원리가 관철되기 위해서는 실제 정치 과정이 이를 담보할 수 있는 민주적 절차에 의해 운영되어야 한다. 여기에서 필연적으로 민주적 과정의 원리가 도출된다. 민주적 과정은 그 자체로 민주주의를 결정하지는 않는다. 이는 어떤 정치체에서 구현되어야 할 작동 원리다. 즉 이 과정이 작동된다고 해서 반드시 민주주의라고 할 수는 없지만, 적어도 어떤 정치체가 민주주의라고 불리려면 이러한 과정은 반드시 지켜져야 하는 원리다. 또 절대적 평등의 원리와 개인적 자율의 원리가 민주주의가 성립 가능한 전제조건인 반면 민주적 과정의 원리는 민주주의 성립 이후의 운영 원리라는 점에서 보다 실천적 함의가 크다. Dahl(1989, p.165-241)은 다음의 다섯 가지를 민주적 과정의 원리로 제시하였다.

ㄱ. 포괄성

포괄성의 원리는 결사체의 집합적 결정에 따라야만 하는 모든 성인들이 인민에 포함되어야 한다는 것이다. 이는 절대적 평등의 원리를 보다 구체적으로 표현한 것이다.

ㄴ. 효과적 참여

여기서 효과적 참여란 구속력 있는 결정을 내리는 과정 속에서 시민들은 최종적 산출에 대한 그들의 선호를 표현할 적절하고 평등한 기회를 가져야만 한다는 의미다. 즉 절대적 평등의 원리가 구현되기 위해서는 기본적으로 각 개인들이 자신의 주장과 욕구를 표현함에 있어 제한을 받거나 차별받아서는 안 된다.

ㄷ. 투표의 평등

이는 집합적 결정의 결정적 단계에서 각 시민들은 그들의 선택을 표현할 동등한 기회가 보장되어야 한다는 의미다. 즉 모든 시민들은 공동체의 결정에 동등한 의결권을 가지고 참여할 수 있어야 한다.

ㄹ. 계몽된 이해

이것은 다소 기계적인 앞의 두 원리보다 깊은 차원의 것이다. 각 시민들은 결정해야 할 문제들에 있어 결정이 시민의 이익을 최대한으로 보장하는가를 알아내고 평가할 적절하고 평등한 기회를 가져야 한다. 즉 의결권을 행사하기 전에 그 결정의 전후 맥락과 결정 결과에 대한 예상을 충분히 할 수 있어야 한다는 뜻이다. 바로 이 점에서 충분한 토론과 논의 없이 다수결로 밀어붙이는 회의가 비민주적이라는 근거가 도출된다. 매스미디어의 영향력이 점점 커지는 오늘날 가장 심각하게 위협받는 원리들 중 하나다.

ㅁ. 인민에 의한 의제의 통제

이것은 앞의 원리들보다 더욱 근본적이다. 인민은 민주적 과정을 통해 결정될 문제들의 목록 가운데 어떤 문제들이 있어야 하는가를 결정하는 배타적인 기회를 가져야 한다. 즉 의사결정과정뿐 아니라 애초에 의제를 상정하는 권리도 인민에게 주어져야 한다는 것이다. 인민들은 그 기회와 권리를 평등하게 가져야 하며, 의제를 상정할 수 있는 자격으로는 인민이라는 것 외에는 어떤 것도 필요하지 않아야 한다. 이 역시 근대 민주주의의 비대해진 대의제 정치에서는 제대로 작동하기 어렵다. 일부 정치 엘리트들이 의회에서 인민과 무관하게 의제를 상정하거나, 일부 강력한 집단들이 언론을 이용하여 의제를 선점하는 등 훼손이 심하게 나타나고 있다.

2. 근대 정치 제도로서 민주주의

지금까지 민주주의 사상과 원리의 세 근원들을 살펴보고 그 결과 민주주의의 최소한의 원리들이 어떻게 형성되었는지 살펴보았다. 그러나 이런 원리들은 분명 도시국가나 작은 공동체에 적합한 것들로 19세기 이후 등장한 거대한 규모의 민족국가와는 맞지 않거나 실행 불가능한 것들이다.

근대 민족국가는 기본적으로 수십, 수백 개의 도시를 보유하고 고대 아테네나 중세 베네치아 시민들의 수백 배에 달하는 인구를 가진다. 이런 규모의 국가에서 민주주의나 공화주의는 모두 구현되기 어렵다. 민주공화주의도 마찬가지다. 인구가 수백, 수천만인 국가에서 최대다수의 요구를 확인하는 것은 대단히 어려운 일이다. 이렇게 거대한 민족국가가 성립하였음에도 불구하고 민주주의가 오히려 보편화 된 것은 바로 대의제, 폴리아키, 개인적 권리와 같은 새로운 사상적 고안물들이 등장했기 때문이다.

1) 대의제(Representative system)

대의제는 문자 그대로 자신들의 의사를 대변하는 대표자를 선출하는 제도이다. 그리고 이 대의제야말로 민족국가의 넓은 영역과 많은 인구에도 불구하고 민주주의가 구현될 수 있게 만든 탁월한 발명이다(Mill, 1861).

그런데 이 대의제라는 제도는 민주주의자에 의해서 고안된 것이 아니라 귀족주의(aristocracy)에 의해 고안된 것이다. 실상 대표자라는 존재는 민주주의의 매우 중요한 원리인 절대적 평등의 원리와 개인적 자율의 원리에 심각하게 위배된다. 이는 다수의 의견을 대변할 수 있는 특별한 존재를 긍정하게 만들며, 따라서 귀족들에게 유리한 제도다. 그런데 이렇게 비민주적인 제도가 도입됨으로써 오히려 민주주의가 더 넓은 영역으로 확대된 것은 역설적인 결과다(Dahl, 1989, p.71).

대의제는 넓은 영역에 걸쳐있는 수많은 시민들이 일제히 회의에 참석하는 사실상의 불가능을 해결해 주었다. 또 대표들에 의한 다수결은 최대다수의 요구 관철이라는 민주공화정의 원리도 그런대로 만족시킬 수 있게 해주었다. 대표들의 임기를 정하고 이들을 입법부와 행정부로 분산시킴으로써 대의제는 권력의 독점도 방지할 수 있게 하였으며, 대표들을 시민들이 주기적인 직접 선거로 선출함으로써 이들 대표들이 사실상의 귀족이자 새로운 통치계급으로 바꾸는 것을 예방할 수 있었다.

물론 대의제는 결함도 가지고 있다. 대의제는 인민이 대표를 선출한 이후에 정치에 참여하기 어렵게 만듦으로써 정부와 인민 사이의 거리를 멀게 만들었다. 또 인민이 이렇게 정치적 삶에서 멀어지게 되면서 사익을 억제하면서 공공선을 추구하는 삶을 거의 어렵게 만들었다. 이는 인민들의 사회적 행위를 소멸시키고 경제적 노동에 삶을 국한시키게 만든 결과다(Arendt, 1958). 그 결과 시민들은 정치적 삶 자체에 무관심해져서 대의제의 생명이라고 할 수 있는 선거조차 사실상 형식적으로 이루어지는 경우가 비일비재하다. 그러나 이런 단점에도 불구하고 대의제는 근대 민주주의가 고대 로마공화국의 운명을 반복하지 않게 해주었다는 점에서 민주주의의 유지와 확대에 큰 기여를 했고,12)이런 단점들이 해결 불가능한 것이 아니라는 점에서 앞으로도 계속 존속할 제도로 보인다.

2) 폴리아키(Polyarchy)

(1) 폴리아키의 의미

폴리아키는 사전적으로는 복수의 통치자에 의한 통치라는 뜻으로 통치자가 1인인 군주제(monarchy)의 반의어다. 즉 mono가 poly로 바뀐 것이니 1인 통치가 아닌 것은 고대 아테네의 민주정치나 스파르타의 과두정, 심지어는 페르디난드 1세와 이사벨라 여왕이 공동 통치하던 에스파

---

12) 고대 로마인들은 그 영토가 당시 교통수단으로 수개월의 여행을 요구할 정도로 커졌음에도 불구하고 민회, 원로원, 집정관으로 구성된 공화체를 고수하였다. 즉 형식상 에스파냐와 마케도니아의 시민도 민회에 참석할 수 있고 참석해야 했지만 사실상은 불가능한 일이었다. 그 결과 로마 시에서 멀리 떨어진 속주 지역의 통제권은 사실상 공화국의 범위를 벗어나 카이사르나 폼페이오스 같은 군사령관에 의해 장악되고 말았다. 역사에 가정은 어리석은 일이지만 만약 로마가 오늘날 같이 속주 지역에 인구비례에 의한 선거구를 선출하고 의원을 선출했다면 공화정의 운명은 달라졌을 것이다.

냐조차 mono가 아니란 점에서 폴리아키인 셈이다.

그러나 여기에서 말하는 폴리아키는 이런 사전적인 의미가 아니다. 여기서 말하는 폴리아키는 근대 민족국가의 탄생과 대의제의 발명의 결과 형성된 독특한 근대의 통치체를 의미한다. 폴리아키는 민족국가의 정치제도를 민주화한 역사적 노력의 결실로, 모든 종류의 비민주적 체계 및 고대 민주주의와 다른 독특한 정치 체제다. 이를 간단히 말하면 민족국가와 같은 대규모의 정치단위에서 민주주의를 실시하기 위해 필요한 일련의 정치제도다.(Dahl, 1989, pp.415-416).

폴리아키는 다음과 같은 일련의 제도들의 체계다(Dahl, 1989, pp.419-420).

ㄱ. 선출된 공직자
정부의 정책 결정에 대한 통제권을 가지는 공직자들은 오직 시민들에 의한 선출을 통해서만 그 권한을 부여받는다.

ㄴ. 자유롭고 공정한 선거
이러한 권한을 부여받는 공직자의 선출은 주기적으로 이루어지며, 그 과정은 반드시 공정해야 하며, 시민들은 이 선출 과정에서 어떠한 강제력 없이 자유롭게 공직자를 선출할 수 있어야 한다.

ㄷ. 광범위한 선거권
공직자를 선출할 권리인 선거권은 원칙적으로 모든 시민들에게 주어져야 하며, 최소한 모든 성인들에게 주어져야 한다.

ㄹ. 공직 출마권
사실상의 모든 성인들은 선거권뿐 아니라 공직자로 선출될 수 있는 공직 출마권을 가져야 한다.

ㅁ. 표현의 자유

시민들은 공직자, 정부, 체제 사회경제적 질서, 지배 이데올로기 등을 포함하는 넓은 의미의 정치적 쟁점들에 대해 어떠한 위협과 처벌의 위험 없이 자유로이 자신의 의사를 표현할 자유가 있다.

ㅂ. 다른 정보원

시민들은 정부나 공인된 정보원뿐 아니라 다른 정보원을 찾을 권리가 있다. 또 정부나 공인된 정보원이 아닌 다른 정보원이 실제로 존재해야 하며 이는 법으로 보호받아야 한다.

ㅅ. 결사의 자유

이러한 권리들을 행사하고 보호받기 위해 시민들은 정당과 이익단체를 포함한 조직과 결사를 구성한 권리를 가지고 있다. 이 조직들은 독립적이며 특별한 경우가 아니면 그 활동에 제한받지 않는다.

(2) 폴리아키와 민주주의

폴리아키라는 용어를 근대 민주주의의 핵심적 구성요소로 사용한 Dahl은 사실 이 용어를 명료하게 사용하지 않았다. 무엇보다도 폴리아키는 일련의 제도인지 아니면 그 제도에 의해 구성된 정치체인지 명확하지 않다. 실제로 Dahl은 이 두 가지 의미 모두로 폴리아키를 사용하고 있다. 또 하나 불명료한 것은 폴리아키와 민주주의가 동의어인가 하는 것이다.

물론 Dahl은 폴리아키와 민주주의를 동의어로 사용하고 있지는 않다. 엄밀한 의미에서 폴리아키는 "근대 민족국가와 같은 거대 광역국가에서 민주주의를 실현하고자 할 때 현재까지 알려진 바로는 가장 좋은 일련의 제도들이다."(Dahl, 1989, p.423).

따라서 아직까지 현실적으로는 폴리아키를 이용하지 않고서 민족국가 차원의 민주주의를 구현할 더 좋은 방법은 등장하지 않았다. 그러나 폴리아키 그 자체가 민주주의는 아니다. 실제로 폴리아키는 형식화되거나 화석화되지 않고 계속해서 발전하고 보강되어야 한다. 그리고 궁극적으로는 민주주의의 이상에 도달하기 위한 보다 훌륭한 제도로 교체되어야 한다.13)그럼에도 불구하고 달(1989)은 폴리아키의 민주화를 대안으로 주장함으로써 폴리아키를 시민사회에 대해 개방적이면서 소수에 의한 과점으로 전락하지 않도록 하는 것이 최선이라는 견해를 보인다. 즉 폴리아키는 그 자체로는 민주주의가 아니지만, 근대 민족국가에서 민주주의를 구현하기 위한 현존하는, 그리고 아마도 앞으로도 유일한 방법인 것이다.

따라서 오늘날 어떤 나라의 민주주의 구현 여부를 확인하기 위해서는 무엇보다도 먼저 폴리아키의 구비 여부를 살펴보아야 할 것이다. 물론 폴리아키가 갖추어졌다고 해서 민주주의는 아니겠지만, 폴리아키가 갖추어지지 않고서는 민주주의라고 보기 어려울 것이다.

3. 사회 각 영역의 제도로서 민주주의

지금까지 정치사상으로서 민주주의의 여러 근원들, 그리고 근대 민족국가에 구현된 정치 제도로서의 민주주의를 살펴보았다. 그런데 지금까지 살펴본 이론들은 민주주의를 주로 공동체의 의사결정과정과 권력의 배분과 통제, 즉 정치 영역에만 한정하였다.

그러나 근대사회의 특징은 다양성과 다원화이며, 근대사회는 사적 생

---

13) 이를 달은 제3의 변환이라고 부른다. 제1의 변환은 도시국가의 민주화, 제2의 변환은 민주주의의 민족국가로 확대, 즉 폴리아키의 등장이며, 폴리아키를 극복하고 직접민주정치에 보다 가까운 거대민주주의를 구현한다면 그것이 제3의 변환이 된다.

활과 정치영역이라는 이원론을 벗어나 다양한 영역의 자율성을 인정하고 있다. 따라서 민주주의의 원리와 제도가 정치영역에만 한정되어서는 오늘날 사회에 적용되기에는 한계가 많다.

린쯔와 스테판(1996)은 민주주의 정치과정의 차원을 정치 차원을 넘어 사회 각 영역의 차원에서 상세하게 분석함으로써 폴리아키의 한계를 넘어 근대 민주주의 제도를 보다 넓은 영역에 적용시켰다.

린쯔와 스테판(1996)의 민주주의 모형을 요약하면 <표 1>과 같다. 표를 살펴보면 이들은 민주주의가 구현되는 사회의 각 영역을 시민사회, 정치사회, 법, 관료제, 경제사회의 다섯 영역으로 상세하게 구분하여 제시하고 있다. 이에 비해 달은 폴리아키를 정치사회에 한정하고 있다. 그러나 기본적으로 린쯔와 스테판 역시 정치영역뿐 아니라 사회의 각 영역에 민주주의의 3대 원리, 그리고 폴리아키 제도들을 확대 적용한 것이라고 보아야 한다.

<표 1> 사회 각 영역에서 구현된 절차적 민주주의

영 역	특 징	필요 조건
시민사회	자발적 조직, 단체, 개인들의 연대, 이익단체들이 활발하게 의견을 형성하고 표현함	결사, 표현, 통신의 자유
정치사회	정치 체계가 대중세력과 상호보완하며 합법적 권리를 얻고자 상호 경쟁함	포괄적이며 자유로운 선거 제도
법의지배	시민사회와 정치사회의 상호보완성이 법에 의하여 확고하게 지켜짐	법의 합리적으로 예측 가능한 규범 위계성
국가 메커니즘	행정관료들이 정치적 판단을 하지 않으며, 시민사회와 정치사회의 통제하에 있으면서 효율적임	국가 기구의 합리적·법적 권위와 이에 대한 시민사회의 규범적 지지
경제사회	시장경제의 충분히 자유로우며 규칙이 지켜짐	제도화되고 규칙이 지켜지는 시장

*자료: Linz & Stepan(1996)

다만 여기에서 특기할 만한 것은 시민사회가 행정 관료집단을 철저히 통제할 수 있어야 한다는 조건을 명기한 점, 시민사회와 정치사회를 분리하여 사고하고 있다는 점이다. 사실 시민사회와 정치사회의 분리는 근대 대의정치의 등장과 함께 나타난 현상이다. 그런데 린쯔와 스테판은 이 사이에 행정 관료들로 구성된 국가 메커니즘을 또 하나의 영역으로 상정하고 있다. 이는 20세기 이후 점점 비대해지는 정부의 규모와 함께 관료제가 확대되는 현상을 반영한 것이다.

20세기 후반 이후 정부의 규모가 비대해지면서 이를 운영하기 위한 절차는 더욱 복잡해지고, 비용은 천문학적으로 늘어나고, 따라서 이 운영과정에 대한 민간의 접근이 점차 어렵게 되었다. 정부기구를 운영하는 행정은 점점 전문적인 업무로 정착되었고, 따라서 전문 행정 관료들이 사실상 국가기구를 장악하는 현상이 나타나게 되었다. 문제는 이들 행정 관료들은 대의제의 공직자와 달리 시민들에 의해 선출되지 않는다는 것, 따라서 주기적으로 교체되지도 않고 시민사회에 대해 책임을 지지도 않는다는 것이다. 이론적으로는 이들 행정 관료들은 투표권을 가진 시민들의 뜻을 거스르기 어려운 선출직 공무원의 명령을 듣게 되어 있다. 그러나 행정이 전문화되면서 민간 출신의 선출직 공무원이 이들 행정 관료를 통제하기란 점점 더 어려워지고 있다. 따라서 이들 행정 관료들의 전횡을 통제할 수 있는 법적·제도적 장치가 마련되지 않으면 민주주의는 관치주의(Beurocracy)로 전락하고 말 것이다.

그런데 달(1989)이나 린쯔와 스테판(1996)의 민주주의는 의사결정 절차와 다수결, 선거 등만을 중요시하여 민주주의의 실질적인 내용을 무시한 형식적 민주주의에 불과하다는 비판을 받기도 하였다. 콜리어와 레보츠키(Collier & Levitsky, 1995)는 이러한 표면적 형식과 절차상의 민주주의가 문제가 아니라, 오히려 민주주의의 내면화가 더욱 중요하다고 하였다. 즉 민주주의는 제도가 아니라 대의제 대표, 관료, 시민을 막론하고 국가를 이루는 구성원들에게 민주주의의 원리가 내면화된 태도이며 문화라는 것이다. 이는 다른 말로 "정치, 경제, 사회, 문화 영역에서 엘리트와 대중이 공히 민주적 절차와 규범을 안정화, 제도화, 일상화, 내면화함"(임혁백, 1997, p.28)을 의미한다. 한편 송호근(1997)은 민주주의를 정치·사회·경제의 차원에서 바라보고, 이 세 차원 모두에서 민주적 절차와 행위규범, 문화가 내면화 될 때 이를 실질적 민주주의라고 하였다.

그런데 이러한 비판들을 살펴보면 이른바 실질적 민주주의에 대한 주장이 그들이 비판한 이른바 형식적, 절차적 민주주의와 근본적으로 차이를 보이지는 않음을 알 수 있다. 다만 절차적 민주주의는 민주주의의 규칙을 제시한 것이며, 실질적 민주주의는 그 규칙이 적용될 범위와 깊이를 제시한 정도의 차이가 있다. 즉 민주주의의 원리가 사회의 전 영역으로, 또 개인에게 내면화 될 수준으로 정착되는 것이 실질적 민주주의다. 따라서 절차적 민주주의가 정치적, 문화적이라면, 실질적 민주주의는 문화적이고 규범적이다.

지금까지의 논의들을 정리하면 민주주의 교육의 목표로 삼을 명백한 민주주의 개념에 도달할 수 있게 된다. 민주주의란 <표 1>에 제시된 절차적 민주주의의 원리와 폴리아키의 제도들이(Dahl, 1989; Linz & Stepan, 1996) 사회 각 영역에 고루 적용되고, 이것이 사회 구성원들에게 일상화, 내면화되어 있는 것이다(Collier & Levitsky, 1995; 임혁백, 1997; 송호근, 1997). 이를 좀 더 간략히 표현한다면 1)다양한 의견 표출과 형성의 자유, 2) 대립되는 의견과 갈등의 허용과 토론을 통한 합리적 해결, 3) 대의체의 개방성과 협상, 4) 이러한 것들이 구현되기 위한 기회의 실질적 평등, 5) 이러한 것들의 시민 개개인의 일상화와 내면화다.

4. 비민주주의

지금까지 추상적이고 모호한 민주주의라는 개념을 민주주의 교육의 목표로 삼을 수 있는 수준까지 구체화하였다. 그렇다면 이번에는 민주화, 혹은 민주화 운동이라는 개념을 설명하기 위해 필수적인 비민주주의에 대해 살펴보도록 하자. 비민주주의 역시 민주주의와 마찬가지로 그 바탕이 되는 이념, 원리와 실제 그것이 구현된 정치제도로 나타난다.

1) 비민주주의 이념의 두 근원

민주주의를 반대하는 주장의 바탕이 되는 이념은 민주주의를 중심으로 정 반대 위치에 있는 두 극단인 무정부주의와 수호자주의다. 이 두 극단의 비민주주의는 나름대로 사람들을 매혹시킬 만한 요소를 가진 매력적인 사상들이다. 따라서 이 두 근원을 제대로 이해하고, 그 문제점을 충분히 인식할 필요가 있다.

(1) 무정부주의(Anarchism)

무정부주의는 민주주의가 고대 아테네 시절부터 드러내었고, 근대 대의제의 개발과 함께 더욱 심화된 결함에 대한 반발이다. 그것은 국가라는 정치체가 시민을 억압한다는 것이다(Dahl, 1989, p.83). 실제로 고대 아테네의 민주주의는 시민들에게 참여를 강요(!)했고 강요는 공공선의 이름으로 행사되었다(Jones, 1969). 시민들의 참여가 한 다리를 더 건너게 되는 근대 대의제에서는 더 말할 필요도 없다.

그런데 민주주의가 일관되고 응집력 있는 사상체계가 아니듯이 무정부주의 역시 일관되고 응집력 있는 사상체계가 아니다.[14] 이른바 무정부주의자로 불리는 사람들 중 영향력 있는 사상가들은 미하엘 바쿠닌(Mikhail Bakunnin), 피에르 프루동(Pierre Proudhon), 그리고 로버트 노직(Robert Nozick)등이다.

사실 무정부주의는 민주주의만 반대하는 것이 아니다. 이는 문자 그대로 일체의 통치를 모두 반대한다. 이들의 주장은 매우 단순하다. 이들의 주장을 요약하면 다음과 같다.

1) 인간은 자유로운 존재이기 때문에 어떠한 종류의 강압도 정당화 될 수 없는 악이다.
2) 그런데 국가는 본질적으로 강압적이다. 따라서 어떠한 국가도 궁극적으로 악이다.
3) 설사 그 국가가 민주주의를 실시한다 하더라도 정도의 차이만 있을 뿐 궁극적으로 강압자이며 악이다.
4) 따라서 국가는 제거되어야 하며, 통치자 없이 모든 구성원이 평등한 자발적 결사체에 의해 대체되어야 한다(Pennok & Chapman, 1978, pp.341-365).

이들은 다수결조차 다수가 소수를 강압하기 때문에 거부한다. 이들이 꿈꾸는 사회는 누구도 누구를 강압하지 않고 합의에 의해 운영되는 공동체다. 물론 이런 일이 가능하다면 국가를 굳이 거부할 이유는 없다. 그러나 국가라는 거대 공동체는 지나치게 광범하여 사실상 실현 가능성이 없다. 이렇게 이들의 주장은 이상적이며, 민주주의보다 더 민주적이라는 점[15]에서 매혹적이다. 따라서 톨스토이나 신채호 같은 진보적 지

---

14) 사실 일관되고 응집력 있는 사상체계로서 무정부주의라는 말 자체가 형용모순이다.
15) 현실에 존재하는 정치제도로서의 민주주의보다 더 민주주의의 이상에 가깝다는 의미

식인들이 무정부주의에 매료되었던 것은 전혀 놀랄 일이 아니다.

그러나 마르크스나 엥겔스 같은 진보적인 사상가들이 이들 무정부주의자들을 공상가로 치부한 것은 우연이 아니다(Marx & Engels). 이들의 매혹적인 사상은 사실상 실현 불가능하거나 혹은 실현 과정에서 국가보다 더 잔혹한 강압을 수반하기 때문이다. 이미 전 세계에 강고하게 고착된 국가 시스템을 작은 공동체들의 연합으로 해소한다는 것은 엄청난 물리력과 강압을 수반하지 않고서는 불가능한 일이다.

노직(Nozick, 1974)과 같은 온건한 무정부주의자는 이러한 위험을 인식하여 국가의 폐지보다는 최소화를 주장하였지만, 이 역시 상당한 수준의 저항을 감수해야 한다는 점에서는 큰 차이가 없다. 또 국가가 아닌 이른바 자발적 공동체나 결사체 내부에서 강압과 지배의 위계가 나타나지 않을 것이라는 생각도 순진한 것이다(Dahl, 1989, p.109). 실제로 1968년 신좌파 운동의 처참한 말로는 정부의 탄압보다는 운동세력 내부의 억압과 이에 대한 반발 때문이었다.

따라서 민주주의가 각 개인의 자율성을 최대한 보장하는 체제는 아닐 수 있고, 또 절대적 평등을 보장하는 체제도 아닐 수 있고, 물론 강압이 전혀 없는 체제는 아니겠지만, 적어도 이러한 것들을 달성할 수 있는 실현 가능한 최선의 제도임에는 분명함을 인식해야 한다.

물론 무정부주의의 민주주의 비판은 근대민주주의의 결함이 어느 부분에서 나타나는지 보여주는 소중한 지적이다. 법의 이름으로 집행되는 일체의 강압은 민주주의 국가에서는 언제나 설득에 뒤이은 최후의 수단이라야 하며16), 정부와 행정기구의 운영방식에 민주적 과정이 최대한 반영되도록 해야 할 것이다(Dahl, 1989, p.110).

---

16) 바로 이런 이유 때문에 엄정한 법집행을 강조하는 법실증주의자들(이른바 법대로 주의자)은 민주주의와 거리가 멀다.

(2) 수호자주의(Guardianship)

수호자주의는 민주주의보다 더 오래된 전통적인 정치사상이다. 그 근원은 서양에서는 플라톤 사상17), 동양에서는 공자와 유교사상, 그리고 근대에서는 니체(Nietze), 레닌(Lenin), 김일성 등의 사상, 그리고 이채롭게도 심리학자 스키너(Skinner) 등에서 찾을 수 있다. 이러한 여러 종류의 수호자주의는 민주주의의 기본전제인 절대적 평등의 원칙을 거부한다는 공통점을 가진다.

플라톤은 소크라테스의 영향을 받아 선이라는 것은 어떤 기질이나 성향이 아니라 지식이라고 보았다. 따라서 선은 공부하여 연마하고 얻을 수 있는 것이며, 따라서 모든 사람들에게 공평하게 나누어지지 않는다. 그런데 앞에서 살펴보았듯이 폴리스는 공공선의 담지체이며 이 공공선으로 여러 집단과 개인들의 사적인 욕구와 갈등을 조절한다. 그런데 선은 지식이기 때문에 이는 공공선에도 적용된다. 따라서 정치라는 것은 폴리스의 공공선을 정확히 인식하고 이를 바탕으로 여러 갈등과 이익을 조절하여 조화와 균형을 도모하는 일종의 학문이 된다. 그렇다면 누가 정치를 담당해야 하는지 명약관화하다. 폴리스의 공공선을 인식할 수 있는 능력과 지식을 갖춘 자, 즉 철인(哲人)이 정치를 담당해야 한다(Sabine, 1973, pp.96-137; Dahl, 1989, pp.115).18)

공자 및 유교의 사상도 이와 크게 다르지 않다. 통치는 소인이 담당할 바가 아니라 군자가 담당해야 할 특수한 업무다. 왕의 가장 큰 미덕

---

17) 사실 플라톤의 『공화국』과 비슷한 시기에 발표된 아리스토파네스의 희극에도 이와 비슷한 내용이 나온다는 것으로 보아 플라톤 사상의 기본 아이디어는 그의 독창적인 것이라기보다는 당시 아테네에 널리 유행하던 것으로 보인다.

18) 플라톤이 실제 존재하는 수호자주의를 옹호한 것은 아니다. 그의 공화국이 어디까지나 이상적인 국가임을 명심하자. 실제로 후속작품인 『정치가들』과 『법률론』에서 플라톤은 현명한 철인이 다스리는 것이 이상적이지만 그렇지 못하다면 폭군이 다스리는 것보다는 법이 다스리는 것이 차선이라고 원래의 주장을 누그러뜨렸다.

은 바로 이 특수한 업무를 담당할 군자를 발탁해 통치를 맡기는 것이다. 그리고 군자가 통치를 담당해야 하는 이유는 그가 인의예지(仁義禮智)를 갖추었기 때문이다. 그리고 그가 인의예지를 갖출 수 있었던 것은 격물치지(格物致知), 수신제가(修身齊家), 극기복례(克己復禮)라는 혹독한 수련과 학습활동을 통해 하늘과 사람의 나아가야 할 바른 길을 볼 수 있기 때문, 즉 도통(道通)했기 때문이다.

레닌은 공산주의자로 알려져 있지만 정치원리에 있어서는 사실상 엘리트주의자다. 그는 노동조합의 자생적 운동은 결국 경제적 이익을 추구하는 경제투쟁에 매몰되어 결코 혁명적 전망을 가질 수 없다고 주장하였다. 혁명적 전망, 즉 과학적 사회주의는 노동운동을 계속한다고 해서 자생적으로 형성되는 것이 아니라 혁명적 정당, 즉 공산당에 의해 의식적으로 공급되어야 한다. 이는 사회주의적 전망을 이른바 과학적으로 제시할 수 있는 일련의 지식인 활동가들이[19] 노동자들의 대중조직인 조합, 즉 소비에트를 지도하는 것을 합리화시킨다. 노동자들은 자신들의 판단보다 이들 혁명적 전위들의 판단을 믿어야 한다. 왜냐하면 이들만이 사회주의에 이르는 길을 정확히 파악할 수 있고, 또 사회주의만이 진정 노동자들이 해방되는 길이기 때문이다. 이러한 레닌주의는 그대로 중국과 북한 등 여러 사회주의 국가에서 변주되었다. 북한의 경우는 혁명적 전위의 역할이 특정한 개인과 그의 혈통으로 환치된 것이 이채롭다.

20세기 이후에는 과학자 수호자주의가 등장하였다. 스키너는 그 선두에 서 있다. 그의 논리는 선배 수호자주의자들과 크게 다르지 않다. 다만 통치해야 할 사람이 철학자나 혁명적 전위가 아니라 과학자라는 점이 다를 뿐이다.

이와 같은 수호자주의들은 제각기 다른 주장들을 하고 있지만 하나의 강력한 전제들을 공유하고 있다. 그것은 첫째, 통치에 필요한 특별한 지

---

19) 레닌은 이들을 혁명의 전위(vanguard)라고 불렀다.

식이나 기술이 따로 존재한다는 것이며, 둘째, 그 지식이나 기술에 능한 자가 통치하는 것이 인민이 통치하는 것보다 우월하다는 것이다. 이렇게 특별한 지식이나 기술에 능한 자를 플라톤의 용어를 빌려 국가의 '수호자'라고 부를 수 있을 것이다.

이러한 수호자주의는 단지 '독재사상'이 아니라 실제 높은 호소력을 가지고 있는 매력적인 사상이다. 박정희 향수가 아직도 사라지지 않고, 여전히 마오쩌둥이나 덩샤오핑이 중국인들의 존경을 받고 있는 현실은 수호자주의가 여전히 많은 사람들에게 매혹적으로 보임을 반증한다.

여기에는 함정이 있다. 물론 매우 훌륭한 지도자가 훌륭한 결정만 한다면, 길고 복잡한 의사결정과정을 거치고, 또 결정된 사실을 강제집행하지 않고 먼저 인민들에게 설득해야 하는 민주주의보다 훌륭한 결과가 더 빨리 그리고 더 효율적이고 이루어질 수 있을 것이다. 하지만 이 경우에도 인민들은 스스로 해낸 성과가 아니라 단지 지도자의 뒤만 따른 것이기에 아무것도 얻은 것이 없다. 따라서 훌륭한 지도자가 물러나고 평범하거나 열악한 지도자가 그 자리를 대체할 경우 지금까지의 성과는 물거품처럼 사라지고 말 것이다. 또 이렇게 열악한 지도자가 통치할 경우 민주주의가 아닌 수호자주의에서는 이를 대체할 어떤 현실적 방안도 지니지 못한다.[20]

사실 수호자주의가 매력적으로 보이는 것은 역사적으로 훌륭한 지도자들이 통치했던 시대가 통치자의 이름으로 기술되기 때문이다. 예컨대 세종조 시대, 영정조(英正祖) 시대, 정관지치(貞觀之治), 강희지치(康熙之治), 혹은 5현제 시대나 빅토리아 시대 같은 것이 그것이다. 반면 민주주의 시대의 황금기는 뚜렷하게 불러줄 통치자의 이름이 없기에 역사에 명확하게 기술되지 않는다. 그저 50년대 황금기, 90년대 3저 호황 같은

---

[20] 민주주의라면 이 경우 임기가 끝나기만 기다리거나 경우에 따라서는 여론의 압박을 통해 정권을 무력화시키면 되지만 수호자주의에서는 혁명을 일으키거나 그가 자연사하기만을 기다려야 한다.

식으로 기술될 뿐이다. 그러니 수호자주의가 민주주의보다 더 매혹적으로 보이는 것은 어떤 면에서는 자연스러운 일이다.

그러나 그 시대를 통치자의 이름으로 지칭하는 것이 그러한 시대에 대한 공로가 순전히 통치자에게 있음을 의미하는 것은 아니다. 또 설사 그렇다 하더라도 역사는 통치자의 탁월함에 의존했던 국가의 운명이 위대한 통치자의 몰락과 함께 어떻게 되었는지 생생하게 보여주고 있다.21)

물론 민주주의는 반드시 최고의 결과를 가져오는 제도가 아니다. 민주주의는 많은 결함을 가지고 있으며, 또 다수의 의견이 반드시 옳은 것은 아니기 때문에 많은 실패를 경험하기도 한다. 그러나 민주주의는 폴리아키와 시민사회의 소통이 열려있기 때문에 실패 뒤에는 반드시 피드백이 있다. 민주주의의 시민들은 성공을 통해서도 배우며, 실패를 통해서도 배운다. 그들은 계속해서 진보해 나간다.

그러나 수호자주의에 의해 통치 받고 있는 시민들은 실패를 통해서는 고통과 반감만 키우며, 성공을 통해서도 아무것도 배우지 못한다. 게다가 불행히도 자신의 사적인 욕구를 억제하고 공동체의 최선의 길을 찾기 위해 헌신하는 그런 국가의 수호자는 거의 등장하지 않으며, 설사 등장한다 하더라도 권력을 장악한 이후에 변질되고 만다. 대개의 경우 수호자주의는 진짜 수호자가 아니라 독재자들이 자신들의 권력을 합리화하는 데 동원되는 이데올로기로 전락하고 만다.

---

21) 오현제 이후 로마제국의 역사, 건륭황제 이후의 청나라 역사, 정조 이후 조선의 역사를 보라. 황금기의 그림자조차 없이 바로 어이없이 몰락해 버리는 역사를 보라.

2) 근대 민족국가에 나타난
비민주주의 체제(non-Democracy)

무정부주의나 수호자주의가 그 자체 독자적인 정치제도는 아니다. 이는 역사적으로 다양한 형태의 정부로 나타났다. 무정부주의는 민주주의 정부를 타도하는 이데올로기로 작용했고, 수호자주의는 이후 각종 비민주적 정치체를 수립하는 이데올로기로 작용했다. 이러한 비민주체는 19세기까지는 군주정이나 제국의 형태로 등장했고, 20세기 이후에는 보다 다양한 형태로 등장하였다.

린쯔와 스테판(1996, pp.66-85)은 다원주의, 이데올로기, 동원화, 리더십이라는 네 범주를 기준으로 민주주의와 비민주주의를 판별하는 <표 2>와 같은 이념형을 개발하였다. 민주주의와 비민주주의를 식별하는 각 기준의 특징은 다음의 표와 같다. 이 표에 기술되어 있는 특징들은 가장 이상적인 민주주의의 특징이다. 따라서 이러한 특징들이 많이 나타날수록 그 정치체는 민주주의와 가까운 것이고, 적게 나타날수록 그 정치체는 민주주의와 거리가 먼 비민주체가 된다.

〈표 2〉 Linz와 Stepan이 사용한 민주주의 판정 기준

다원주의	이데올로기	동 원 화	리 더 십
민주주의에서는 경제, 사회, 조직의 내부 생활 등에서 다원주의적 자율성이 광범위하게 인정됨. 그리고 이 자율성에 의해 강화된 정치적 다원주의가 발달함. 사회조합주의는 법적으로 보호되며 국가조합주의는 인정되지 않음	목적론적인 이데올로기는 존재하지 않음. 소수 인의 권리와 개인주의 상태 존중	자발적으로 형성된 결사체나 조직에 의한 동원 정당들은 정치사회에서 동원을 위해 경쟁함 정권 동원성은 낮으면서 시민 참여가 높을 때 가장 민주주의에 가까움 평화적이고 질서 있는 반대파의 동원 허용	자유선거에 의한 리더십은 헌법의 제약하에 행해짐. 리더십은 주기적으로 교체되거나 재검증 받아야 함

먼저 다원주의를 살펴보면 이는 기본적으로 개인적 자율의 원리를 최대한으로 보장한다는 의미다. 정치영역이 다른 영역을 지배하지 않으며, 각 영역에는 모두 자율적 다원주의가 정착되어 있다. 그리고 민주주의에서는 어떠한 목적론적 이데올로기도 나타나지 않는다. 따라서 어떤 거대한 목적과 이상을 위해 개인의 희생을 강요하지 않는다. 동원의 측면에서 보면 민주주의에서는 어떠한 국가주도의 강제적 동원도 나타나지 않는다. 각 정치 집단은 서로 더 많은 시민을 동원하기 위해 경쟁하지만, 동원 여부는 시민들의 자발적인 동원에 의존한다. 특히 정권을 차지한 정치 집단은 반대파가 시민을 동원하는 것을 전적으로 허용한다. 마지막으로 리더십 측면에서, 민주주의의 리더십은 헌법의 제약하에서만 행해지며, 그 한계가 명확히 규정되어있다. 또 리더십의 정당성은 자유선거에 의해 주어지며, 따라서 주기적인 선거에 의해 리더십은 계속 교체되거나 갱신된다.

이 민주주의의 이념형을 바탕으로 린쯔와 스테판은 현존하는 각종 비민주주의를 분석하였고, 그 결과 현대의 비민주체를 권위주의, 전체주의, 후기 전체주의, 그리고 술탄주의로 분류하였다.

(1) 권위주의(Authoritarianism)

권위주의는 제도적으로는 민주주의와 흡사하다고 할 정도로 지도자 혹은 지도 그룹과 시민사회 간의 소통이 보장되어 있다. 폴리아키도 거의 갖추어져 있다. 그러나 실제로는 지도자나 지도그룹이 제시한 이데올로기, 그리고 통치자의 인격적 특성에서 비롯된 권위의 영향이 워낙 강하여 시민사회가 자발적으로 복종하고 결과적으로 통치자에게 권력이 집중되는 정치체제다.

다원주의는 어느 정도 허용되고 있다. 그러나 이는 경제, 사회 영역이 정치 영역으로부터 어느 정도 자율적이라는 의미일 뿐, 정치 영역에서의 다원주의는 거의 발달해 있지 않고, 통치자나 통치 집단은 정치적 책임은 지지 않는다. 무엇이 권위주의라고 규정할 뚜렷한 이데올로기는 없지만, 정치체제에 어떤 형태든 통치자의 뚜렷한 정신이 종종 반영된다. 그리고 권위주의의 가장 큰 특징은 동원에서 나타나는데, 권위주의 정권에서는 대규모의 정치적 동원 자체가 거의 나타나지 않는다. 실상 시민사회가 통치자에게 자발적으로 복종하고 있는 상황에서 대규모의 정치적 동원은 통치자에게는 불필요하며, 자발적으로 복종하는 시민사회는 이를 견제하거나 반대하는 동원을 시도하지 않는다. 권위주의 정권의 리더십은 명문화된 법규정하에서 예측가능하게 행사된다. 그런데 이 명문화된 법규정 자체가 민주주의와 거리가 먼 잘못된 규정인 경우가 많다. 따라서 리더십은 형식적인 선거에 의해 주기적으로 갱신되기는 하지만 사실상 무한히 지속된다.

(2) 전체주의(Totalitarianism)

전체주의는 권위주의의 은근한 압제와 달리 노골적인 압제가 행해지는 비민주체다. 정치적 다원주의는 전혀 허용되지 않아 통치 집단 외 어떤 정치단체도 허용되지 않으며, 따라서 유일한 통치 집단인 집권당은 어떤 정치적 책임도 지지 않는다. 전체주의의 특징은 매우 정교하고 공들인 이데올로기에 있다. 전체주의 정권은 항상 도달가능하다고 주장하는 이상적인 세계의 상을 이데올로기로 제시한다. 그리고 반드시 이 유토피아에 도달하는 것을 방해하는 악의 무리가 존재하며, 이 악의 무리와 투쟁하여 유토피아에 이르기 위해서는 일사불란한 전투태세, 즉 권력에 복종하는 것이 필요하다고 선전한다.

또 전체주의는 시민들을 정권이 조직한 각종 단체와 조직을 통해 대규모로 동원한다. 이 동원은 의무적이며 이를 통해 집단주의를 고취하고 사적인 행동을 비난한다. 전체주의 체제의 리더십은 어떤 규정된 제한이 없으며, 갱신의 법칙도 없다. 최고 권력자의 행동은 본인을 제외하면 어떤 예측도 허용하지 않으며, 이러한 권력에 도달하기 위한 방법도 명문화되어 있지 않다. 이러한 전체주의는 독일의 국가사회주의, 이탈리아의 파시즘, 그리고 러시아의 스탈린주의 등에서 가장 분명한 모습으로 드러낸다.

전체주의가 권위주의와 구별되는 가장 결정적인 특징은 폭력을 행사할 수 있는 억압체, 억압기구가 체계적으로 갖추어져 있다는 것이다. 권위주의는 통치자나 통치 집단의 유무형의 권위에 국가 구성원들이 자발적으로 복종하는 것이기 때문에 이들이 통치자를 거스르거나 반대할 것이라는 가정 자체가 미약하다. 그러나 전체주의는 이럴 경우 가혹한 탄압을 가할 수 있는 충분한 장치들을 마련하고 있다. 이때 이 탄압은 전체주의를 합리화했던 거대한 이상, 위대한 공동체의 이름으로 가해진다. 즉 국가의 영광, 민족 등의 이름으로 징벌하는 형식이 되는 것이다. 따라서 탄압 받는 당사자 외 다른 구성원들은 그 탄압이 대단히 잔인하다 할지라도 위대한 공동체의 찬란한 이상을 위해 어쩔 수 없는 것으로 받아들인다.

(3) 후기전체주의(late-Totalitarianism)

후기 전체주의는 1945년 이후 전후 신생 독립국에서 자주 등장한 군사독재 정권의 특징이다. 정치적 다원주의가 존재하지 않음은 전체주의와 일치하지만, 시민사회의 자발적인 저항체들이 존재함으로써 이와 평행하는 제2정치권, 제2경제권이 발생하는 것이 특징이다.

후기 전체주의의 권력자들은 전체주의 권력자들처럼 유토피아에 대한 이데올로기적인 열망 같은 것은 없다. 이들은 보다 뻔뻔하고 노골적인 권력자들로 자신들의 권력을 온존하고 확대하는 것 외에는 어떤 목적도 가지지 않는다. 억압을 담당하는 특별한 기구는 비대하게 확대되어 있으며, 형식적인 법절차, 폴리아키 등도 존재하지 않거나 거의 무시당한다. 우리나라의 전두환 정권이 전형적인 후기 전체주의며, 박정희 정권의 경우 '경제성장'을 내걸었던 시기는 전체주의로, 유신헌법 이후는 후기 전체주의로 볼 수 있다.

이러한 극도로 억압적인 후기 전체주의가 전후 신생독립국에 만연한 것은 냉전 때문이다. 전쟁의 종료와 함께 전 세계의 편 가르기를 강요했던 냉전은 항상 치명적인 위협을 가할 준비가 되어있는 가공의 적을 전제한다. 그 결과 국민들은 항상 전쟁 직전 상황이라는 통치자의 말을 들어야 하며, 이 전쟁이라는 용어는 일체의 독재와 억압을 합리화 시키는 면벌부가 된다.

그런데 후기 전체주의에서는 전체주의나 권위주의에 비해 시민들의 저항이 더 많고, 또 조직적이다. 억압체가 가장 잘 발달되어 있는 후기 전체주의에서 저항이 오히려 가장 많이 일어나는 것은 통치자의 인격적 특성에서 비롯된 권위, 혹은 대중을 매혹시키는 이데올로기가 존재하지 않기 때문에 압제가 어떤 후광도 없이 적나라하게 드러나기 때문이다.

(4) 술탄주의(Sultanism)

린쯔와 스테판(1996)이 명명한 술탄주의가 적합한 용어인지는 논란의 여지가 있다. 술탄은 원래 이슬람 종교 지도자가 통치자를 겸했던 오스만투르크 제국의 황제를 지칭한다. 여기에 빗대어 린쯔와 스테판(1996)은 비민주적 억압체가 정치적 자원뿐 아니라 종교적 후광까지 겸비한 지배자에 의해 운영되는 경우를 지칭하고 있다.[22]

술탄주의는 다원주의가 전혀 가능하지 않다. 정치, 경제, 사회, 문화를

---

22) 사실 이런 이유 때문이라면 어째서 술탄주의라는 용어대신 교황주의(Popalism), 콘스탄티니즘 등의 용어를 사용해서는 안 되는가? 이는 다분히 서구 학자의 이슬람교와 아랍 민족에 대한 편견이 작용했다고 볼 수 있다.

막론하고 모든 영역에 빛나는 후광의 통치자의 입김과 손길이 닿지 않는 곳이 없다. 당연히 법의 지배도 존재하지 않으며 통치자의 교시가 법을 대신한다. 이데올로기는 높은 수준으로 발달하는데, 이 이데올로기는 거대한 이상과 같은 것이 아니라 통치자에 대한 사랑과 존경을 미덕으로 바꾸어 놓는 것이다. 이러한 통치하의 국가에서는 고도의 상징조작을 통해 통치자에 대한 극도의 찬양을 유포시켜 거의 신적인 존재로 만든다. 그런데 이러한 찬양은 오직 해당 국가의 국민들에게만 유효하며, 외부 세계의 사람들, 통치자 자신과 그의 참모들에게는 유효하지 않다.

술탄주의 국가에서 반대자에 대한 억압은 국가 기구가 아니라 민간 기구에 의해 행해진다. 통치자에 대한 높은 존경심으로 말미암아 그에 대한 비판은 종종 대중들의 분노를 일으키고, 비판자를 대중들이 직접 처단하는 경우가 나타난다. 술탄은 이를 주도하지는 않으나 방관함으로써 반대파를 제거한다.[23] 이 통치자는 전체주의 독재자와 달리 이념이나 이데올로기의 영향도 전혀 받지 않는다. 어제는 사회주의자였다가 오늘은 숭미주의자가 될 수도 있으며, 내일은 봉건주의자가 될 수도 있다. 통치의 근원은 법이 아니라 인격이며, 따라서 관료제는 발달하지 않고, 거의 전적으로 통치자의 친인척이나 친분이 깊은 사람들로 통치기구가 구성된다.

역설적이지만 혹독한 전체주의나 후기전체주의 치하에 허덕이던 국가들은 이를 타도하는 데 가장 결정적인 역할을 한 지도자가 시민들의 높은 존경을 바탕으로 술탄이 되어버리는 경우가 드물지 않게 나타난다. 카스트로, 마오쩌둥, 수카르노, 그리고 김일성 등이 모두 젊은 시절에는 저항 운동의 지도자였다는 사실은 슬픈 아이러니다.

---

23) 문화혁명이 대표적인 예다.

5. 왜 민주주의인가?

지금까지 민주주의의 사상적인 제도적인 기원들, 그리고 그것이 근대에 구현된 모습들을 살펴보고 그 반대되는 위치에 있는 각종 비민주주의에 대해 살펴보았다. 그런데 여기에서 한 가지 가치 함축적인 질문을 던질 수 있다. 실제로 많은 사람들이 수호자주의나 무정부주의의 매혹적인 주장들에 끌리고 있다.

해외여행 한다고 돈을 흥청망청 쓰는 세태보다는, 사교육비로 가정이 흔들리는 지경보다는, 밤길 다니기가 무서운 세태보다는 차라리 해외여행을 규제하고 과외도 금지하고 통행금지도 있었던 시절이 더 좋은 것이 아니었는가 하는 주장도 심심치 않게 들려온다. 원래 모든 보수주의는 강력한 공권력에 의한 질서와 통제를 희구하고 있기 때문에 보수의 권력 상실감이 극도에 달한 현 시점에서 이런 주장들이 쏟아지는 것은 어떤 면에서는 당연하다고 할 수 있다.

그러나 이를 무조건 보수주의의 시대착오로 몰아붙이는 것은 사태의 해결에 전혀 도움이 되지 않는다. 이런 질문들에 대해 그럼에도 불구하고 민주주의가 더 올바른 대안임을 설득할 수 있는 답변이 있어야 한다. 즉 민주주의는 이미 던져진 당위가 아니라 다른 정치 체제보다 우월함을 납득시킴으로써 그 정당성을 확보해야 한다. 여기에서 근본적인 질문이 던져진다. "왜 민주주의를 해야 하는가?" 여기에 대해서는 두 가지 차원의 답변이 가능하다. 하나는 실용적인 답변이고 다른 하나는 보다 철학적 차원의 답변이다.

실용적인 답변은 민주주의의 어지러운 의사결정 과정이 얼른 보기에는 비효율적으로 보일지 몰라도 궁극적으로는 다른 비민주주의보다 더 좋은 결과를 가져온다는 주장이다.

여기에 대해서는 듀이(Dewey, 1944)가 가장 설득력 있는 주장을 펼치고 있다. 그는 전제정치가 계속되면 개인들은 공동체의 관심사와 개인적인 관심사의 괴리를 경험하게 되며, 결국 개인이라는 범위 안으로 경험이 축소된다고 보았다. 그렇게 되면 자유로운 생활경험들의 교환이 중지된다. 결국 개인들은 경험을 통해 아무것도 배우지 못하고 단지 통치자의 명령만이 남는다. 설사 이 명령이 매우 효율적으로 집행된다 할지라도 개인들이 아무것도 배우지 못하기 때문에 이 명령은 매 순간마다 반복되어야 한다. 그 결과 피지배층은 활동이 몇 가지 제한된 노선에 한정되고 나머지 일에 대해서는 무관심하게 되고, 지배층은 공동체 전체가 아니라 자신들의 기득권을 추구하게 된다.

유사 이래 어떠한 전제정치도 이런 과정을 통해 붕괴되지 않은 경우가 없다. 심지어 가장 유능한 전제자라 할지라도 민중들은 아무것도 배우는 것이 없다. 따라서 유능한 전제자가 무능한 전제자로 바뀌는 순간 유능한 전제자의 수십 년의 업적이 단 몇 년 만에 먼지처럼 사라지는 것이다. 그러나 민주주의는 비효율적이고 시행착오도 많지만 각각의 개인들은 그 속에서 스스로 선택하고 경험하며 학습한다. 따라서 민주주의는 정체되지 않고 진보, 진화하며 궁극적으로 최상의 전제체제를 추월한다.

철학적 차원에서 민주주의는 인간의 조건, 즉 인간성과 관련한다. 민주주의는 인간이 사람다움을 실현할 수 있는 활동적인 삶(vita activa)의 가장 핵심이 되는 공공인으로서의 행위(activity)의 영역을 확보해 줄 수 있다(Arendt, 1958). 인간은 공공인으로서 전체 사회에 기여하고 인정받음으로써 비로소 완성되는 정치적 동물이다. 공공인으로서의 삶은 단지 인간이 선택할 수 있는 하나의 훌륭한 삶이 아니라 인간의 조건(human condition)의 중요한 근거인 행위(act)의 핵심을 이루고 있다. 이 지점에서 듀이와 아렌트는 사실상 동일한 주장을 하고 있다. 전제정치하에서 스스로 결정하지 못하고 명령을 따르는 인간은 듀이의 말에 따르면 '마음이 없는 것'이며 아렌트의 말에 따르면 '인간의 조건이 결여된' 것이다. 여기에 플라톤이 한 오래된 말 한 자락을 덧붙일 필요가 있다. "노예란 행동을 통제하는 목적을 다른 사람으로부터 받아들이는 자다." 물론 플라톤에게 노예는 인간이 아니었다.

Ⅲ. 민주화 운동

떨리는 손 떨리는 가슴 치 떨리는 노여움으로 나무판자에
백묵으로 서툰 솜씨로 쓴다. 숨죽여 흐느끼며 네 이름을 남몰래
쓴다. 타는 목마름으로, 타는 목마름으로, 민주주의여 만세
- 김지하 -

1. 민주화와 민주화 운동

민주화는 문자 그대로 민주주의가 아닌 정치체가 민주주의로 바뀌어
가는 과정이다. 그리고 민주화 운동은 이를 달성하기 위한 사회운동이다.
이를 앞에서 살펴보았던 근대 민주주의의 이론들에 입각하여 설명한다
면 민주화란 폴리아키가 존재하지 않거나 존재하더라도 형식적이었던 정
치체가 폴리아키를 갖추고 또 그 운영이 실질적인 것으로 바뀌어 나가는
과정이라고 정의할 수 있다. 그리고 '민주화 운동'은 이러한 과정을 강제
한 시민사회에서의 조직적인 운동이라고 정의할 수 있을 것이다.24) 즉 폴
리아키가 없거나 있다 하더라도 실제로 억압적 체제로 기능하고 있을 때

---

24) 여기에서 주의할 점은 민주화는 폴리아키를 전제한다는 점이다. 즉 왕정을 공화정으로
바꾸는 운동은 민주화 운동이라는 개념하에 포섭되지 않는다. 이는 근대 시민혁명의 개
념으로 포섭해야 할 것이다. 물론 그 왕정이 입헌군주정이라면 논의가 달라질 것이다.

이를 민주적 정치체로 바꾸는 것이다(Linz. & Stepan, 1996; 윤상철, 1999).

셰보스키와 리몽기(Przeworski & Limongi, 1997)에 따르면 오늘날 저개발 국가를 제외하고는 각종 비민주적 정치체들은 거의 예외 없이 민주주의로 바뀌었다고 한다. 이는 1950년대 신생독립국들의 대부분을 차지했던 각종 전체주의와 후기전체주의 국가들의 상당수가 민주주의로 바뀌었단 의미다. 특히 1970년대의 라틴아메리카, 1980년대의 아시아는 마치 도미노와 같은 민주화 경험을 하기도 했다. 이런 현상들은 각종 비민주체제 내부에 민주화를 강제하는 압력이 존재하며, 이것이 누증되었을 경우 비민주체가 더 이상 견디지 못하고 붕괴한다는 사실을 보여준다. 그리고 이러한 전후 신생독립국들의 전체주의나 후기전체주의를 붕괴시킨 내부 압력을 크게 냉전의 해체와 근대 산업화에서 찾는 견해가 일반적이다.

이 중 냉전의 해체는 전후 전체주의의 역설을 보여준다. 앞에서 살펴본 바와 같이 전후 신생독립국에 전체주의나 후기전체주의 정권이 수립되게 한 근거는 냉전이었다. 냉전의 쌍방인 미국과 소련은 신생 독립국의 정치가 민주적인가 아닌가에는 큰 관심을 가지지 않았고, 해당 국가가 자신들의 영향력하에 온존하는 한 전체주의 정권이라 할지라도 묵인하였다. 그 결과 전후 신생 독립국의 독재 정치체들은 과거 히틀러나 무솔리니가 그랬던 것처럼 자립적인 독재자가 아니라 미국이나 소련의 후광하에서만 권력을 유지할 수 있는 불완전한 독재자가 되었다. 그런데 1974년 이른바 데탕트 국면 이후 이런 후광과 묵인이 사라졌다. 냉전이 해체되면서 미국과 소련은 자기들의 영향력하에 있다는 이유만으로 각종 비민주적 억압이 횡횡하는 정권을 지원하거나 묵인하기 어렵게 되었다. 그리고 이러한 후광의 공급을 차단당한 독재자들은 점증하는 시민들의 저항에 점점 밀려나기 시작했다.

더군다나 냉전 체제하에서 이들 전체주의 정권이 생산했던 이데올로기들이 오히려 이들의 정권을 해체하는 모순에 빠지게 되었다. 냉전은

동·서 양 진영 모두 자신들이 상대방보다 우월한 체제임을 선전했다. 그 결과 냉전의 양 진영은 저마다 자신들의 체제는 '민주주의'로 상대방의 체제는 '독재'로 선전했다. 그 결과 후기 전체주의 국가의 독재자들조차도 모두 자신들의 국가가 민주주의라고 주장해야 했으며, 독재라 할지라도 적어도 형식적이나마 민주주의=선, 독재=악의 등식이 성립되어 널리 보편화되었던 것이다. 그 결과 실제 민주주의에 대해 관심을 가지고 이를 열망하는 시민들이 등장하고 그 수가 점차 늘어나게 되었다.

근대 산업화는 민주화 운동의 주체를 양성했다는 점에서 중요한 역할을 담당했다. 각종 비민주 정권은 냉전체제하에서 자국민들에게 체제를 인정받기 위해 무엇보다도 경제적인 번영을 약속하는 경우가 많았다. 그 결과 정부가 주도한 급격한 근대화 산업화 드라이브 정책이 광범위하게 실시되었고, 많은 신생독립국들은 한 세대도 지나지 않아 상당한 수준의 근대화, 산업화의 성과를 보게 되었다.

그런데 근대화와 산업화는 필연적으로 근대화된 노동력을 요구한다. 이는 교육, 특히 대학교육의 확대를 가져오게 되는데, 그 결과 대학생들과 지식인의 수가 급증하게 된다. 이렇게 급증한 대학생과 지식인들을 중심으로 산업노동자 등의 근대적 계급이 결집하게 되며, 이에 따라 시민사회도 성장하게 된다. 자연히 민주주의적 가치는 보편화되며 시민사회로부터 실질적 민주주의에 대한 요구와 압력이 분출하게 된다.

결국 냉전과 근대화 이데올로기는 오히려 억압체에 대항하는 민주적 동맹 형성의 동력이 되었던 것이다. 이렇게 시민사회가 성장하면 마침내 시민들이 권위주의적·전체주의적 통치를 거부하게 된다. 이 과정 속에서 당연히 격렬한 갈등이 빈번해지며, 마침내 거의 일상화되기에 이른다. 이렇게 분출하는 시민사회와 억압체의 갈등이 일상화되면 전체주의의 억압 기구로도 이를 일일이 통제하고 탄압하기 어려워지고 마침내 억압적 정부는 더 이상의 동원능력을 발휘하지 못하고 민주적인 정부에게 자리를 내 주거나, 스스로 민주화되고 만다. 결국 산업화가 진행되는 과정 속에 권위주의나 전체주의는 하나의 에피소드에 불과하며 민주주의는 대세가 되는 것이다(Lipset, 1960; Prrzevorski & Limongi, 1997).

이렇게 현대의 각종 비민주국가들에서 민주화운동이 활발하게 일어난 데는 냉전 이데올로기의 역설과 산업화를 통한 근대적 계급의 성장이 큰 역할을 하였다. 1970~80년대에는 주로 냉전의 서방측에 속해있던 비민주국가들에서 활발하게 민주화 운동이 일어났고, 1990년대에는 동방 측에서 활발하게 민주화 운동이 일어났다. 그 결과 아직까지도 비민주적 정치체를 유지하고 있는 국가들은 아프리카, 서남아시아 일부와, 중국, 북한, 쿠바 정도다.

2. 민주주의의 이행(transition)과 공고화(consolidation)

1990년대 이후 민주화 운동은 전 세계적으로 어느 정도 마무리되었다. 그 결과 각종 비민주 정권들은 거의 사라졌다. 그럼에도 불구하고 민주주의가 전 세계적으로 널리 정착되었다고 보기는 어렵다. 억압체를 전복시킨 신생 민주국가들이 민주주의를 성공적으로 정착시키는 데 어려움을 겪고 있기 때문이다. 이는 억압적인 정권을 전복시키고 민주적 정권을 수립하는 것만으로 민주화가 완결되지 않음을 보여준다.

실제로 민주화는 억압적인 정권의 정권을 경계로 이행과 공고화라는 두 단계로 이루어진다(Linz & Stepan, 1996). 이행은 비민주적 정치체를 민주적 정치체로 교체하는 과정을 말한다. 이는 종종 격렬한 갈등과 투쟁을 수반하며, 흔히 민주화 운동이라고 할 때 주로 연상되는 과정이기도 하다. 공고화는 새롭게 구성된 민주적 정치체 수립 이후 비민주적 정치체로의 퇴행 가능성이 완전히 사라질 정도로 정착하는 단계를 말한다. 공고화 단계의 민주화 운동은 이행기와 같은 격렬한 갈등과 투쟁을 수반하지는 않지만 그렇다고 순조롭게 진행되는 것은 아니다.

실제로 그리스나 라틴아메리카 여러 나라들은 민주적 정권을 수립한 이후에도 공고화에 실패하여 전체주의로 퇴행하는 경우를 겪었으며, 그 외의 경우도 이행 이후 순조롭게 공고화된 경우는 거의 드물다.

그 이유는 권위주의 시대의 이데올로기가 이행기 이후에도 여전히 작용하며, 또 권위주의 정권의 세력들이 이를 바탕으로 조직적인 반격을 가하기 때문이다. 이 중 가장 강력하면서 뿌리 깊은 비민주적 이데올로기인 수호자주의가 가장 강력한 공고화의 적으로 나타난다. 일단 민주주의로 이행하고 나면 억압통치 기간 중 억눌려 왔던 시민사회 내의 각종 이익과 요구가 일제히 분출하게 되며, 당연히 많은 갈등상황과 일시적인 혼란이 야기된다. 또 새로 정권을 장악한 민주적 정부는 통치 경험이 부족하여 이를 깔끔하게 조정하는 데 어려움을 겪는다. 여기에 더해 아직 완전히 제거되지 않은 과거 집권 세력, 혹은 기득권 집단이 자신들의 막강한 자원과 동원력을 이용하여 조직적으로 신생 민주 정부를 방해한다. 그 결과 사회의 안정성이 크게 저해된다. 만약 이때 경제적인 어려움이 겹친다거나, 권력에서 밀려난 권위주의 잔당들이 조직적 공격을 감행할 경우 시민사회 내에 수호자주의가 유포될 가능성이 높아지며 결국 민주적 정부가 붕괴되며 권위주의로 회귀하는 경우도 발생한다 (Linz & Stepan, 1996).

따라서 민주화 운동은 권위주의·전체주의 정부를 무너뜨리고 민주적 정부를 수립함으로써 완성되는 것이 아니라 이 정부를 사회에 완전히 정착시키고 민주주의가 완전히 보편화되어 내·외의 어떠한 도전에도 손상되지 않도록 할 때, 즉 공고화가 이루어질 때 비로소 완성되는 것이다.

민주주의의 공고화는 제도적 측면에서는 폴리아키를 달성하는 것, 구체적으로는 <표 1>에서 제시했던 다섯 영역의 조건들을 완전히 제도화하는 것을 의미한다. 이를 위해서는 다음의 세 가지 조건들이 기본적으로 충족되고 유지되어야 한다(Linz & Stepan, 1996).

1) 정부나 중요한 국가 행위자는 비민주적 정권의 재창출을 기도하는 폭력이나 외국의 간섭에 단호하게 대처하여야 한다.
2) 강력한 다수여론이 어떤 어려운 상황이라 할지라도 민주주의가 채택 가능한 유일한 대안임을 지지해야 한다. 즉 수호자주의나 기타 어떠한 형태의 반민주적 이데올로기에 대한 지지가 유포되지 않아야 한다.
3) 정부와 비정부 영역 간의 전 국가적인, 다양한 영역에서의 갈등이 일상화 되더라도 이를 시민들이 사회문제로 여기지 않도록 인식이 바뀌어야 한다.

민주주의 공고화를 실질적 민주주의 측면에서 살펴보면 이는 엘리트와 시민사회의 장벽이 완전히 허물어지고, 시민사회 구성원들에게는 민주적 규범·문화가 완전히 일상화 내면화 되어, 정치사회는 시민사회에 문을 열 수밖에 없고, 비민주적 지도자들의 동원력은 전혀 발휘되지 않는 상태를 의미한다(임혁백, 1997).

3. 민주주의 공고화를 위한 과제와 위협요소

중남미의 사례를 보면 민주화 운동은 이행에는 여러 차례 성공하였으나 그 이후 공고화에는 실패하여 도리어 퇴행하는 경우가 많았다. 이는 민주주의 연구자들을 곤혹스럽게 하는 현상이기도 하지만 80년대 이후 민주화를 경험한 한국, 대만, 필리핀의 민주주의 세력들에게는 소중한 타산지석을 제공하는 사례이기도 하다.

중남미의 민주주의 퇴행 현상에 대한 가장 유력한 가설로는 '동원 가설'이라는 것이 있다. 이는 민주주의 이행기를 계기로 민주화 운동 지도부의 동원력이 급격하게 상실되는 현상을 말한다. 실제로 민주적 정부가 수립되면 민주화 운동 지도부의 전투성은 온건해지며, 대중 동원력은 약해진다. 그런데 대중들의 욕구는 폭발하여 갓 수립된 민주정부가 이를 감당하지 못할 정도가 된다. 각계각층의 대중들은 자신들의 이익이 관철되지 않을 때 신생 민주정부에 대해 배신감과 실망을 느끼게 되며, 그 결과 민중들이 급격하게 지지를 철회하게 된다. 이때 과거 집권자들, 외국 세력, 혹은 대자본 등이 반민주 동맹으로 결집하여 반격을 가할 경우 민주정부는 손쉽게 붕괴된다(Linz & Stepan, 1996; 최장집, 1999). 이는 미국에 의해 조장된 경제 봉쇄로 인해 살인적인 인플레로 경제생활이 어려워지자 시민사회가 민주정부로부터 이탈하고, 이를 기회로 군부가 쿠데타를 성공시킨 1973년 칠레의 사례에서 확인할 수 있다.

결국 민주화 운동에는 이행기와 공고화기에 서로 다른 과제가 부여된다고 할 수 있다. 이행기에는 민주주의를 지지하는 집단들의 강고한 동맹과 이를 바탕으로 억압적 정부를 패퇴시키는 것이 주요 과제다. 따라서 이행기의 민주화 운동은 주로 정치사회에서 일어나게 된다. 그러나 공고화는 주로 가치관과 태도의 문제이다. 이는 시민들에게 내면화된 비민주적 이데올로기를 민주주의로 교체하는 끈질긴 이데올로기 투쟁을 요구하며, 민주적 생활방식을 전 영역에 정착시켜서 어떠한 종류의 비민주주의도 발을 붙일 수 없도록 할 것을 요구한다. 따라서 민주주의의 공고화 단계에서는 교육·문화 영역에서의 운동이 정치사회에 비해 보다 중요해진다. 이를 그람시의 용어로 표현하면 이행기에는 기동전이 공고화기에는 지구전이 필요하다고 할 수 있다(임혁백, 1997).

〈표 3〉 민주주의 공고화기의 과제

사 회 각 영역	민주주의 공고화기의 과제
시민사회	1) 시민사회 내의 갈등의 일상화와 이의 민주적 해결 2) 시민사회 내의 민주적 규범 및 절차의 내면화와 토론 문화의 정착
정치사회	1) 정치 엘리트의 시민사회로부터의 개방적 충원 2) 정치사회와 시민사회의 상호교류와 비판적 문화 내면화 3) 시민사회의 의견의 정책화 통로 확보
법의지배	1) 시민들의 합리적 · 법적 사고방식 내면화 2) 입법 · 사법부의 시민사회와의 소통 개방
국 가 메카니즘	1) 사회 전반에 만연한 형식적 관료주의 문화 불식 및 창의적이고 자발적 문화 정착 2) 국가 공무원과 시민사회의 개방적 대화 · 토론문화의 정착 3) 풀뿌리 민주주의 강화를 통한 비선출직에 대한 선출직의 통제력 강화
경제사회	경제적 불평등의 해소와 이를 구현하고자 하는 태도, 정책 등의 내면화

이상의 논의들을 <표 3>과 같이 정리할 수 있다. 이 표는 린쯔와 스테판(1996)이 정의한 민주주의 준거 다섯 영역에서 각기 어떤 과제가 민주주의의 공고화를 위해 필요한가를 정리해 놓은 것이다. 그런데 여기에서 가장 중요한 것은 결국 태도와 소통임을 확인할 수 있다. 즉 정치사회의 엘리트와 시민사회의 개방적인 소통이 가능해야 하며, 이것이 미시적인 일상생활의 태도와 문화로 정착되어야 한다. 이를 위해 시민사회의 구성원들이 이러한 토론과 소통을 감당할 만큼의 민주적 소양과 능력을 갖추어야 함은 물론이다. 대부분의 민주화 성공사례들은 이행에는 단기간에 성공할 수 있었으나 공고화는 장기간의 전진과 후퇴를 반복하며 어렵게 이룩하였음을 확인할 수 있다. 그리고 이러한 어려움의 원인으로 시민사회 구성원들의 민주적 문화와 소양의 부족함이 지적되고 있다. 시민들의 민주적 소양의 부족은 정권교체 직후 운동지도 세력의 동원력 급감의 원인이 된다. 민주적 소양이 부족한 시민들은 요구만 높고 참여는 적은 전

형적인 향리형 정치문화에 경도되며, 반민주세력의 수호자주의에 쉽게 동원되어 버려 마침내 민주화를 후퇴시키는 결과를 가져온다.

〈표 4〉 브라질과 공고화된 민주주의 4개국의 민주주의에
대한 태도적 지지의 비교 (단위 %)

정체선호에 관한 여론	응답자의 비율				
	브라질 (1992)	우루과이 (1991)	스페인 (1985)	포르투갈 (1985)	그리스 (1985)
민주주의는 다른 어떤 정부형태보다 선호된다.	42	73	70	61	87
경우에 따라 비민주적 정부를 더 선호할 수 있다.	22	10	10	9	5
나 같은 사람에게는 상관없는 일이다.	24	8	9	7	6
모름 / 무응답	12	9	11	23	2

<표 4>는 민주주의 이행기 이후 빠르게 공고화를 완수한 나라들과 그 과정이 매우 힘들고 전진과 후퇴가 반복되었던 브라질 시민들의 정체 선호에 대한 여론 조사 결과다. 조사 시점은 권위주의나 전체주의 정부가 무너지고 민선 정부가 들어선 2~3년 뒤가 된다. 표를 보면 브라질은 다른 4개국에 비해 민주주의에 대한 선호도가 현저하게 낮으며, 비민주주의에 대한 선호도가 현저히 높음을 알 수 있다. 또 상관없다는 응답도 다른 나라들에 비해 현저하게 높아 정치적 무관심과 냉소주의가 만연함을 보여주고 있다. 이런 냉소와 무관심은 1990년~1991년에 야기되었던 심각한 경제 위기에서 비롯되었다. 그 결과 사회 불평등은 더욱 심화되었고, 하층민을 중심으로 민주주의보다 독재자가 효율적으로 경제를 발전시키는 것이 더 좋을 것이라는 수호자주의가 유포되었던 것이다.

〈표 5〉 민주화 이후 브라질 국민들의 민주주의 평가

평가항목	응답자의 비율			
	군부정권 우월	신공화국 우월	똑같음	모름 / 무응답
전반적인 상황	46	17	28	9
경제상황	52	13	26	9
물가상승	56	14	21	9
외 채	37	18	30	15
부 패	35	18	32	15
정치적 자유	19	48	18	15
표현의 자유	16	50	17	17

이는 민주정부와 이미 타도된 과거 군사독재 정부의 능력에 대한 견해를 물어본 〈표 5〉의 결과를 통해서도 확인할 수 있다. 표를 살펴보면 1992년 당시 브라질 시민들은 거의 압도적으로 군부정권이 차라리 더 나았다고 생각하고 있다.[25] 그런데 정치적 자유와 표현의 자유에 대해서만큼은 민주정부가 군부정권보다 우월하다고 응답하였다. 그럼에도 불구하고 전반적으로 군부정권이 우월하다고 응답한 비율이 높은 것은 1992년 당시 브라질 시민들은 자유와 같은 민주적 가치보다 경제의 효율을 더 중요시하고 있으며, 경제를 위해 민주주의를 포기할 의사도 있음을 보여준 것이다. 그 결과 브라질은 이후 10년간 끊임없이 쿠데타의 공포 속에서 살인적인 인플레이션과 불평등의 심화로 고통받아야 했다.

이러한 어려움의 원인은 결국 정치사회가 충분히 개방적이지 못함으로 인해 저소득층의 정치효능감이 상실되고, 이로 인해 민주 정부의 동원력이 허약해진 데서 비롯되었다. 이러한 어려움을 방지하기 위해서는 정치사회가 사회의 소수자에게까지 충분히 개방되어야 하며, 또한 개방

---

25) 공교롭게도 군부정권 우월 응답비율은 2006년 현재 한국의 한나라당의 지지율과 비슷하며 신공화국 우월 응답비율은 열린 우리당과 민주노동당의 지지율을 합한 것과 비슷하다.

으로 그치는 것이 아니라 이들이 참여할 수 있는 물질적, 그리고 문화
적 자원이 충분히 제공되어야 할 것이다.

Ⅳ. 한국 민주주의 이행의 특징과 공고화 과제

보라! 우리는 기쁨에 넘쳐 자유의 횃불을 올린다. 보라! 우리는 캄캄한 밤의 침묵에 자유, 자유의 종을 난타하는 타수의 일원임을 자랑한다. 일제의 철추하에 미칠 듯 자유를 환호한 나의 아버지, 나의 형들과 같이!(서울대학교 학생회 4·19 출정 선언)

지금까지 민주주의에 대한 정의를 시도하고, 또 각종 비민주주의가 민주주의로 교체되는 민주화의 두 단계인 이행기와 공고화기의 특징과 요구되는 과제들에 대해 살펴보았다. 이제는 초점을 한국 민주주의 이행기의 특징과 민주주의 공고화 과제로 돌려 보도록 하자. 이를 바탕으로 어떤 민주주의 교육이 요구되는지 찾아낼 수 있을 것이다.

1. 한국 민주화 운동의 특징

한국의 민주화 운동은 세계적인 모범사례로 꼽힌다. 한국의 민주화 운동은 장기간에 걸쳐 끈질기게 계속되었으며, 전투적이고 단호했으며 그 결과도 가장 성공적이었다. 물론 한국 민주화 운동을 4·19 혁명에서 87년 6월 혁명까지 이어지는 하나의 과정으로 본다면, 중간에 몇 차례 이행에는 성공하였으나 공고화에 실패하여 전복된 두 번의 사례를 포함하고 있다.26)

한국 민주화 운동의 성공과정은 세계적으로도 매우 희귀한 사례에 속한다. 무엇보다도 유혈 충돌 없이 권력에서 축출된 군부세력을 완벽하게 일소한 것은 끊임없이 군부의 위협과 수렴첨정에 시달렸던 칠레, 아르헨티나, 브라질 등의 사례나, 민주화 운동의 성취를 군부가 가로채어 버린 타이, 인도네시아, 필리핀 등의 사례와 비교할 때 거의 경이적이다. 또 민중운동과 학생운동의 강력한 동맹, 특히 이 속에서 학생운동이 일시적이지 않고 장기적으로 지속되는 강력하고 전투적인 역할을 수행했다는 것 역시 세계적으로 유례가 없는 한국 민주화 운동의 특징으로 꼽힌다.

이러한 특징들은 몇 가지 긍정적인 토대를 형성하였다. 강고하고 장기적인 학생운동은 민주주의를 지지하는 강력하고도 광범위한 지식층을 생산하는 결과를 가져왔다. 또 군부의 붕괴는 민주정부에 도전할 반민주 동맹의 현실적 힘을 현저히 약화시켜 공고화에 매우 유리한 조건을 창출하였다. 이는 피노체트 정권의 망령에 계속 시달려야 했던 칠레 등의 사례와 비교하면 분명 유리한 조건이다.

이렇게 한국의 민주화가 유리한 조건에 있음은 분명하지만, 그것은 또다른 한국 민주주의의 허약성을 보여주는 현상이기도 하다. 우선 한국 민주화 운동에서 시민사회가 강인한 전투력을 발휘했다는 것은 다른 의미에서는 정치사회 내의 반정부 집단이 대단히 허약했거나 집권 집단과 큰 차이가 없었음을 반영하는 것에 다름 아니다(최장집, 2002, pp.95-125). 즉 독재정권에 대항할 만한 정치집단이 형성되어있지 않았기 때문에 시민사

---

26) 박정희의 쿠데타와 전두환의 쿠데타

회와 학생들이 고도로 정치화되었던 것이다.

한국 정치사회의 허약성에는 분단과 한국전쟁이 중요한 독립변인으로 작용하였다. 냉전체제하에서 야기된 분단은 한국전쟁을 통해 적대적으로 고착되었다. 그 결과 북측에는 좌 편향적 정치집단만 생존할 수 있게 되었고, 남측에서는 우 편향적 정치집단만 생존하게 되었다.

북		
북로당(김일성)	조만식	조선민주당 천도교청우당
↑(궤멸 또는 월북)	(중간파의 배제)	↓(궤멸 또는 월남)
남로당(박헌영)	여운형, 김구	자유당 한민당
남		

좌 … 우

[그림 1] 분단과 한국의 정치지형(최장집, 2002)

그 결과 한반도 남단에 존재하였던 야당과 여당은 정치적으로 차이가 없는 우편향 집단이었다. 이를 도식으로 표현하면 그림과 같다. 그림에서 보는 바와 같이 냉전과 한국전쟁은 남과 북을 우와 좌로 갈라놓아 각기 편향된 이념을 반영하는 정당이나 정치집단만 존재하게 만들었다. 따라서 남한의 야당은 여당과 본질적으로 큰 차이가 없는 집단이었고, 단지 여당의 권력 독점에만 반대했을 뿐이다. 이는 대립하는 두 정당이라기보다 동일 정당 내의 계파에 가깝다. 따라서 한국의 정치사회에는 시민사회의 특정한 계층이나 요구를 반영하는 계급정당·정책정당이 존재하지 않았다(최장집, 2002, p.22; 송호근, 1997).

이렇게 계급적 이해관계를 대변하지 않고 이념적으로 동일한 지점에 있음에도 불구하고 난립되는 정당들을 긴스버그와 셰프터(Ginsberg & Shefter, 1999)는 Cadre Party(간부 정당: 대중 당원이 없는 정당), Electoral professional Party(선거꾼 정당: 정책보다 그때그때 득표에만 치중하는 정당), Catch-All Party(무차별 정당: 이념적 정책적 강령 없이 아무 것이나 득표에 도움이 될 것 같은 정책을 닥치는 대로 긁어모은 정당)라고 불렀다. 이렇게 이념적 스펙트럼상 보수일변도라는 동일한 위치에 있으며 본질적인 차이가 없는 정당들이 대중을 동원하고자 할 때 호소할 수 있는 영역은 연고주의밖에 없으며, 한국의 경우 이는 대중에 대한 지역주의적 동원으로 나타났다.

이렇게 정치 영역에서 민주화의 요구를 담아낼 정당구조나 정치집단이 발달하지 못한 한국적 상황은 민주주의 이행기에서 시민사회를 전투적으로 만들었으며, 정치 사회 내 기존 정당들은 사실상 이들에게 끌려가야 했다. 실제 한국의 민주화 이행기에서 정당의 역할은 매우 수동적이었다. 이들은 시민사회 내의 어떤 계급이나 계층의 이익을 대변하는 것도 아니며, 정권을 장악한 정당과 정치적 스펙트럼상 대척점에 있는 것도 아닌 보수적 정당들이기 때문에 전투적 시민사회(이른바 재야단체들)와 학생운동의 압력에 밀려 하는 수 없이 행동에 나섰을 뿐이다. 심지어 오랜 냉전체제로 인해 노동자 계급 역시 조직화되어 있지 않아 이 과정에서 중요한 역할을 하지 못하였다. 전투적 시민조직과 학생운동의 주도적 역할이라는 세계 민주화 운동의 이례적인 사례는 이런 왜곡된 배경이 만들어낸 현상인 것이다.

그런데 문제는 이행기 이후에 찾아왔다. 애초에 민주주의의 이행을 강제했던 세력이 정치 사회 내 집단이 아니었던 관계로 한국의 민주화 세력은 이행기를 거쳐 공고화기에 접어들자 대중동원력이 현저하게 떨어지게 되었다. 또 1960년대 이래 진보정당이 거의 존재하지 않았던 한국의 정치사회에서는 민주주의의 공고화를 적극적으로 담당할 집단도 찾아보기 어려웠다. 게다가 수십 년간 한반도를 지배해 왔던 냉전의 논리는 한국전쟁의 상흔으로 인하여 세계 어느 지역보다도 강고하게 내면화 되어 있었다. 노동자 계급 역시 이행기 이후에야 조직적인 운동으로 일어났기 때문에 정치투쟁보다는 경제투쟁에 매진하는 형편이었다.

이러한 악조건의 결과 대중에 대한 동원력에서 민주화 운동을 주도했던 전투적 시민운동 세력과 학생운동 세력은 기성정당에 뒤지게 되었다. 결국 대중들은 기성정당들이 구사한 지역주의에 의해 동원되었으며 민주화 운동세력들은 공고화기에 이르러서는 주도권을 완전히 상실하였고, 그 과실은 기성 정당들이 차지하였다(최장집, 2002, pp.30-41).

그럼에도 불구하고 한국 민주화 운동의 성과가 전혀 무의미한 것은 아니다. 1987년을 계기로 한국사회가 보다 유연하고 개방적이 되었음은 분명하기 때문이다. 또 민주화 운동 이전과 같은 억압체의 노골적인 권력행사도 어려워졌다. 심지어는 군부세력인 노태우 대통령조차 억압적 물리력의 동원의 어려움을 겪어 '물태우'라는 야유의 대상이 되는 지경이 되었다.

이렇게 비록 민주화 세력이 직접 정부를 수립하지 못하고 보수 정당들 중 야당이 권력을 차지하는 정도의 변화에 그쳤다는 한계를 가지고 있지만, 한국의 민주화 이행은 비교적 성공적이라고 할 수 있으며 억압적 체제가 다시 등장할 가능성은 중남미 사례와 비교할 때 현저하게 낮다. 특히 과거 수십 년간 권위주의 정치 엘리트를 독점하고 있었던 군부를 단 6개월 만에 완전히 분쇄하여 군사쿠데타의 가능성을 근절한 김영삼 정부의 공로는 그 과실에도 불구하고 높이 평가해야 한다(송호근, 1997; 임현진, 1997).

2. 한국 민주주의 공고화의 과제

살펴본 바와 같이 한국의 민주화 운동이 민주적 이행기의 모범적인 선례가 됨은 분명하다. 그리고 지금 어느 정도 공고화되어 있음도 분명하다. 그렇다면 한국의 민주화는 공고화를 완수하였는가? 물론 그것은 아니다. 그렇다면 한국의 민주화는 공고화의 완수를 향해 가고 있으며 그 결과에 대해 낙관할 수 있는가? 이 질문에 대해서는 불행히도 선뜻 낙관하기 어려운 것이 현실이다. 오히려 '민주주의 위기론'까지 대두되고 있다. 한국 민주주의의 위기론은 다음의 다섯 가지 측면을 지적하고 있다.

첫째, 민주화 운동의 결과 한국 사회는 전반적인 자유화를 쟁취하였다. 그런데 이 자유화는 역설적으로 오히려 힘 있는 집단을 더욱 자유롭게 하였다. 즉 과거 권력기관에 의해 통제받았던 재벌들, 관료집단들, 그리고 정치 엘리트들이 사회의 전반적 자유화에 힘입어 그 영향력을 확대하고 있는 것이다. 이들은 보수적이고 체제 순응적인 성향을 가지고 있는데, 새로이 수립된 정부는 과거 권위주의 정부와 달리 이들에 대한 억압적 통제를 가하지 않는다. 따라서 이들의 보수적인 목소리가 그들이 보유한 사회적 자원을 바탕으로 오히려 더 큰 영향력을 발휘하게 되며, 그 결과 민주주의의 공고화는 계속 지연되고 있다(임혁백, 1997).

둘째, 언론의 영향력이 지나치게 정치적으로 극대화 되었다. 게다가 유력 언론들은 독점자본에 의해 지배되고 있다. 결국 이들 언론은 친독점자본 등 보수적인 논조를 유지하며 여론을 형성할 것이다. 문제는 이들 언론권력은 선거라는 절차와 무관하기 때문에 시민사회로부터 어떤 견제와 통제도 받지 않는다는 것이다. 결국 이렇게 정치화된 거대 언론은 여기에 기반 한 새로운 지배 엘리트의 형성을 시도할 수 있다. 이들은 어떤 점에서 군부독재보다 더욱 위험하다(최장집, 2002).

셋째, 안락한 보수주의의 문제이다. 사실 민주주의는 갈등에 기반을 둔 정치 체계다. 특히 근대 민주주의는 한 사회의 중심을 해체하고 다원화시키는 경향을 발전시키는 힘에 다름 아니다(Hampshire, 2000;

Ginsberg & Shefter, 1999). 그런데 비민주주의를 타도하고 민주적 정부를 수립하면 그동안 억눌렸던 각종 욕구들이 일제히 분출하여 갖가지 갈등 상황이 급증하게 된다. 문제는 민주주의를 경험하지 못해 이렇게 분출하는 갈등 상황에 익숙하지 않은 많은 시민들이 안정을 희구하게 될 경우다. 이런 상황은 수호자주의 등의 비민주적 이데올로기가 다시 힘을 얻을 수 있는 상황이다. 그리고 이는 실제 시민운동의 중산층 지향과, 동력을 상실해 버린 학생운동, 그 속에서 고립화되어가는 노동운동 등을 통해 확인되고 있다. 특히 이는 최근 좋지 않은 경제상황과 맞물려 과거 안락했던, 혹은 안락했다고 생각했던 권위주의 시절로의 회귀 욕구를 불러일으킨다.

넷째, 관료제의 문제이다. 최장집(2002)은 한국 민주주의는 '관료행정기구'에 포획되었다고 단언하기도 하였다. 앞에서 상술한 바와 같이 한국의 정당들은 정책적인 다양한 스펙트럼을 갖추고 있지 못하며, 본질적으로 동일하다. 따라서 새로 정권을 잡은 과거 야당은 이전 정권의 정책을 크게 바꿀 의사는 없다. 그러나 이 경우 그들이 동원하였고 그들에게 힘을 실어주었던 시민사회의 강한 반발에 부딪친다. 그 결과 지지기반을 거의 잠식당한 새 정부는 권위를 상실한다. 권위를 상실한 정부는 숙련된 관료집단에 점점 더 의존하게 된다. 그 결과 관료집단이 새로운 지배 엘리트로 등장한다. 이 관료집단은 권위주의를 내면화하고 있으며, 선출직이 아니기 때문에 어떠한 통제와 견제도 받지 않는다는 점에서 매우 위험하다. 이렇게 관료집단을 중심으로 지배엘리트가 형성되면 이는 시민사회 내의 다양한 욕구가 조직적으로 정치사회로 진입하는 것을 차단하는 장치로 기능한다.

마지막으로 아직까지 남아있는 냉전적 사고의 잔재가 문제가 된다. 한국의 경우 오랜 세월 냉전논리에 따른 단일 스펙트럼에 익숙해 있다.

이러한 냉전적 사고로 인하여, 특정한 유형의 사고방식은 금지되었으며, 심지어는 용어의 사용조차 금기시 되었다.27) 물론 국가보안법이 거의 사문화된 오늘날 제도적으로 이러한 냉전적 억압이 가해진다고 보기는 어렵다. 그러나 문제는 시민사회 구성원들이 이러한 냉전적 사고방식을 아직도 내면화하고 있다는 것이다. 이는 아직도 '반북 이데올로기'가 상당한 동원력을 발휘하고 있는 현상이 반영하고 있다. 이렇게 냉전 논리를 내면화한 시민들은 다양한 논란, 갈등 등에 익숙하지 않으며, 손쉽게 '혼란기' 망령에 빠져들어 수호자를 갈구하기 쉽다.

이런 위기 요인들에도 불구하고 현재 한국의 경제나 산업발달 수준을 보면 민주화가 다시 권위주의나 전체주의로 퇴행할 가능성은 그리 높지 않다. 셰보스키와 리몽기1997)에 따르면 1인당 국민소득을 기준으로 2000달러 정도일 때가 전체주의나 군사독재가 전성을 누리는 시기이며, 6000달러가 넘어간 나라들에서는 어떠한 형태의 독재나 권위주의 정권도 견디기 어렵다고 한다. 이렇게 민주주의와 국민소득이 밀접한 관계를 가지는 것은 국민소득이 그 정도 수준에 이르렀다는 것은 그 사회의 구조가 성공적으로 근대화되었다는 의미이며, 이는 산업노동자와 계몽적 지식인 등 근대적 계층·계급이 사회의 주류를 형성하고 있다는 의미이기 때문이다. 이럴 경우 권위주의나 전체주의에 대한 민주적 압력이 증대되어 비민주정체를 지지하기 어렵게 된다.

이렇다고 볼 때 한국 민주주의의 퇴행 가능성은 그리 크지 않다고 할 수 있다. 그러나 퇴행은 아니더라도 민주주의의 공고화가 지체될 가능성은 충분하며, 실제 그런 조짐이 보이고 있다는 경고도 있다. 민주주의 공고화의 지체는 실제 한국 사회에서 민주주의가 경제사회·시민사회까

---

27) 예컨대 미국이나 일본, 혹은 유럽에서는 정치인들이 "나는 좌파다."라는 말을 거리낌 없이 할 수 있고, 독일의 '적록연합'이라는 말에서 보듯 전혀 문제될 것이 없으나, 한국에서는 "나는 좌파다."라는 선언은 정치적 사망선고에 다름 아니다. 이는 사실상 좌파 정당의 활동이 법적으로 허용되어 있음에도 불구하고 여전히 사라지지 않는 냉전적 사고의 잔재다.

지 확산 정착하지 못하고 단지 정치 사회 내 정치 엘리트들 간의 경쟁 절차의 민주화로만 머무는 현상으로 외화되고 있다(송호근, 1997).

특히 앞에서 지적한 다섯 가지 요인들이 현재 현실적인 힘을 발휘하고 있으며 한국 민주주의 공고화에 구체적인 위협이 되고 있다. 이 위협들이 지속될 경우 상황에 따라 심각하게는 민주주의를 퇴행시킬 수도 있고, 작게는 공고화를 지체시킨다. 이와 같은 상황이 지속될 경우 한국 민주주의에 미칠 악영향을 다음의 두 가지 방향으로 예상해 볼 수 있다.

첫째, 이런 상황의 지속이 정권교체를 통한 민주주의라는 장밋빛 환상을 깨뜨릴 경우다. 즉 민주화 하나 마나 달라질 것이 없다는 생각이 유포되는 것이다. 그 결과 대중들은 정치 효능감을 상실하여 정치적 냉소주의에 빠지거나 정치에 무관심해진다. 실제 이는 현격히 낮아진 투표율이 반영하고 있다. 특히 이러한 투표율의 하락이 계층구조상 중하위권에 집중되고 있다는 현실은 시민사회와 정치사회의 심각한 괴리를 만들어 낼 수 있는 적신호로 나타난다.

둘째, 아직도 여전히 정치사회에 생존하고 있는 과거 권위주의 정권 세력들이 이런 상황을 이용해서 반격을 감행하는 경우다. 특히 이들 권위주의 세력들이 새로이 형성된 관료 엘리트, 언론 엘리트와 더불어 반민주 동맹을 형성할 경우, 민주화 세력이 정부를 차지하고 있다는 사실은 민주주의를 지키는 데 큰 힘이 되지 못할 것이다.

관료집단은 정부와는 무관하게 과거의 관행을 지속하고, 정부의 개혁적 조처에 대해서는 그 집행을 거부하거나 지체시키는 사보타지를 감행할 수 있다. 언론은 다양한 의사와 요구가 분출하는 사회의 갈등 상을 침소봉대하여 이를 냉전 이데올로기와 결합하여 위기감을 고조시킬 수 있을 것이다. 이렇게 될 경우 수호자주의와 효율의 이데올로기가 대중들에게 광범위하게 유포될 것이며, 이를 이용하여 반민주 동맹이 다시

정권을 장악할 가능성이 높아진다. 이는 이른바 2003년의 '탄핵정국' 등
을 통하여 단순한 음모론이 아니라 현실임을 이미 입증하였다.

따라서 한국 민주주의에 대한 지나친 낙관은 위험하다. 한국 민주주
의가 아직 안정적인 공고화 시기에 들어서지 못했음은 자명하며, 오히
려 위기를 맞이하고 있거나 심하게 지체되고 있다는 지적은 높은 설득
력을 가지고 있기 때문이다. 한국 민주주의가 성공적으로 공고화되기
위해서는 해결해야 할 과제가 아직 많다(송호근, 1997; 임현진, 1997).

<표 6>은 지금까지의 논의들을 종합하여 한국 민주주의가 공고화를
성공하기 위해 해결해야 할 과제들을 정리한 것이다. 이 표의 제일 좌
측에는 민주주의 공고화의 조건을 제시하였다. 그리고 가운데에는 이
조건에 있어 한국 민주주의의 현 상황과 문제점을 제시하였다. 그리고
제일 오른쪽에는 문제점들을 해결하고 한국 민주주의의 공고화를 위해
달성해야 할 과제들을 제시하였다. 물론 이 표에서 제시한 과제들이 한
국 민주주의 공고화 과제를 모두 포괄한다고 볼 수는 없다. 그러나 이
러한 과제들이 달성되면 민주주의의 공고화에 보탬이 될 것은 분명하기
때문에, 이는 한국 민주주의 공고화의 과제라기보다는 그 최소한의 과
제라고 보아야 할 것이다.

〈표 6〉 한국 민주주의 공고화의 과제

민주주의 공고화의 조건		이와 관련한 한국 민주화의 문제점	여기에서 도출되는 민주주의 공고화의 과제
태도, 가치면	1) 비민주 정권의 재창출 기도에 대한 정부의 단호한 대처 2) 민주주의에 대한 강력한 다수 여론의 지지 3) 정부와 비정부 영역의 갈등의 일상화	1) 관료·언론·재벌이 보수적 정치집단과 동맹을 형성하고, 여기에 대해 정부는 지나치게 타협적임 2) 갈등이 침소봉대되고, 경제난 북한 핵 문제 등과 맞물려 권위주의에 대한 향수 유포	1) 민주동맹의 재건 2) 일상적인 갈등과 봉합에 대한 수용적이고 개방적 태도 확산 3) 언론에 의해 유포되는 정보에 대한 비판적 수용 4) 민주주의와 민주화에 대한 정확한 지식의 보유와 비민주체에 대한 비판적 사고
제도면	1) 시민사회에 결사, 표현, 통신의 자유가 보장 2) 포괄적이며 자유로운 선거제도가 보장 3) 법이 합리적으로 예측 가능한 규범적 위계성을 가짐 4) 국가 기구가 합리적·법적 권위를 가지며 이에 대한 시민사회의 규범적 지지가 있음 5) 제도화되고 규칙이 지켜지는 시장	1) 냉전과 지역주의 잔재에 의한 결사, 표현의 제한 2) 투표율의 지속적인 저하와 진보정당의 위축 3) 통제받지 않는 관료제 집단의 발호로 인한 시민사회의 정치참여 제한 4) 법의 정치적 적용으로 인한 법적 효능감 저하 5) 독점자본의 자율성 증대로 인한 시장질서의 문란	1) 냉전·지역주의적 사고방식에 대한 성찰 2) 관료집단에 대한 시민사회의 감시, 비판 강화 3) 정치와 법에 대한 지식 보편화와 탈신비화 4) 소비자 주권의식의 확대를 통한 기업통제 강화

표를 살펴보면 한국 민주주의의 공고화를 위해 요구되는 과제들은 결국 시민 한 사람 한 사람이 개인적인 차원에서 획득해야 할 태도나 사고방식, 혹은 신념의 체계임을 확인할 수 있다. 이 표도 지나치게 복잡하다고 생각된다면 한국 민주주의 공고화의 과제를 다음과 같이 더욱 간략하게 요약할 수도 있다.

- 시민들이 민주주의의 개념을 이해하고 있어야 한다.
- 시민들이 정치·법에 대한 정확한 지식과 정보를 바탕으로 민주주의적 평가를 내릴 수 있어야 한다.
- 시민들이 민주주의에 대한 지식과 이해를 바탕으로 기존의 언론, 정당, 기업에 대해 성찰적이고 합리적인 비판적 태도를 견지할 수 있어야 한다.
- 시민사회의 자발적인 결사들이 실질적으로 관료집단과 언론 권력을 통제하고 견제할 수 있어야 한다.
- 일상생활 속에서 갈등을 자연스럽게 받아들이며, 강압이 아니라 설득과 토론을 통해 해결의 문화가 널리 정착되어야 한다.

물론 누차 강조했지만 이러한 과제들이 달성되는 것이 곧 민주주의의 공고화를 의미하는 것은 아니다. 그러나 이러한 과제들이 달성될 때 민주주의는 공고화라는 튼튼한 반석 위에 올라설 최소한의 터전을 마련했다고 할 것이다.

그리고 이러한 과제들은 객관적인 사실과 지식이 아니라 결국 태도와 문화의 문제다. 바로 이 점이 민주주의의 공고화를 기나긴 지구전으로 만드는 원인이 된다. 태도나 문화는 그것을 인식했다고 해서 바로 발현되는 것이 아니기 때문이다. 태도나 문화가 자리 잡기 위해서는 이를 가능하게 하는 지속적인 경험과 교양이 뒷받침되어야 한다. 민주적인 태도와 문화가 내면화되기 위해서는 실제로 민주적인 경험이 누적되어야 하는 것이다. 바로 이런 이유 때문에 장기적인 목적을 가지고 지속적으로 민주적인 경험과 교양을 제공할 수 있는 민주주의 교육의 중요성이 도출되는 것이다.

Ⅴ. 민주주의 공고화를 위한 민주주의 교육

1. 민주주의 교육의 개념 정립

지금까지 한국 민주화 이행기의 특징과 공고화를 위한 과제들을 살펴보았고, 결국 이는 시민의 태도나 문화와 밀접한 관련이 있음을 확인하였다. 그런데 이러한 태도나 문화 같은 것은 선험적이지도 자연발생적이지도 않다. 이는 의식적 개입을 통해 형성되어야 하며 지속적으로 연마되어야 한다. 행동과 사고의 변화를 목적으로 하는 의식적이고 조직적인 작용은 바로 교육의 정의와 일치한다. 따라서 한국 민주주의의 공고화를 위해서는 이를 감당할 수 있는 지식·태도·문화를 내면화한 시민들을 양성해야 한다. 이 연구에서는 이러한 목적을 달성하기 위해 수행되는 교육을 '민주주의 교육'이라고 정의하였다. '민주시민 교육'이라 정의하지 않은 이유는 학교 교육과정 중 사회 교과목의 목적인 '민주시민성 교육'과의 혼동을 피하기 위해서다. '민주주의 교육'과 '민주시민성 교육'의 차이점은 다음과 같다.

첫째, 민주주의 교육과 민주시민성 교육은 교육의 결과 형성될 인간이 활동하게 될 사회가 다르다. '민주시민성 교육'은 청소년이 성장하여 몸담게 될 사회가 공고화된 민주주의 사회임을 전제하고 있다. 즉 이는 민주주의를 유지하고 더욱 발전시킬 수 있는 가치와 덕목을 함양하는 교육이지, 민주화를 감당할 시민 양성이 아니다. 그러나 '민주주의 교육'은 이들이 성장하여 몸담게 될 사회가 민주주의라고 전제하지 않는다. 오히려 공고화를 위한 험난한 여정 속에 있음을 전제하고 이를 달성하는 데 필요한 태도·지식·가치를 함양하는 교육이다. 따라서 민주시민성 교육은 민주주의 교육의 성공한 터전 위에 제 효과를 발휘할 수 있다고 할 수 있다.

<표 7> 미국 민주시민 교육의 목표

영 역	가 치
개인의 권리	생존권, 자유권, 존엄권, 안전권, 기회의 평등권, 정의권, 사생활 보장권, 사유재산권
개인의 자유	참정의 자유, 종교의 자유, 사상의 자유, 양심의 자유, 집회의 자유, 탐구의 자유, 표현의 자유
개인의 의무	인간의 생활 존중, 타인 권리 존중, 관용, 정직, 인정, 자기 통제, 민주주의 과정에의 참여, 공공선에 복무, 타인 재산 존중
사회적 조건에 관한 신념과 정부의 의무	다수에 의해 받아들여지는 법, 이견 있는 소수의 보호

*자료: Van Cleaf(2001), pp.52-53

둘째, 민주주의 교육과 민주시민성 교육은 포괄하고 있는 가치의 폭이 다르다. 민주시민성 교육은 매우 보편적인 가치의 기반 위에 서 있다. 실제 미국 사회과 협의회(NCSS)에서 제시한 미국의 민주시민성 교육의 가치목록을 살펴보면 <표 7>과 같이 다양한 가치들을 총망라하고 있다. 어떤 의미에서 민주시민성은 곧 훌륭한 사람의 자질과 동의어로 사용되고 있다. 독일의 경우 미국처럼 많은 가치들의 집합체를 제시하는 대신 합리성이라고 하는 간결한 가치를 강조하고 있다. 이에 따라 사회적 삶의 인간화와 인간의 사회적 자기실현이 민주주의의 가치로 제시되고 있으며, 사회구조 및 제도에서 비합리적이고 비인간적인 것을 밝혀 정치적 참여와 결단으로 이를 개혁할 수 있는 시민의 양성을 그 목표로 한다. <표 4>의 가치들이나 독일에서 강조하는 합리성이나 어떤 특수한 상황이나 지역을 전제한다고 보기 어려운 폭넓은 가치들이다. 그 외 다른 나라들을 살펴보아도 민주시민성 교육은 합리적이고 건전한 시민을 양성한다는 보편적인 목표를 설정하고 있다. 이는 우리나라의 경우도 마찬가지다. 7차 교육과정의 사회과 교육목표는 건전한 민주시민 양성이며, 이 건전한 민주시민은 합리적인 의사선택을 할 수 있는 태도와 지식을 갖춘 사람을 의미한다. 따라서 민주주의라는 용어는 사용되고 있지만, 그 무게중심은 어디까지나 민주주의가 아니라 '시민'에 있는 것이다(전득주 외, 2000, pp.385-389; 천희완 외, 2004).

반면 민주주의 교육은 특수한 지역적, 역사적 상황에서 특수한 목적을 달성하고자 하는 의미로 사용된다. 그것은 민주주의 공고화 주역의 양성을 목적으로 하고 있다. 따라서 구체적인 교육 목표와 교육 방법은 민주주의 이행기의 성격과 문제점, 과제 등에 따라서도 달라질 것이다. 예컨대 냉전 이데올로기가 만연되어 이것이 민주주의 공고화의 가장 큰 장애라면 민주주의 교육의 제1목표는 냉전적 사고의 극복이 될 것이다. 혹은 인디아와 같이 민주주의를 가로막는 장벽이 되는 카스트 등의 낡은 관습과 사고방식의 제거가 중요한 목표가 될 수도 있을 것이다. 이런 의미에서 이 연구에서는 민주주의 교육의 목적을 민주시민이 아니라 '민주화 시민 양성'으로 지칭할 것이다. 민주주의 공고화의 주역이 될 민주화 시민은 다음과 같은 태도와 문화를 내면화한 시민이다.

- 민주화 시민은 다양성과 다원성을 신봉한다.
- 민주화 시민은 갈등의 민주적 해결이 최선의 방안이며, 이는 강압에 의한 해결이 아니라 대화와 설득에 의한 해결임을 신념으로 내면화하고 있다.
- 민주화 시민은 일상생활에서 민주적 절차와 규범을 문화로서 체화하고 있다. 따라서 그는 어떤 반론이나 반대의견에 대해서도 대화할 준비가 되어있으며, 일체의 위력과 권위 대신 대화와 설득을 유일한 수단으로 삼는다.
- 민주화 시민은 정치사회나 관료조직에 대해 자신의 의견을 형성, 조직, 관철시킴에 있어 폴리아키, 즉 민주적 절차와 방법을 활용할 수 있다.
- 민주화 시민은 수호자주의와 같은 어떠한 비민주적 동원이나 이념체계에도 동요하지 않고 민주주의에 대한 신념을 간직할 수 있다.

이러한 민주화 시민을 교육을 통해서 지속적으로 양성한다면 어떤 경우에도 민주주의가 압도적 다수 여론의 지지를 받는 안정된 토대를 갖추게 될 것이다. 또 민주주의를 위협하는 어떤 반민주적 도전도 정부의 강압과 무력이 아니라 시민사회의 자발적 결사와 여론을 통해 저지되는 저변을 튼튼하게 마련할 수 있을 것이다. 민주주의의 공고화는 결국 이러한 민주화 시민들이 시민사회의 압도적 다수가 되고, 이들의 문화가 널리 저변으로 확대될 때 비로소 완성되는 것이다.

2. 민주주의 교육 프로그램의 목적과 학습목표

앞에서 밝힌 바와 같이, 민주주의 교육의 근본적인 목적은 민주주의 공고화를 완수할 수 있는 자질을 가진 민주화 시민을 양성하는 것이다. 민주주의 공고화는 단지 정치사회에서의 정권의 교체가 아니라 사회 전반에 대한 민주적 가치, 신념, 태도, 문화 등의 내면화를 의미한다. 따라서 민주주의가 공고화되기 위해서는 시민 한 사람, 한 사람의 민주적 자질이 필수적인 것이다. 이러한 민주주의 교육과 민주주의의 공고화의 관계를 [그림 2]와 같이 정리할 수 있다. 그림의 제일 왼쪽에 배치된 것은 민주화 시민을 양성하기 위한 교육 내용이 된다. 그리고 원을 중심으로 오른쪽에 배치된 것들은 교육의 결과 기대하는 효과가 된다. 표에서 보는 바와 같이 민주주의 교육은 민주주의를 내면화하고, 이것을 대안 없는 선택으로 받아들일 수 있는 구체적인 경험을 직·간접적으로 제공하는 것이다. 구체적인 경험이 어떤 형태인가는 경험의 내용에 따라 달라질 것이며, 경험의 내용은 그 사회가 가지고 있는 민주주의 공고화 과제에 따라 달라질 것이다.

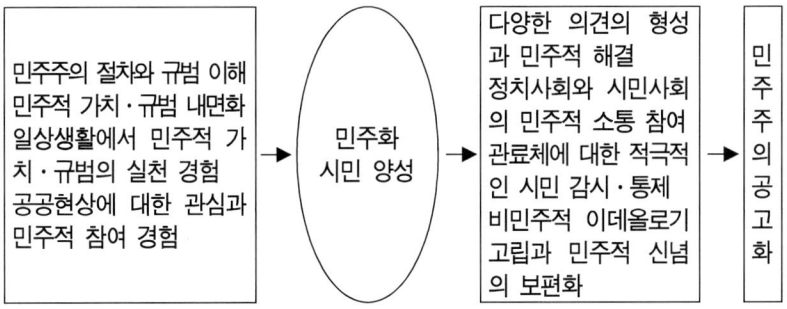

[그림 2] 민주주의 교육의 목적

이제 민주주의 교육의 목적이 무엇인지 분명해졌다. 그럼 다음으로 <표 3>에 제시하였던 한국 민주주의 공고화의 과제로부터 구체적인 민주주의 교육의 교육 목표를 도출해 보자.

지금까지 논의한 바에 따르면 한국의 민주주의는 정치사회에만 제도적으로 확립되었을 뿐, 그것이 시민사회, 경제사회에까지 보편화되지 않은 상태, 즉 지체상태에 머물고 있다. 그리고 이런 지체를 야기한 원인으로는 엘리트들 간의 협상으로 카르텔을 형성한 정치사회, 통제받지 않으며 비대해진 행정 관료기구와 언론, 그리고 시민사회 구성원의 민주주의 지식, 가치, 태도의 미성숙 등이 계속되어 지적되었다.

따라서 앞에서 제시했던 민주화 시민의 특징에 한국 민주주의의 상황을 접목하여 한국 민주주의의 공고화를 위해 양성해야 할 민주화 시민의 특징들을 다음과 같이 정리할 수 있다.

- 한국의 민주화 시민은 무엇보다 먼저 민주주의의 이념, 절차에 대한 풍부하고 정확한 지식을 가지고 있어야 한다. 이는 민주주의와 비민주주의를 정확하게 비교 분석할 수 있음을 의미한다.
- 한국의 민주화 시민은, 한국 사회의 비민주적 요소를 발견할 수 있는 비판적인 안목을 가져야 한다.
- 한국의 민주화 시민은 민주주의의 절차와 가치를 단지 알고 있는 것에 그치지 않고 이를 내면화하여야 할 것이다.
- 민주적 절차·가치를 내면화하였다는 의미는 정치사회, 언론, 관료기구에 대한 시민적 감시와 상호소통의 준비를 하고 있어야 한다는 것이며, 어떠한 비민주적 이데올로기의 현혹에도 흔들림 없이 민주적 가치가 최상의 것임을 확고한 신념으로 간직하고 이를 바탕으로 판단할 준비가 되어있어야 한다는 것이다.
- 한국의 민주화 시민은 정치사회뿐 아니라 일상생활에서도 일체의

비민주적 요소를 민주적으로 개선하고자 하는 태도를 갖추고 있으며, 그 개선을 위해 민주적 방법을 동원할 수 있어야 한다.

〈표 8〉 민주주의 교육의 목표

영 역	한국 민주주의의 과제	민주주의 교육 목표	구체적인 내용
지식면	1) 민주주의와 민주화에 대한 정확한 지식의 보유와 비민주체에 대한 비판적 사고 2) 정치와 법에 대한 지식 보편화와 탈신비	1) 민주주의의 절차와 제도가 어떤 특징을 가지는지 설명할 수 있다. 2) 각종 비민주주의가 형식적인 민주주의에도 불구하고 무엇을 결여하고 있는지 민주주의와 비교, 분석할 수 있다. 3) 한국의 민주주의가 어떤 과정을 거쳐 어떤 비민주적 요소들을 제거하여 왔는지 설명할 수 있다. 4) 민주화 운동의 성과에도 불구하고 여전히 해결되어야 할 과제가 무엇인지 지적할 수 있다.	1) 민주주의 절차와 제도, 2) 각종 비민주주의의 특징과 문제점 3) 한국 민주주의의 형성과정과 과제
가치면/ 태도면	1) 냉전·지역주의적 사고방식에 대한 성찰 2) 일상적인 갈등과 봉합에 대한 수용적이고 개방적 태도 확산 3) 관료집단에 대한 시민사회의 감시, 비판 강화 4) 소비자 주권의식의 확대를 통한 기업통제 강화 5) 언론에 의해 유포되는 정보에 대한 비판적인 수용	1) 민주주의가 주어진 최선의 대안임을 오늘날 한 국사회의 성과와 여러 비민주적 정치와 비교함으로써 이해한다. 2) 갈등의 일상화를 받아들일 수 있고 여기에서 민주적 해결방안 모색을 체화한다. 3) 주변 생활 속에서 비민주적 요소를 발견하고 이에 대한 민주적 이행 방안을 모색함으로써 민주적 문화와 사고방식을 체화한다.	1) 다수결 및 소수의견 보호 2) 의사표현의 자유와 평등, 3) 문화 다원주의와 탈냉전적 사고 4) 소비자 주권의 민주적 회복 방법 5) 생활 속의 비민주적 요소들과 이를 해소하기 위한 실천 방안

이상의 내용을 바탕으로 이러한 시민을 양성하고자 하는 민주주의 교육의 구체적인 학습목표는 <표 8>과 같이 정리할 수 있다. 표를 자세히 살펴보자. 지식 면에서 민주주의 교육의 학습목표는 민주주의의 절차를 이해하고 이를 적용할 수 있어야 하며, 이를 여러 비민주적 절차와 가치와 비교할 수 있는 능력이 그 핵심을 차지한다. 가치 및 태도 면에서는 민주주의의 가치, 절차, 규범을 익히고 이를 내면화하여 이를 바탕으로 판단을 내릴 수 있으며, 이 판단을 근거로 민주적 방식으로 실천할 수 있는 방안을 마련할 수 있는 능력을 주요 목표로 삼고 있다.

3. 민주주의 교육의 기본 전제

지금까지 민주화 시민의 양성을 목표로 하는 한국에서의 민주주의 교육의 목표를 설정하였다. 다음으로는 각각의 목표에 가장 적합한 내용과 교육 방법을 선택하여 구체적인 단원들을 구성할 단계다.

그런데 민주주의 교육의 모형과 프로그램을 개발할 때 유의해야 할 것은 민주주의 교육은 내용의 문제가 아니라 그 과정까지도 민주적이라야 한다는 것이다. 민주주의 교육은 물론 민주주의의 절차에 대한 지식도 전달해야 하지만 무엇보다도 민주적인 경험과 성찰의 기회를 제공함으로써 민주적 가치, 문화, 태도의 내면화를 가장 중요한 목표로 삼고 있는 교육이다. 따라서 교육자와 피교육자의 관계 역시 철저히 민주적이라야 한다.

프레이리(Freire, 1970)는 교육 내용뿐 아니라 과정과 교육 방법에도 이미 정치가 반영되어 있다고 보았다. 민주주의 교육은 항상 이를 염두에 두어야 한다. 따라서 이 연구에서는 민주주의 교육 프로그램을 개발하기 위해 반드시 염두에 두어야 할 세 가지 전제를 먼저 설정하여, 이 기준에 근거하여 수업 방법을 선정하였다.

1) 항존주의(Perennialism)가 아닌 진보주의(Pragmatism)

항존주의는 기본적으로 특정한 지식의 목록이 불변하며, 이것이 특정한 능력을 함양하기 위해 필수적이라는 입장이다. 이 입장은 교육을 미래에 대한 준비과정으로 본다. 그런데 이 미래는 바로 어른들의 현재다. 따라서 아이들은 준비된 내용을 주입받아 어른이 되기 위해 현재 모자라는 것을 채워나간다(Dewey, 1944, p.88). 이런 관점은 필연적으로 교과중심주의로 간다. 즉 기존의 교과목은 인간의 형성에 반드시 필요한 내용으로 구성되어 있기 때문에 이 내용을 가르치는 것 외의 특별한 교육은 필요하지 않다는 것이다. 이렇게 되면 민주주의교육은 민주주의에 대한 교과내용을 잘 가르치고 잘 배우는 것으로 환원되어 버린다.

그러나 과연 그럴까? 민주주의는 삶의 방식이고 태도다. 그리고 삶의 방식과 태도는 직접 가르침으로써가 아니라 그러한 환경을 조성함으로써 비로소 익힐 수 있는 것이다. 이런 점에서 민주주의 교육은 항존주의의 기본전제와 그 방법인 반복설[28]을 거부해야 한다. 학생들은 자신들이 배우는 내용 속에서 의미를 발견해야 한다. 즉 배우는 내용은 학생들의 삶에서 우러나오는 것이라야 하며 학생의 내적인 필요와 상호작용해야 한다. 사실 민주주의 교육이 학생의 내부가 아니라 외적인 강요로써 이루어진다면, 민주주의 교육이 학생들이 반드시 익혀야 하는 내용으로 강압된다면 이것은 난센스나 다름없는 일이다.

---

28) 지속적인 반복을 통하여 습관을 형성시키는 것을 강조하는 교육이론

2) 은행 저금식 교육이 아닌 문제 제기식 교육

은행 저금식 교육은 교육자가 피교육자에게 절대적으로 우위에서 행하는 교육이다. 반면 문제 제기식 교육은 교육자와 피교육자가 함께 공부하고 성장하는 교육이다(Freire, 1970).

은행 저금식 교육은 교육자가 모든 것을 알고 있고, 피교육자는 아무 것도 모른다는 전제에서 시작되는 교육이다. 또한 은행 저금식 교육에서 교육자가 독점하고 있는 지식은 의문의 여지가 없는 진리로 간주된다. 따라서 교육자는 피교육자에게 일방적으로 지식을 전달하며, 피교육자는 교육자가 전달하는 지식을 의심하지 않으며, 이를 최대한 많이 암기하고자 노력한다. 따라서 은행 저금식 교육에서 교육자는 진리의 담지자로 피교육자의 학습과정 전반을 지배한다. 무엇보다 나쁜 것은 은행 저금식 교육을 받은 피교육자는 권위 있는 자가 전달하는 지식을 의심하지 않고 주입받는 것을 훈련받은 셈이기 때문에 순응적이고 무비판적인 인간으로 성장한다는 것이다.

반면 문제 제기식 교육은 교육자가 진리에 대한 절대적인 권리를 가지고 있지 않다. 교육의 내용은 피교육자가 처지와 필요에 따라 교육자와 함께 결정한다. 지식은 전달되는 것이 아니라 비판과 문제제기의 대상이 된다. 피교육자는 어떤 지식이 제시되었을 때 그것을 자신의 입장에서 끊임없이 문제제기하며 이를 바탕으로 자신의 맥락에서 지식을 해석하고 받아들인다. 교육자는 이러한 피교육자의 성장을 도우며 그 자신도 함께 학습하고 성장한다. 한마디로 교육자는 문제를 제기할 뿐 해답을 제시하지 않으며, 해답은 교육자와 피교육자가 함께 사회적, 개인적 맥락을 고려하여 함께 찾아간다. 문제제기식 교육을 실시한다는 것은 교육자와 피교육자의 관계가 평등함을 원칙으로 삼는다는 것이다. 바로 이 지점에서 수업 방법이 정치적이라는 사실이 드러난다. 문제제기식 교육을 기본 원칙으로 선택한다면 교사는 학생들과 평등한 관계가 훼손되지 않도록 수업 모형을 구성해야 한다.

이러한 두 입장의 대비는 너무도 극명하다. 그리고 우리가 학교 현장에서 흔히 만나볼 수 있는 대부분의 강의식 수업[29]은 더 말할 것도 없이 은행 저금식 교육이다. 그리고 민주주의 교육에서 순응적이고 무비판적인 인간을 생산하는 은행 저금식 교육의 입장을 취한다면 이는 형용 모순이 될 것이다. 민주주의 교육은 교사가 가르치려 드는 것이 아니라 학생과 함께 민주적인 과정을 경험하고 발견하는 성장의 과정이 되어야 할 것이다. 이는 또한 전통주의 교육철학이 아니라 진보주의 교육철학을 채택한다는 의미이기도 하다.

3) 행동주의(behaviorism)가 아닌 구성주의(constructionism)

민주주의 교육은 수업 구안을 위한 인지심리학의 기본 입장으로 행동주의가 아니라 구성주의를 채택한다. 이는 행동주의보다 구성주의가 보다 민주주의에 적합한 교육적 행동의 기반을 제공하며, 학생들의 인지 과정을 보다 인간적으로 파악하기 때문이다.

행동주의는 객관주의 교육학의 극단에 해당된다. 행동주의자들은 객관적으로 관찰하고 측정할 수 있는 것만을 교육의 목표로 삼는다. 따라서 이들의 교육 목표는 구체적으로 관찰 가능한 피교육자의 행동 변화다. 그리고 이 행동 변화를 일으킬 수 있는 방법은 일련의 자극—반응—강화를 통한 습관의 형성이다. 즉 행동주의에서 교육은 교육자가 원하는 습관이 형성되도록 피교육자를 훈련시키는 과정이다.[30]

---

29) 모든 강의식 수업이 그렇다는 의미는 아니다. 그러나 강의라고 하는 행위 자체에 이런 은행저금식 교육의 위험이 내재되어 있음은 부정할 수 없다.
30) 물론 이런 행동주의의 원칙 중 자극과 반응이라는 원칙이 듀이나 미드에 의해 수용되어

이 훈련의 과정은 철저히 보상에 의한 강화에 의존한다. 행동주의 입장에서 피교육자는 백지로 가정되거나, 혹은 선수 개념, 지식이 있다 할지라도 이는 무시된다. 행동주의에서 학습목표는 일련의 교육이 끝난 뒤 피교육자에게 습관화된 행동이다.

교육자는 이러한 행동이 습관화 되도록 적절한 보상을 통해 강화하는 것을 주된 활동으로 삼는다. 이 보상은 상과 같은 긍정적 보상도 있지만 벌과 같은 부정적 보상도 있다. 따라서 행동주의 교육학에서 학습과정을 대단히 거칠게 표현하면 피교육자가 교육자가 원하는 행동을 할 때 긍정적 보상을, 원하지 않는 행동을 하는 행동을 할 때 부정적 보상을 줌으로써 교육자가 원하는 행동이 습관으로 형성되도록 하는 것이다. 이는 일종의 조건반사를 형성시키는 것이다.

물론 행동주의 교육학이 이렇게 단순한 이론은 아니다. 그러나 아무리 다양한 변형들이 가해진다 할지라도 기본적으로 교육자가 피교육자에게 일련의 자극을 가함으로써 원하는 행동을 하도록 훈련, 내지는 훈육한다는 점에서는 큰 차이가 없다.

반면 구성주의는 지식의 상대주의와 경험주의를 주장하며, 객관적인 학습내용이나 목표를 부정한다. 물론 구성주의는 어떤 하나의 사조는 아니다. 구성주의는 칸트의 인식론에서 비롯된 철학의 한 분파를 의미하기도 하고, 분트에서 비롯된 심리학의 한 분파를 의미하기도 한다. 또 범위를 교육학으로 좁히더라도 여기에는 피아제의 인지론적 구성주의와 비고츠키 등의 사회적 구성주의가 있다.

물론 여기에서 구성주의의 여러 이론들을 상술하는 것은 이 연구의 범위를 크게 벗어나는 일일 것이다. 그러나 여러 분야의 구성주의들이 한결같이 공통으로 전제하고 있는 기반은 지식은 지식을 학습자 외부에 객관적으로 존재하는 것이 아니라 학습자의 능동적 작용을 통해 구성된

혁신적이고 진보적인 이론으로 탈바꿈하기는 했지만 그렇다고 해서 듀이나 미드를 행동주의자라고 부르지는 않는다.

다는 것이다. 즉 학습자는 주어지는 지식을 있는 그대로 받아들이는 것이 아니라 원래 가지고 있던 지식과 개념, 그리고 그 구조를 이용하여 능동적으로 해석하고 이를 바탕으로 자신의 지식으로 구성해 낸다는 것이다. 결국 모든 지식은 객관적이라기보다는 인식자의 선 경험31)에 의해 재구성되는 것이다.

따라서 학습은 훈련이나 훈육이 아니라 구성적 과정으로 학습자가 지식을 내적으로 표상하고, 경험을 개인적으로 해석하며, 능동적 과정으로 자신의 경험에 근거하여 의미를 개발하는 과정이 된다. 결국 학습의 주도권은 교육자가 아니라 피교육자에게 주어진다. 교육자는 어떤 학습 내용이라 할지라도 이를 피교육자의 지식과 선 개념에 입각하여 제시해야 하며, 그것을 수용하는 방식과 해석에 대해서는 개입할 권리가 없다.

민주주의가 기본적으로 다양성과 다원주의를 원칙으로 한다는 점을 고려할 때 행동주의는 어떤 특정의 지식이나 행동을 일률적으로 강요할 수 있다는 점에서, 또 교육자가 철저히 피교육자의 우위에 선다는 점에서 민주주의 교육에 적합하지 않다. 반면 구성주의는 학습자들 나름의 다양성을 인정할 수 있으며, 교육자와 피교육자가 동등한 위치에서 상호작용 할 수 있다는 점에서 민주주의 교육에 보다 적합하다. 따라서 이 연구에서는 행동주의 교육학에 기반을 둔 수업 모형은 채택하지 않았으며, 구성주의 교육학에 입각한 수업 모형을 채택하거나 개발하였다.

4) 조작(manipulation)이 아니라 대화(dialogue)

조작은 은행 저금식 교육, 그리고 행동주의 교육에서 가장 적극적으

---

31) 칸트는 이 선경험이 태어날 때부터 가지고 있는 순수이성의 형식이라고 보았고, 피아제는 인지발달단계에 따른 인지구조라고 보았고, 비고츠키는 사회적 상호작용을 통해 형성된 인지의 틀로 보았다.

로 활용되는 수업 행동이다. 이는 교육자가 피교육자를 조작의 대상으로 간주한다는 것을 의미한다. 행동주의에서는 교육자가 피교육자를 자극과 보상을 통해 자신이 원하는 행동을 하도록 조작한다. 은행 저금식 교육에서는 피교육자의 머릿속에 교육자가 가지고 있는 지식과 정보가 원형 그대로 저장될 때까지 교육, 혹은 훈육(training)을 계속한다. 피교육자는 단지 주입받을 뿐 어떤 능동적 행동도 하지 않는다. 간혹 재미있고 흥미 있는 강의를 하는 은행 저금식 교육자도 있지만, 아무리 재미있고 흥미 있다고 할지라도 이는 피교육자의 머릿속에 기존의 지식을 더 효과적으로 집어넣기 위한 수단일 뿐이다. 민주주의의 대 전제가 절대적 평등의 원칙이라고 할 때 이처럼 교육자가 피교육자를 상대로 조작이라는 방법으로 교육하는 것은 민주주의와 거리가 멀다. 이런 의미에서 듀이(1916)는 일방적인 주입식 교사보다 발현설을 신봉하면서 학생중심의 수업을 하지만 수업 내용에 대해서는 전혀 성찰하지 않는 성실한 교사가 학생의 장래에 오히려 더 위험하다고 단언하였다. 이런 교사들의 수업 결과는 무비판적이고 비민주적인 지식이 오히려 효과적으로 학생들의 머릿속에 자리 잡을 것이기 때문이다.

대화는 문제제기식 교육과 구성주의 교육학에서 가장 기본적으로 사용되는 수업 행동이다. 여기에서 대화(dialogue)는 담소(conversation) 다른 의미로 사용된다. 대화란 단지 이야기를 주고받는 것이 아니라 서로의 세계관과 지식을 드러내는 상호작용을 의미한다.32) 대화는 상이한 세계관, 상이한 선개념, 선지식을 드러내고 이를 서로 비교하고, 이를 통해 자신의 지식을 상대화하는 데 가장 적합한 방법이다. 플라톤이 그의 수많은 저작들을 거의 예외 없이 대화편으로 기술한 것도 바로 이 때문이다.

---

32) 변증법(dialectic)과 같은 어원을 가지고 있음을 유념하기 바란다.

2부 민주주의 교육 수업 모형 개발 및 지도안

Ⅵ. 민주주의 교육 프로그램의 개발

　지금까지 민주주의, 민주화, 그리고 민주주의의 이행에서 공고화를 완수할 시민의 자질에 대하여 살펴보았고, 이를 달성함에 있어 담당할 교육의 역할, 그리고 이 교육이 견지해야 할 기본 원칙들에 대해 살펴보았다. 이제 이러한 원칙들에 입각하여 민주주의 공고화의 주역이 될 민주화 시민을 양성하는 구제적인 민주주의 교육 프로그램을 개발하고자 한다.

1. 민주주의 교육 프로그램의 구성

　교육 프로그램은 구체화된 학습목표를 최종적인 교육목적을 달성할 수 있도록 계열성 있게 배열한 것이다. 따라서 지금까지 살펴본 민주주의 교육의 목표들이 그 최종 목적인 민주화 시민 양성에 도달할 수 있도록 의미 있고 효과적으로 배열한 것이 민주주의 교육 프로그램이 될 것이다.

그런데 하나의 교육 프로그램이 효과를 발휘하기 위해서는 학습목표들의 배열을 어떤 원칙에 따라 배치하는가 하는 것이 중요하다. 이러한 목표들의 배열 방식에 따라 다양한 커리큘럼이 개발되는 것이다. 이 배열 방식은 주요 개념에서 각론의 순서로 배열할 수도 있고, 쉬운 것에서 어려운 것으로, 혹은 가나다순이나 무작위로도 배열할 수 있다. 이때 가장 중요하게 사용되는 배열의 기준은 학습의 내용과 학습자의 사고 능력이다.

학습의 내용이 기준이 되면 쉬운 것에서 어려운 것으로, 단순한 것에서 복잡한 것으로 학습목표들이 배열될 것이다. 이런 방식의 커리큘럼으로 가장 널리 알려진 것이 브루너(Bruner)의 나선형 교육과정이다. 그런데 나선형 교육과정은 그 목표를 학문과 지식의 구조를 익히는 것에 둔다. 그러나 민주주의 교육은 어떤 지식이나 학문구조를 익히는 것이 목적이 아니라 민주적으로 생각할 수 있고 판단하고 행동할 수 있는 메타인지적 목적을 가지고 있다. 따라서 민주주의 교육 프로그램을 구성함에 있어 나선형 교육과정은 적당하지 않다.

학습자의 사고 능력이 기준이 되면 학습 목표들은 학습자들이 구사하는 여러 인지 영역에 따라 배열된다. 블룸과 동료들(Bloom et al., 1956)은 인간의 인지 영역을 크게 지식, 이해, 적용, 분석, 종합, 평가의 여섯 가지로 나누었고, 학습 목표들은 이 여섯 가지 인지 영역에 따라 배열되어야 한다고 주장하였다. 또 올리치와 동료들(Orlich et al., 1985)은 인간의 사고를 수렴적 사고, 확산적 사고, 그리고 평가적 사고로 분류하고 학습 목표는 이 세 가지 영역으로 배열되어야 한다고 주장하였다.

블룸과 동료들(1956)은 여섯 가지 사고 영역을 다시 저차 사고능력(지식, 이해, 적용)과 고차 사고능력(분석, 종합, 평가)으로 대별하였다. 저차 사고능력은 단순히 정보를 기억 · 인출하고 사용할 수 있는 능력이다. 고차 사고능력은 정보들, 지식들을 서로 조합하여 통합적으로 사고할 수 있는 능력이다. 올리치와 동료들(1985)은 수렴적 사고보다 확산적 사고와 평가적 사고가 보다 창의적이고 종합적인 사고를 요구한다고 하였다. 따라서 이들의 주장에 따르면 학습목표들은 저차사고력을 요구하는 것에서부터 고차사고력을 요구하는 것으로 배열되어야 한다.

〈표 1〉 인지목표와 비교한 민주주의 교육의 학습 목표

인지영역	인지영역의 특징	Orlich의 인지영역	민주주의 교육의 학습 목표
Bloom의 인지영역			
지식	정보를 암기하고 이를 파지할 수 있다	수렴적	* 민주주의의 제도와 절차에 대한 지식 * 각종 비민주적 제도와 절차에 대한 지식 * 이러한 지식들을 설명할 수 있다.
이해	암기하고 파지한 지식을 설명할 수 있다.		
적용	설명할 수 있는 지식을 이와 유사한 상황에서 사용할 수 있다.	확산적	* 민주주의와 비민주주의를 이용하여 구체적인 정치 상황을 설명 * 한국 역사적 사례를 대상으로 민주주의와 비민주주의에 대한 지식을 적용하여 설명할 수 있다. * 주어진 어떤 상황을 민주주의, 비민주주의 전체와 견주어 설명할 수 있다.
분석	지식을 전체와의 관계를 확인하고 분류, 기술할 수 있다.		
종합	분리된 부분들을 새로운 방식으로 조합할 수 있다.		
평가	학습한 지식과 정보를 바탕으로 주어진 상황에서 판단을 내릴 수 있다.	평가적	* 주어진 상황이 민주적인지 비민주적인지 평가할 수 있다. * 주어진 상황에서 선택해야 할 행동이 민주적인지 비민주적인지 판단하고 평가할 수 있다.

이 연구에서 개발하고자 하는 민주주의 교육 프로그램의 목표로 삼는 것은 어떤 상황에서 반성적으로 사고하고 평가하여, 그 속에서 민주주의의 원리를 발견하고 실천하는 능력과 태도를 함양하는 것이다. 따라서 이는 블룸과 동료들(1956)의 고차사고력, 올리치와 동료들(1985)의 확산적, 평가적 사고에 해당된다. 이렇게 인지·사고 영역과 민주주의 교육 학습 목표들은 서로 상응하는 관계를 가진다. 이 관계를 정리하면

<표 1>과 같다.

그런데, 민주주의 교육의 목적인 민주화 시민의 자질에는 민주주의에 대한 정확한 지식과 이를 바탕으로 한 고차적 사고만 포함되는 것이 아니다. 여기에는 일상생활과 정치사회를 망라하여 민주적 실천을 할 수 있는 태도도 포함되고 있다. 흔히 말하는 것처럼 안다는 것과 아는 것을 행하는 것은 별개의 문제다. 따라서 <표 1>의 모형만으로 민주주의 교육 프로그램을 구성할 경우 이는 인지·사고 영역에 지나치게 치우쳐 어떠한 실천적 지향도 체험도 찾아내기 어려울 것이다.

듀이(Dewey, 1944, p.486)는 민주주의에 입각했을 때 교육의 이상적인 상태는 경험의 계속적인 재구성과 재조직이라고 하였다. 그리고 경험에 공적이고 사회적인 의미와 내용을 증가시키는 방향으로, 그리고 이 과정에서 개인이 재구성 과정을 지도하고 행동을 주도할 수 있도록 구성되는 것이라 하였다. 물론 이러한 이상을 문자 그대로 받아들일 수는 없다. 경험이 그 자체 지식이 아니며, 흄(Hume)의 아이러니가 보여주듯이 어떤 이론적 바탕이 없이 주어지는 경험의 무더기는 우리를 불가지론으로 이끈다.

따라서 민주주의 교육이 진정한 효과를 발휘하기 위해서는 듀이의 이상에 인지적 요소를 함께 결합해야 한다. 학생들은 먼저 민주주의가 무엇인지에 대해 체계적이고 합리적으로 생각해야 한다. 또 민주적 소양에 필수적인 반성적 사고와 토론·대화 등에 필요한 기본적인 지식과 기능을 습득해야 한다. 폴리아키의 여러 제도들에 대해서도 일단 지식으로서 습득할 필요가 있다. 이렇게 민주주의에 대한 인지적인 구성이 어느 정도 이루어지면 학생들은 이를 경험을 통해 재구성하고, 이 경험과 재구성을 스스로 행하고 이 실천과 재구성 과정을 주도적으로 이끌 수 있는 체험을 해야 한다. 이러한 경험을 통해 학생들은 마침내 자신들의 삶을 평가하고, 이를 민주적으로 재구성하기 위해 어떤 실천을 해야 하는지 스스로 구상할 수 있게 될 것이다. 이렇게 인지주의(Bloom et al.,

1956; Orlich et al., 1985)와 진보주의(Dewey, 1944)를 결합한 민주주의에 필요한 사고 능력과 실천적 지향 및 체험의 기회를 총망라한 민주주의 교육의 최종적인 모형은 [그림 1]과 같다.

학습 단계	학습의 주안점	학습 목표
지식	민주주의의 이해	* 민주주의의 절차와 제도가 어떤 특징을 가지는지 설명할 수 있다. * 각종 비민주주의가 형식적인 민주주의에도 불구하고 무엇을 결여하고 있는지 민주주의와 비교, 분석할 수 있다.
지식, 가치	한국 민주주의 이행과정과 공고화 과제의 이해	* 한국의 민주주의가 어떤 과정을 거쳐 어떤 비민주적 요소들을 제거하여 왔는지 설명할 수 있다. * 민주화 운동의 성과에도 불구하고 여전히 해결되어야 할 과제가 무엇인지 지적할 수 있다.
가치, 태도	일상생활에서 민주주의 가치의 발견과 내면화	* 민주주의가 주어진 최선의 대안임을 오늘날 한국사회의 성과와 여러 비민주적 정치와 비교함으로써 이해한다. * 갈등의 일상화를 받아들일 수 있고 여기에서 민주적 해결방안 모색을 체화한다.
태도	민주주의를 위한 실천방안 모색	* 주변 생활 속에서 비민주적 요소를 발견하고 이에 대한 민주적 이행 방안을 모색함으로써 민주적 문화와 사고방식을 체화한다.

[그림 1] 민주주의 교육 프로그램의 모형

그림을 살펴보면 이 모형은 인지영역의 측면에서는 저차 사고력에서 고차사고력으로, 내용면으로는 단순한 지식의 습득에서 점차 복잡하고 구조적인 내용의 구성으로 상승하는 계열화를 따르고 있음을 확인할 수 있다. 특히 이 모형에서 중요시하는 것은 실천에 이르는 과정을 그대로 재구성하는 것이다. 일상생활에서의 실천은 먼저 알고, 알고 있는 것을 바탕으로 성찰하고 평가하며, 이 성찰과 평가에 따라 실천하는 것이다. 마찬가지로 이 연구에서 개발하고자 하는 민주주의 교육 프로그램 역시 먼저 민주주의에 대한 개념과 지식을 획득·구성하고33) 민주주의에 대한 지식 차원에서 출발하여, 이를 여러 상황에 적용하고 판단까지 내린 뒤, 일상생활에서 민주적 실천 방안을 구안하는 것으로까지 확장하는 것을 최종 목적으로 하고 있다. 이는 교육 목적상 지식의 측면보다 가치와 태도 측면이 더 중요한 민주주의 교육의 특성을 감안한 것이다.

그런데 이 모형을 실제 교육 현장에 적용하는 것은 쉬운 일이 아니다. 무엇보다도 다음과 같은 두 가지 장애요인이 있다.

첫째, 이 모형은 공교육 과정상의 어떤 교과로도 환원되지 않는다. 물론 표면적으로는 사회과나 도덕과에서 정치교육의 일환으로 활용할 수도 있을 것이다. 그러나 사회과와 도덕과는 이러한 내용들을 일관성 있게 다루는 단원을 보유하고 있지 않다. 천희완 등(2003)의 연구에서도 확인할 수 있지만, 현행 7차 교육과정의 사회과에서 민주주의는 그 자체 응집성 있는 단원으로 구성된 것이 아니라 전 과정, 전 영역에 걸쳐 파편적으로 흩어져 있다. 따라서 사회과나 도덕과가 민주주의 교육으로 환치되기는 어렵다.

둘째, 이 모형을 실제 수업으로 적용하기 위해서는 최소한 16차시 이상의 연속적으로 확보된 수업 시간이 필요하다. 그런데 사회과 도덕과에 대한 부족한 수업 시수와 많은 학습내용은34) 민주주의를 위해 이 정

---

33) 주입받지 않는다는 의미에서의 구성
34) 사회과와 도덕과는 지금 그 목적 설정에서 혼란을 겪고 있다. 민주시민 양성이 목적이라면 대담하게 민주주의 그 자체를 위한 교과로 환치되어야 한다. 그런데 불행히도 대학수학능력 평가에서도 볼 수 있듯이 '사회탐구'라는 대단히 주지적인 과목으로의 길과 민주시민 교육의 길 사이에서 이 두 교과는 길을 찾지 못하고 있다.

도의 시간을 할애하기 어렵게 만든다. 더군다나 비교과 영역에서 이 정도의 시간을 확보하기는 더욱 어렵다.

이러한 장애요인 때문에 이 모형은 교육과정상의 특정교과 시간보다는 창의적 재량활동 등의 범교과 학습 시간에 활용하는 것이 현실적일 것이다.35) 혹은 청소년 캠프 등의 학교 밖 교육 프로그램으로의 활용도 생각해 볼 수 있을 것이다.

2. 단원의 설정

지금까지 민주주의 교육의 목적과 목표를 설정하고 이를 계열화한 민주주의 교육 프로그램의 모형을 개발하였다. 이제 이 모형을 적용하여 학습 목표와 이를 달성하기 위한 효과적인 교수방법을 결합하여, 실제 청소년들을 대상으로 민주주의 교육 단원들을 구성하도록 하자. 이 단원들은 국민 공통과정 8, 9학년을 기준으로 삼았기 때문에 초등학교나 고등학교 이상에 적용하기 위해서는 별도의 가공이 필요할 것이다. 민주주의 교육의 구체적인 단원 구성은 <표 2>와 같다. 각 단원의 목표와 그 목표 달성을 위해 선택된 수업방법의 근거는 다음과 같다.

---

35) 물론 내신성적에 들어가지 않는 이런 시간에 학생들의 동기화를 얼마나 끌어내는가 하는 과제가 남는다.

〈표 2〉 민주주의 교육 프로그램의 단원들

단 원	단원 학습목표	적용 수업 모델	시수	계
1. 민주주의 이해	1. 민주주의의 기본 원리를 절차와 가치 면에서 설명할 수 있다.	개념도 학습	2	5
	2. 민주주의의 장점을 설명할 수 있다.	발견학습	1	
	3. 민주주의와 비민주주의를 분류 할 수 있다.	일화학습, 소집단 토의학습	2	
2. 한국 민주주의 이행과정과 공 고화 과제의 이해	1. 한국의 민주화 이행과정에 대해 설명할 수 있다	시청각 학습 역할극 학습	3	5
	2. 한국의 민주화 이행과정에서 무 엇이 완수되고 무엇이 미진한지 설명 할 수 있다.	시청각 활용 발견학습	2	
3. 민주주의 가치 의 발견과 내 면화	1. 각종 비민주적 제도와 가치를 체험함으로써 민주주의의 우월 성을 발견한다.	역할극 학습	2	6
	2. 민주주의가 창의성과 생산성에 미치는 긍정적인 효과를 체험 한다.	가상체험 학습	2	
	3. 쟁점의 민주적 해결을 경험함으 로써 갈등에 대한 개방적 태도 를 가진다.	법리-논쟁학습	2	
4. 생활 속의 민주 화 실천방안의 모색	실제로 자신이 생활하는 사회의 실 천 가능한 민주화 방안을 구성하고 이를 행동으로 옮길 수 있다.	역할놀이 학습	2	7
		프로젝트학습	3	
		NIE학습: 선택의 갈래/ DIE-논쟁학습	2	

첫 번째 단원과 두 번째 단원은 지식과 이해 영역에 할당되었다. 그 중 첫 번째 단원은 민주주의에 대한 지식을 획득하는 것이 목적이며, 두 번째 단원은 이를 구체적 상황, 특히 우리나라의 역사적 상황에 적 용하는 것이 목적이다. 이 두 단원은 기본적으로 구성주의적 관점에서

구성되었다. 즉 먼저 청소년들이 가지고 있는 민주주의에 대한 선 개념들을 드러내게 하고, 이를 바탕으로 올바른 민주주의 개념을 찾아나갈 수 있도록 교사가 안내해 나가는 것이다. 이는 주로 과학과에서 학생들의 오개념을 수정하고 올바른 과학적 개념을 받아들이게 하는 전략으로 널리 사용되어 왔다. 민주주의 교육 역시, 민주주의라는 용어 자체가 너무도 광범한 맥락에서 사용되어 왔기 때문에 청소년들의 오개념을 수정하는 과정이 반드시 필요할 것이다. 따라서 1, 2단원은 학생들이 민주주의에 대해 가지고 있는 생각들을 끄집어 낸 뒤, 이를 올바른 민주주의 개념으로 수정하는 과정을 거치도록 구성하였다. 이 과정에서 30년 이상의 전통을 가진 유구한 민주화 운동의 역사적 사례를 효과적인 교수─학습 자료로 활용할 수 있을 것이다.

다만 여기에서 주의할 것은 올바른 민주주의 개념을 교사가 먼저 정의해서는 안 된다는 것이다. 올바른 민주주의 개념은 학생과 교사가 함께 찾아나가는 것이다. 따라서 1, 2단원에서는 교사가 특정한 개념들을 민주주의라고 강요하는 강의식 수업, 심지어는 개념학습도 배제하였고, 발견학습을 위주로 단원을 구성하였다.

3 단원은 민주주의적 가치, 절차 등을 내면화하는 단원이다. 따라서 이 단원에서는 학생들의 체험이 가장 중요하다. 그런데 현실적으로 청소년들이 민주주의를 느낄 수 있을 만큼 체험할 기회는 거의 주어지지 않는다. 따라서 여러 사례들을 통해 간접적으로 체험할 수 있도록 단원을 구성하였다. 특히 교육 연극과 각종 시뮬레이션 학습을 적극적으로 활용하여 학생들이 풍부한 가상 체험을 할 수 있도록 하였다. 이러한 가상의 체험을 통하여 민주적 가치의 우월성을 내면화하는 것이 이 단원의 가장 중요한 목표가 될 것이다.

4 단원은 그동안의 학습을 통해 깨닫고 내면화한 민주적 가치들, 그리고 지식으로서 획득한 폴리아키의 제도와 절차 등을 활용하며 일상생활 속에서 구체적인 실천적 지향을 발견할 수 있도록 구성하였다. 물론

단지 실천적 지향의 발견에 그치는 것이 아니라 실제로 실천을 하고 그 실천의 결과 무엇이 얼마나 달라졌으며 자신이 일상 속의 비민주주의를 얼마나 민주화시켰는지 보고하고 토론할 수 있다면 가장 바람직할 것이다. 그러나 청소년들의 사회참여기회가 차단되어 있고 기성세대들의 사고방식이 권위적인 한국적 현실에서 이는 매우 요원한 목표이다. 따라서 구체적인 실천은 훗날로 돌리더라도 그 실천을 위한 계획을 수립할 수 있다면 그것만으로도 청소년들에게 현실적으로 가능한 최선의 경험을 제공하는 것이 될 것이다. 따라서 4단원에서는 프로젝트 학습과, 그 프로젝트를 민주적으로 달성하기 위해 중요한 덕목인 구성원들과의 개방적 협력을 익히는 협동학습을 위주로 단원을 구성하였다.

Ⅶ. 단원별 수업 지도안

　지금까지 민주주의 교육의 학습 목표와 수업 모형을 개발하고 이를 구체적으로 실천하기 위한 네 개의 단원을 설정하였다. 이제 각 단원별로 구체적인 수업을 설계하고 차시별 지도안을 제시하고자 한다. 앞에서 밝힌 바와 같이 이 수업은 한 학기 동안 총 32시간에 걸쳐 진행하도록 구성되었다. 각 단원은 적용 수업 방법에 따라 각각 1-2개의 모듈로 구성되어 있으며, 각 모듈은 1-3차시씩으로 구성되어 있다.

　각 단원 서두에는 청소년들이 달성해야 할 학습목표와 지도상의 주안점 등을 상술하였다. 각 단원을 구성하고 있는 수업 모듈들의 서두에는 해당 수업의 간략한 이론적 배경, 학습목표, 진행 시나리오, 주의사항, 그리고 준비물과 자료 등을 제시하였다. 각 단원의 끝 부분에는 이 단원을 국민 공통과정 8, 9학년보다 저학년, 혹은 고학년을 대상으로 수행하고자 할 때 활용할 수 있는 방안을 제시하였다.

1. 단원 1: 민주주의의 이해

1) 단원의 학습목표

- 민주주의의 기본 원리를 절차와 가치 면에서 설명할 수 있다.
- 민주주의의 장점을 설명할 수 있다.
- 민주주의와 유사 민주주의 및 각종 비민주주의를 분류할 수 있다.

2) 단원의 구성

〈표 3〉 단원 1의 구성

단원명	단원 학습 목표	구성 모듈	차시	차시별 수업 내용	
				학습내용	활동내용
1. 민주주의의 이해	1. 민주주의의 기본 원리를 절차와 가치면에서 설명할 수 있다.	구성주의 개념도 학습	2	민주주의의 기본 개념과 원칙	민주주의에 대해 가지고 있던 자신들의 생각과 개념들을 교사의 발문에 의해 발견, 수정, 구성해 나간다.
	2. 민주주의의 장점을 설명할 수 있다.	발견 학습	1	민주주의의 우월성	주로 개발독재나 수호자주의와 비교하여 민주주의의 우월성을 발견해 나간다.
	3. 민주주의와 비민주주의를 분류할 수 있다.	일화 학습	2	전체주의, 권위주의와 민주주의의 분류	전체주의와 권위주의의 사례를 보고 그 문제점을 발견한다.
		소집단 토의 학습	1	수호자 주의와 민주주의의 분류	수호자 주의와 민주주의를 비교하고, 최선의 영도자도 최악의 민주적 지도자보다 못함을 확인한다.

이 단원은 본 프로그램의 시작이다. 따라서 세심하게 디자인 하고, 특히 학생들이 처음부터 흥미를 잃어버리지 않도록 활발하게 진행할 필요가 있다. 이 단원의 궁극적인 목적은 학생들이 민주주의가 어떤 것인지 아는 것이다. 특히 이 단원에서 중요한 것은 단지 개념적으로 민주주의가 무엇인지 아는 것뿐 아니라 각종 비민주주의와 이를 구별할 수 있는 것이다.

첫 번째 단원은 <표 3>에 제시되어 있는 여러 수업 모듈들로 구성되어 있다. 수업 모형으로는 Bloom의 인지능력 위계에 의거하여, 주로 지식·이해·적용 등 저차 사고력을 동원하는 수업을 전면에 고차 사고력을 동원하는 수업을 후면에 배치하였다.

이 단원은 이후 나오게 될 단원들에 비해 단순하지만 전체 프로그램에서 차지하는 중요성은 결코 작지 않다. 이 단원에서 민주주의의 기본 개념을 익혀야 이후에 배치될 여러 체험 중심의 학습이 효과를 볼 수 있기 때문이다.

그러나 지나치게 개념학습 위주로 진행될 경우 학생들이 흥미를 잃어버릴 수 있다. 이 딜레마의 유력한 해결책이 교사의 노련한 발문기법이기 때문에 1단원은 발문을 적극적으로 활용할 수 있는 수업 모형을 중심으로 구성하였다.

각 수업 모듈들은 다음과 같은 순서로 기술되었다.

먼저 해당 모듈의 학습 목표를 정의하였다.

그리고 수업이 어떤 방식으로 진행되는지를 순서도를 통해 요약하였다. 이렇게 모두에 제시된 목표를 확인하고 순서도를 검토하면 수업의 대체적인 윤곽을 잡을 수 있을 것이다.

그리고 나면 그 다음에 수업에 필요한 세세한 사항과 구체적인 교수ㅡ학습 일람표를 제시하였다. 이를 참고하면 교사가 무엇을 해야 하며, 수업을 어떻게 기획해야 하는지 구상할 수 있을 것이다(이하 다른 단원도 동일함).

3) 1단원 각 모듈별 지도안

(1) 모듈 1: 민주주의의 기본 개념과 가치:
구성주의 개념도 학습(총 2차시)

ㄱ. 모듈의 학습 목표
① 민주주의를 구성하는 기본 가치들을 설명할 수 있다.
② 민주주의의 절차를 설명할 수 있다.
③ 민주주의에 대한 오개념을 수정하고 이를 제시할 수 있다.

ㄴ. 적용된 수업 방법과 시나리오
이 모듈에서 적용된 수업 모형은 구성주의 개념도 학습이다.

구성주의 학습의 기본 전제는 학생을 새로운 아이디어를 받아들일 때 이미 학습되어 이용 가능한 개념이나 명제에 관련지어질 수 있는 정도만큼만 학습하고 기억할 수 있다는 것이다. 이를 민주주의 교육에 적용한다면 학생들은 자신이 가지고 있는 민주주의 개념과 가치 체계와 관련해서만 민주주의의 개념과 가치체계를 받아들이게 된다.

생각 열기: 민주주의란 무엇인가란 질문을 던져 자유로이 대답하게 한 뒤 이를 몇 개의 개념으로 정리해 본다.

↓

소집단 편성 및 안내: 5~6명씩 6개의 소집단으로 학급을 편성한다. 이때 소집단의 구성원들이 골고루 배치될 수 있도록 유의한다. 소집단 편성이 끝났으면 재료를 나누어 주고 개념도 작성 요령에 대해 설명한다.

↓

소집단 토의 및 개념도 작성: 소집단 토의를 통해 민주주의라고 하면 떠오르는 대표적인 생각, 사례, 사건, 역사적 사실들을 확인하고 이를 목록으로 정리한다. 이를 바탕으로 소집단별로 개념도를 작성한다.

↓

소집단별 발표 및 토론: 각 소집단은 자기 집단에서 작성한 개념도를 발표한다. 이렇게 소집단 간 개념도를 비교하면서 생각의 틀이 서로 다름을 확인한다. 이때 교사도 진정한 민주주의 개념과 가치를 조금씩 드러내며 학생들과의 차이를 드러낸다.

↓

개념도 수정: 소집단 발표 및 토론과 교사의 문제제기 등에 고무받아 학생들은 소집단별 토의를 다시 거쳐 개념도를 수정한다. 교사는 학생들의 개념도들에서 발생할 수 있는 문제 상황을 제시하고, 그 해결책을 모색하도록 하고, 진정한 민주주의 개념과 가치의 개념도로 유도한다.

↓

정리: 진정한 민주주의 개념과 가치를 수용하도록 고무하고 이것이 앞에서 제시된 문제점을 어떻게 해결하는지 확인하고, 처음 가졌던 개념도와 새로운 개념도를 비교하여 그 차이를 이해한다.

[그림 1] 구성주의 개념도 학습의 진행 순서

따라서 학생들이 기존에 보유하고 있는 민주주의에 대한 개념과 가치 체계를 노출하고, 이를 교사가 제시하는 민주주의의 개념과 가치체계와 상호작용시키는 과정이 필요하다. 이러한 과정을 통해 학생들은 민주주의에 대한 올바른 개념·가치 체계를 민주적인 방법으로 스스로 구성할 수 있게 된다. 이 모듈은 [그림 1]과 같은 순서로 진행된다.

ㄷ. 개념도

이 수업에서 주로 사용하게 되는 개념도는 학습자가 어떤 지식을 대해 자신이 보유하고 있는 여러 하위 개념들 간의 관계로서 파악하고 이를 그림으로 제시하는 것이다. 이 그림을 통해 학습자는 자신이 가지고 있는 지식의 구조를 파악할 수 있으며 어떤 지점에서 모순이 발생하였는지 발견할 수 있다. 또 이를 통해 새로운 지식을 자신의 원래 지식 구조 속에 어떻게 포함시켜야 하는지 발견할 수 있다.

개념도의 기본 구조와 작성요령을 설명하면 [그림 2]와 같다. 먼저 어떤 지식을 설명하는 데 필요하다고 생각되는 개념들의 목록을 작성한다. 다음으로 개념들의 목록에서 가장 중심이 되는 개념 1을 선택해서 원을 그린다.36) 그리고 역시 목록에서 개념 1과 가장 직접적으로 연결되는 개념들을 선택해서 개념 1 둘레에 배치한 뒤 둘레에 원을 친다. 그리고 개념 1을 중심으로 나중에 선택된 개념들과 링크 직선을 표시한다. 개념도 상의 중앙에 위치할수록 상위개념이며 바깥으로 갈수록 하위개념이다. 개념과 개념을 연결하는 링크는 두 개념 간의 관계를 표시하는 것이다. 이때 링크명은 하위개념이 상위개념과 어떤 관계인지 표시한다. 예컨대 "~의 형태, ~의 부분, ~과 유사, ~의 성격, ~을 위한 증거, ~의 원인, ~의 반대" 등의 링크명이 사용될 수 있다. 물론 가능한 링크명이 이것만 있는 것은 아니므로, 교사가 좀 더 준비할 필요가 있다.

---

36) 이 경우에는 민주주의가 개념 1의 자리에 들어가게 될 것이다.

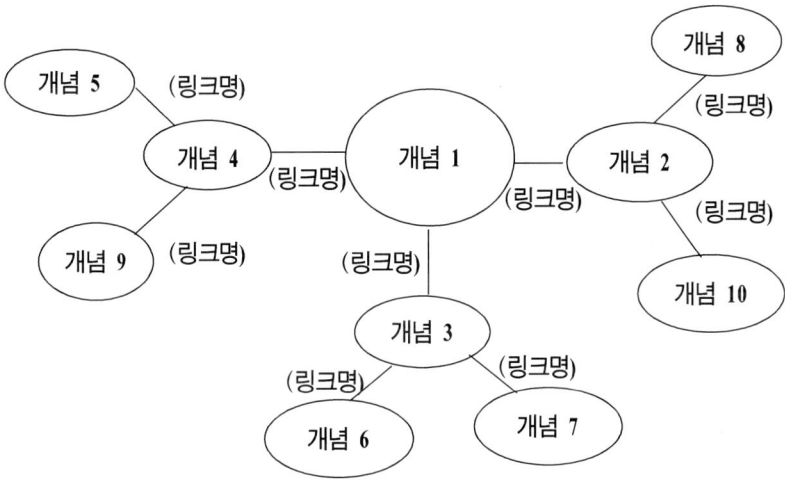

ㄹ. 준비물

이 수업에 필요한 준비물은 다음과 같다.

1. 개념도를 그릴 수 있는 백지(전지나 2절지 정도가 좋다. 실물화상기와 멀티비전이 구비되어 있다면 8절지 정도도 좋다).
2. 매직이나 두꺼운 싸인 펜 혹은 색연필 종류
3. 민주주의를 구성하고 있는 가치들과 개념들을 기록할 단어 카드.
4. 실물화상기와 멀티비전
5. 칠판용 자석(실물화상기가 없을 경우 전지로 작성하여 칠판에 부착하도록 한다).

ㅁ. 유의사항

① 이 수업의 핵심은 교사의 발문이다. 학생들이 작성한 개념도를 바탕으로 다양한 문제 상황과 부조리 상황을 만들어서 반문해야 한다.
② 교사가 생각하고 있는 민주주의 개념도를 너무 빨리 제시하지 않

도록 한다. 교사는 학생들이 자기 개념도를 계속해서 수정하면서 여기에 도달하도록 유도하여야 한다.

③ 교사는 민주주의에 대한 소신 있는 개념도를 가지고 있어야 한다. 그러나 그것을 너무 빨리 제시하여 학생들의 자발적인 개념 수정을 차단하지 않아야 한다.

④ 이 수업의 목적은 학생들이 민주주의에 대한 모든 개념들을 알게 하는 것이 아니다. 오히려 학생들이 가지고 있는 개념들, 사상들의 범위 내에서 그 구조를 올바르게 하고 오개념과 잘못된 연결을 수정하고자 하는 것이다. 따라서 민주주의나 정치의 중요한 개념을 학습하고자 하는 사회과의 정치 영역과는 학습 목표가 다름을 명심해야 한다.

⑤ 이 수업은 진단의 목적도 가지고 있다. 따라서 이 수업의 결과물들을 바탕으로 이 프로그램의 이후 과정의 지도 방향과 수준 등을 결정하여야 한다.

⑥ 8학년 이하 저학년의 경우는 직접 개념도를 작성토록 하는 것이 무리할 수 있다. 저학년은 학생들에게 개념이나 사실들을 응답하게 한 뒤, 교사가 칠판 등에 개념도를 그려가며 진행하거나, 개념도에 포함될 개념·사실들의 목록을 미리 작성하여 배부하는 것이 보다 효과적일 것이다.

ㅂ. **각 차시 지도안**
각 차시별로 이 수업을 구체적으로 살펴보면 다음과 같다.

차 시	1 / 2			
학 습 목 표	1. 민주주의를 구성하는 기본 가치들을 설명할 수 있다. 2. 민주주의의 절차를 설명할 수 있다. 3. 민주주의에 대한 오개념을 수정하고 이를 제시할 수 있다.			
주 요 활 동	민주주의에 대한 선개념, 선관념의 목록 만들기 선개념과 선관념으로 민주주의 개념도 만들어 상호 비교하기			
준비물	개념도를 그릴 수 있는 백지, 민주주의를 구성하고 있는 가치들과 개념들이 기록된 단어 카드, 실물화상기, 멀티비전			

학 습 단 계	교수－학습 활동		시 간	비 고
	학생 활동	교사 활동		
도 입	민주주의에서 떠오르는 관념, 개념, 사실들을 자유로이 대답함.	민주주의라는 말이 강조되어 왔으나, 정작 그것이 무엇인지 분명하게 대답하기 어려움을 발문함	3	
소집단 편 성	5~6명씩의 소집단으로 모임	발문: 이제 이 민주주의가 무엇인가 우리가 이것에 대해 알고 있는 것은 무엇이며, 잘못 알고 있는 것은 무엇인지 모여서 살펴보자. 학생들을 소집단으로 편성함	7	
선개념들 의 목 록 작성	자유로이 토의한 뒤 '민주주의 하면 떠오르는 것들'이라는 제목의 목록을 작성함	민주주의라고 하면 떠오르는 단어, 사건, 역사적 사실을 모두 생각하여 소집단별로 목록을 작성하도록 함	17	
개념도 작 성	개념도를 작성함	개념도 작성법을 안내한 뒤 소집단별로 보유하고 있는 목록의 개념들을 연결하여 개념도를 작성하도록 함	30	
개념도 상 호 비 교	소집단별로 개념도를 제시하고 공통점과 차이점을 발견함	소집단별로 작성된 개념도를 실물화상기로 전체에게 차례로 보여줌	43	실물화상기, 멀티비전
정리 및 차 시 예 고	조별로 작성한 개념도를 교사에게 제출함	교사는 개념도들을 수합한 뒤 다음 차시 전까지 이들을 검토하여, 학생들이 민주주의에 대해 가지고 있는 생각의 범위, 한계, 그리고 오개념을 파악한다. 그 후 학생들의 범위를 고려하여 수정된 개념도를 미리 작성하여 다음 차시를 대비한다.	45	

차 시	2 / 2			
학 습 목 표	1. 민주주의를 구성하는 기본 가치들을 설명할 수 있다. 2. 민주주의의 절차를 설명할 수 있다. 3. 민주주의에 대한 오개념을 수정하고 이를 제시할 수 있다.			
주 요 활 동	오개념에서 발생하는 문제 확인, 개념도의 수정, 수정 전·후 비교			
준비물	개념도를 그릴 수 있는 백지, 민주주의를 구성하고 있는 가치들과 개념들이 기록된 단어 카드, 실물화상기, 멀티비전			

학 습 단 계	교수-학습 활동		시 간	비 고
	학생 활동	교사 활동		
도 입	조별로 모여 앉고, 전시에 작성했던 개념도를 배부받는다.	전시에 수합했던 개념도를 배부한다.	3	
선 행 개념도 확 인	자신들의 개념도를 보며 확인한다.	수합했던 개념도들에서 공통된 생각의 범위와 구조 등을 소개한다.	6	
문 제 상황의 제 시	자신들의 개념도에서 야기되는 부조리를 확인하거나, 교사가 제기하는 문제를 자신들의 개념도의 범위에서 해결해보고자 한다.	학생들의 대표적인 오개념들을 중심으로 야기될 수 있는 문제 상황이나 부조리를 제시한다. 이때 교사는 전시에 걷었던 개념도들을 검토할 때 많은 발문들을 준비해 두어야 한다.	20	
개념도 수 정	교사의 지시에 따라 자신들의 개념도를 수정해 나간다.	문제점들을 중심으로 개념도의 수정을 유도한다. 이때 교사는 미리 준비한 완성된 개념도의 일부분을 조금씩 드러내며 학생들의 오개념 수정을 시도한다.	30	
교사의 개념도 제 시	그동안 수정했던 개념도와 교사의 개념도를 비교한다. 그리고 교사의 개념도에 대해 비판적인 질문을 한다.	교사는 자신이 작성한 개념도를 공개한다. 이때 학생들에게 자신의 개념도에 대한 비판이나 질문을 유도하고, 대답한다.	35	
개념도 의 수용	완성된 개념도가 제기되었던 문제 상황이나 부조리를 어떻게 해결하는지 확인하고 이를 수용한다.	완성된 개념도를 적용하여 부조리와 문제해결을 유도한다.	40	
비교 및 정 리	처음 개념도와 완성된 개념도를 비교하고 민주주의에 대한 이해를 완성한다.	민주주의의 핵심 개념·가치를 정리하고, 이것이 여타의 정치체제와 비교해서 어떤 점이 더 우월한지 생각해 보자며 차시 예고한다.	45	

(2) 모듈 2: 탐구 학습 – 민주주의의 우월성

ㄱ. 모듈 학습 목표

① 민주주의 사회에서 야기될 수 있는 문제들을 예상할 수 있다.

② 민주주의 사회에서 야기될 수 있는 문제들을 해결함에 있어서도 민주적 절차가 최선의 방안임을 설명할 수 있다.

ㄴ. 적용된 수업 방법과 시나리오

이 모듈에서 적용된 수업 모형은 탐구 학습이다. 사실 탐구 학습이라 명명된 수업 모형에는 너무도 다양한 교수학습 방법이 포괄되어 있어 이 이름만으로 어떤 구체적인 수업의 특성을 알아내기란 어렵다.

이 수업에서 사용하고자 탐구학습은 문제를 인식하고 가설을 설정한 뒤 가설을 검증해 나가는 과학적 방법론을 수업에 적용한 것이다. 그러나 학생들이 민주적 절차가 사회 문제를 해결하는 최선의 방법임을 증명하기는 사실상 불가능하다.

따라서 이 모듈의 학습 목표를 달성하기 위해서는 귀류적인 방법을 사용하였다. 즉 민주적 절차와 방법이 잘못 사용된 사례를 역사적 사건이나 학생들의 일상생활에서 조사해 보게 한 뒤 민주주의보다 더 좋은 대안이 있다는 가설을 수립한 뒤, 이 가설을 부정함으로써 민주주의가 최선의 대안임에 도달하는 것이다. 그리고 이 가설을 부정하는 과정은 철저히 학생들의 토론과 반성적 사유[37]에 의존하게 될 것이다.

이때 역사적 사례는 교사가 준비한 것을 학생들에게 제시할 수도 있

---

37) 여기에서 말하는 반성적 사유는 Dewey가 사용한 의미다. 즉 어떤 선택을 하기 위해 탐구적인 사유의 과정을 거치는 것을 의미한다. 여기에는 예상되는 결과, 그리고 또 다른 대안의 가능성 등을 상상적으로 시연할 수 있는 능력을 포함하고 있다. 사실 듀이는 5단계의 반성적 사고를 제시하였지만, 정작 각 단계에 집착할 필요는 없다고 하였다. 중요한 것은 어떤 결정을 내리기 위해 충분히 여러 결과들과 원인들을 고려하였는가 하는 것이다. 이런 의미에서 체계적으로 심사숙고함이란 의미와도 상통한다.

으며 인터넷 검색이나 학생들의 일상적 생활 특히 학교의 자치활동에
서 경험한 것을 소재로 해도 좋을 것이다. 이 수업의 진행은 [그림 3]
과 같이 이루어진다.

문제제기: 소집단으로 편성된 학생들에게 민주주의가 문제를 야기했던 사례들을
제시한다(이 사례들은 교사가 직접 제시해도 좋고, 학생들에게 사례를 찾아보도록
하여도 좋다).

↓

가설의 설정: 여러 문제가 된 사례들을 통해 "상황에 따라서는 민주주의보다 더
좋은 대안이 존재한다."라는 잠정적인 가설을 수립한다.

↓

소집단별 토의 및 민주주의 대안 선정: 소집단별로 민주주의가 최선이 되지 않
았다고 판단된 사례들을 검토하고 그 상황에서 민주주의보다 더 좋은 결과를 가
져올 다른 대안이 무엇이 있을지 모색한 뒤 하나를 선택한다. 이 과정에서 소집단
별로 활발한 토의와 자료 검색이 필수적이다.

↓

토의 결과 발표 및 전체 토의: 각 소집단별로 자신들이 선택한 민주주의의 대안
을 발표한다. 다른 소집단들은 발표자의 대안이 오히려 어떤 문제점을 야기할 수
있는지 반박한다.

↓

정리: 발표와 토의 내용 및 결과를 정리한다. 가설을 기각하며, 이를 통해 민주
주의가 문제점이 없는 체제는 아니지만, 현실적으로 선택 가능한 최선의 방안임을
확인한다.

[그림 3] 탐구학습 수업 순서

ㄷ. **준비물**

이 수업에 필요한 준비물은 다음과 같다.

- 인터넷: 이 수업에서 학생들은 관련 증거 및 사례를 찾아가며 진
  행하도록 되어 있다. 따라서 항상 개방되어 있는 인터넷이 효과적
  이다.

- 전지 또는 2절지와 매직은 소집단별로 토의가 종료된 뒤 발표할 때 필요하다.

- 실물화상기와 멀티비전이 있을 경우 보다 작은 사이즈의 종이도 사용 가능하며, 파워포인트로 발표하는 것도 가능하다.

- 민주주의가 문제를 야기했던 사례들이 기록된 학습지. 혹은 교사가 직접 이야기해 주어도 무방하다.

※ 민주주의 제도하에서 문제가 발생한 사례의 예(다음과 같은 학습지를 사전에 배포하면 효과적이다. 물론 이 사례 외에 보다 다양한 사례들을 교사가 준비하는 것이 바람직하다.)

---

1. 오스트라키스모스(ostrakismos: 도편 추방제)의 변질(고대 아테네의 사례)

오스트라키모스는 고대 아테네 민주정 시대의 제도로 위험인물을 시민들의 비밀 투표로 10년간 국외로 추방하는 것이다. 투표결과 선택된 추방자는 당사자의 명예나 시민권, 재산권과는 상관없이 시효인 10년간 아테네를 떠나야 했으며, 기간이 지나면 귀국할 수 있게 되어 있었다.

원래 이 제도는 참주의 재현을 막기 위하여 실시되었던 것으로 클레이스테네스가 만들었다고 전해진다. 이 제도가 처음 적용된 것은 B.C. 487~B.C. 485년, 평민 지도자이며 장군이었던 페이시스트라토스가 참주가 되었을 때이다. 이른 봄 민회에서 오스트라키스모스(ostrakismos) 시행의 가부를 거수로 결정하였으며, 시민들은 아고라에서 국가에 해를 끼칠 위험한 인물의 이름을 도편(ostrakon)에 기입하는 비밀 투표를 실시하였다.

총 투표자 수가 6,000명을 넘으면 유효투표가 되어, 단순 다수결방식으로 추방자가 결정되었다고도 하고, 6,000표 이상의 최고 득표자가 추방되었다고도 하나, 확실한 정설은 없다. 이렇게 오스트라키스모스는 참주정을 민주정으로 교체하는 개혁의 하나로 시작되었다.

그러나 시대의 흐름에 따라 이 제도는 남용되었다. 실제로 참주와는 관계없는 유력한 정치가를 추방하기 위해 이 제도가 남용되었던 것이다. 아테네의 각 정파들은 상대방의 거물을 제거하기 위해 시민들을 종종 선동하여 이 제도를 이용하였다. 페르시아전쟁에서 용맹을 떨쳤던 장군 아리스테이데스, 테미스토클레스, 키몬 등도 그 희생양이 되었다. 그러나 B.C. 417년, 히페르보로스는 마지막으로 이 제도는 사라졌다.

결국 이 제도는 초기에는 무능하고 부패한 지도자의 축출이라는 긍정적 의미를 가졌으나, 이후 참주와는 관계없는 유력한 정치가를 추방하기 위한 정쟁의 도구로 변질되었다. 이를 통해 다수결의 원리가 오히려 다수의 횡포로 전락했음을 확인할 수 있다. 현재 우리나라에서 채택하고 있는 탄핵소추제나 국무위원해임건의·의결권도 이와 같이 남용될 소지가 있으며, 실제 남용되기도 하였다. 이런 사례들을 바탕으로 플라톤은 민주주의를 오히려 다수가 횡포를 부리는 폭민정치로 규정하기도 하였다. 어리석은 다수의 선택보다 현명한 소수의 선택이 더 올바른 경우가 드물지 않기 때문이다.

2. 여당의 단독 예산안 통과(1985~1995) 한국의 사례

1985년 12월 당시 야당이던 신한민주당의 대통령 직선제개헌 추진 서울대회 봉쇄를 둘러싸고 여야가 대치하였다. 당시 야당 의원들은 국회를 보이콧하고 농성을 벌이고 있었는데, 이때 여당인 민정당이 과반수 의석을 차지하고 있음을 이용하여 단독으로 예산안을 처리하였다. 이 예산안은 심의도 없이 바로 의결되었으며 민정당이 과반수를 차지하고 있었기 때문에 불과 1분 만에 통과되었다. 날치기 통과라는 말이 이때 등장하였다. 이런 상황은 이후에도 종종 나타나서 1992. 11. 20. 제1야당 의원들이 퇴장한 가운데 당시 여당이었던 민자당이 예산안을 단독으로 처리하였고, 1996년에는 여당이 심야에 장소를 옮겨 노동 관계법을 일괄적으로 단독 처리하였다. 이렇게 제1당이 반수가 넘는 의석을 이용하여 야당이나 소수당을 설득하는 대신 날치기로 법안이나 예산안을 통과시키는 경우가 한국 정치사에서는 드물지 않았다. 그러나 현행법이나 다수결의 원칙에는 아무런 문제가 없다. 이렇게 다수당이 횡포를 부릴 경우 민주주의는 무력할 수 있다.

【 참 고 】
과거, 예산안이 야당의 반대 속에 여당 단독으로 국회에서 변칙적으로 통과되는 경우가 빈번하게 발생하였다. 이는 한국 정치에서 국회 운영과 관련된 정당한 절차가 지켜지지 않고, 다수에 의한 횡포가 나타나고 있음을 보여 주는 근거가 된다.
사회 성원 간의 여러 가지 이해관계나 의견을 조정하여 합의를 구할 때, 다수의 판단에 따르는 것이 보다 합리적이라고 한다. 그러나 어느 사회든지 다수의 힘으로 무시할 수 없는 소수자의 권리도 반드시 있게 마련이다.
이 점에서, 민주 사회는 다수의 소수가 동등한 입장에서 타협하는 합리적인 절차를 필요로 하기 때문에 다수결의 전제로 토론과 설득의 과정을 중시하는 것이다.

3. 중우 정치의 사례들(衆愚政治: Aristoteles)

충분한 정보가 주어지지 않은 상태에서 단지 다수가 찬성했다는 이유만으로 통과된 어리석은 결정들이 있다. 이런 결정들을 보면 민주주의가 꼭 최선인가 하는 의문을 들게 만든다. 역시 현명한 소수가 결정하는 것이 더 올바르지 않을까?

사례 1

1802~1804년에 프랑스의 나폴레옹 1세는 주변 영토의 병합을 정당화하기 위하여 국민투표를 실시하였다. 그 결과 압도적인 다수가 찬성하였다. 이를 근거로 나폴레옹은 대륙침략에 나섰으며, 마침내 1812년 러시아 원정의 실패로 대재앙을 불러들였다.

사례 2

1933년 독일 국민들은 나치당을 다수의 지지에 의해 제1당으로 만들어 주었다. 또 국제연맹 탈퇴에 관한 국민투표에서 93.4%가 찬성하였으며, 1934년 히틀러의 총통취임에는 88.1%가 1938년 독일과 오스트리아 병합에 대한 국민투표에서는 99% 찬성하였다. 이렇게 역사상 최악의 전체주의로 알려진 나치즘은 적어도 형식적으로는 독일 국민의 다수결에 의해 만들어졌다.

사례 3

1972년 당시 우리나라의 대통령이었던 박정희는 10월 17일 전국에 비상계엄을 선포하여 국회를 해산시키고 정당 활동을 중지시킨 가운데 독재정치의 온상이 되었던 유신헌법을 제안하였다.

이 헌법에는 대통령이 국민의 자유를 수시로 제한할 수 있고, 국회의원의 1/3을 임명할 수 있는 등 사실상 제왕적 권력을 휘두를 수 있는 내용을 포함하고 있었다. 그런데 이 유신헌법에 대해 국민투표 참가자의 93.4%가 찬성하였다. 그 결과 대통령 선거는 사라지고 통일주체 국민회의 대의원들이 체육관에서 대통령을 선출하게 되었다. 그 결과 박정희는 통일주체 국민회의 대의원의 99.9%가 찬성한 가운데 거의 총통에 가까운 무소불위의 권력을 가진 대통령이 되었다.

ㄹ. 유의사항

① 사례나 문제를 먼저 주게 될 경우 문제의 일면만 보든지 너무 일반적인 결론을 내는 경우가 있다. 아울러 교사가 의도하고 있는 내용과는 별개의 내용을 발견한다든지 내용이 전후 맥락과 분리되어 전달되어 나타나는 문제점도 생긴다. 이렇게 될 경우 많은 시간을 낭비하게 된다. 따라서 교사는 사례에 대한 충분한 이해를 하고 문자에 표현된 것 이상의 생각을 미리 준비해 두어야 한다.

② 민주주의 제도의 우월성을 한 시간에 검증한다는 조급한 생각을

버려야 한다. 오히려 이 시간의 중요한 목적은 학생들이 선험적으로 혹은 형이상학적으로 그저 좋은 것이라고 배워 온 민주주의를 그 문제점을 포함해서 성찰할 수 있는 기회를 제공하는 것이다.

③ 경우에 따라서는 토론 결과 학생들이 가설을 채택하는 경우도 나타날 수 있다. 이런 경우 교사가 직접 학생들이 채택한 가설을 부정한다면 이는 지극히 비민주적인 수업이 되고 말 것이다. 따라서 교사는 토론 과정에 토의자의 한 사람으로 참여하여 특히 가설의 모순을 드러내는 날카로운 질문을 유도해야 한다.

④ 사례 검색 및 자료 준비를 미리 과제물로 부과한다면 토론 및 결론 도출에 보다 많은 시간을 할애하여 활기찬 수업을 진행할 수 있을 것이다.

ㅁ. 각 차시 지도안(총 1차시)

차 시	1 / 1				
학 습 목 표	1. 민주주의 사회에서 야기될 수 있는 문제들을 예상할 수 있다. 2. 민주주의 사회에서 야기될 수 있는 문제들을 해결함에 있어서도 민주적 절차가 최선의 방안임을 설명할 수 있다.				
주 요 활 동	민주주의 제도하에서 문제가 발생한 사례 검색 및 제시와 그 이유와 해결 방안에 대한 토의, 결론 도출				
준비물	인터넷, 실물화상기, OHP 필름, 멀티비전				

학 습 단 계	교수-학습 활동		시 간	비고
	학생 활동	교사 활동		
도 입	조별로 앉아 교사의 설명을 듣는다.	민주주의 제도와 절차를 적용하는데도 문제는 얼마든지 발생할 수 있음을 예로 든다.	5	학습지 배부
소집단 편 성	소집단으로 편성한다(5~6명).	소집단을 편성하여 민주주의보다 더 좋은 대안이 필요한 상황을 조사할 것을 지시한다.		
소집단 활 동	소집단별로 다수의 횡포가 오히려 문제를 야기한 상황 등 민주주의 제도하에서 문제가 발생한 사례를 검색하고 이런 상황에서 민주주의보다 더 좋은 대안이라고 생각하는 정치체를 선정한다.	인터넷 검색 시 검색어를 제시하는 등 학생들의 학습 활동을 돕는다.	25	미리 과제물로 제시 가능
민주주의의 대안 발표 및 논쟁	각 소집단별로 어떤 상황에서 어떤 제도가 민주주의보다 더 나은 대안이라고 생각하는지 발표한다. 다른 소집단에서는 발표자가 선택한 대안에서 어떤 문제점이 야기될 수 있는지 비판한다.	학생들이 민주주의의 대안에 대한 비판을 제대로 하지 못할 때 조금씩 개입하여 날카롭게 비판하는 질문을 던진다. 그러나 지나치게 자주 개입하면 안 된다.	40	
정리 및 차 시 예 고	민주주의 제도의 우월성 이해 및 정리	민주주의 제도의 우월성에 대해 설명. 전체주의 권위주의 체제의 예를 들고 그러한 체제의 사례나 일화 찾아오기	45	논의를 통해 도출한 결론에 벗어나지 않게 정리한다.

차 시	1 / 1			
학 습 목 표	1. 민주주의 사회에서 야기될 수 있는 문제들을 예상할 수 있다. 2. 민주주의 사회에서 야기될 수 있는 문제들을 해결함에 있어서도 민주적 절차가 최선의 방안임을 설명할 수 있다.			
주 요 활 동	민주주의 제도하에서 문제가 발생한 사례 검색 및 제시와 그 이유와 해결 방안에 대한 토의, 결론 도출			
준비물	인터넷, 실물화상기, OHP 필름, 멀티비전			
학 습 단 계	교수-학습 활동		시 간	비고
	학생 활동	교사 활동		
소집단 활 동	소집단별로 다수의 횡포가 오히려 문제를 야기한 상황 등 민주주의 제도하에서 문제가 발생한 사례를 검색하고 이런 상황에서 민주주의보다 더 좋은 대안이라고 생각하는 정치체를 선정한다.	인터넷 검색 시 검색어를 제시하는 등 학생들의 학습 활동을 돕는다.	25	미리 과제물로 제시 가능
민주주의의 대안 발표 및 논쟁	각 소집단별로 어떤 상황에서 어떤 제도가 민주주의보다 더 나은 대안이라고 생각하는지 발표한다. 다른 소집단에서는 발표자가 선택한 대안에서 어떤 문제점이 야기될 수 있는지 비판한다.	학생들이 민주주의의 대안에 대한 비판을 제대로 하지 못할 때 조금씩 개입하여 날카롭게 비판하는 질문을 던진다. 그러나 지나치게 자주 개입하면 안 된다.	40	
정리 및 차 시 예 고	민주주의 제도의 우월성 이해 및 정리	민주주의 제도의 우월성에 대해 설명. 전체주의 권위주의 체제의 예를 들고 그러한 체제의 사례나 일화 찾아오기	45	논의를 통해 도출한 결론에 벗어나지 않게 정리한다.

(3) 모듈 3: 일화 학습 – 비민주주의의 특징과 문제점

ㄱ. **모듈 학습 목표**

① 역사상 존재했던 각종 비민주적 정치체의 특징을 설명할 수 있다.

② 역사상 존재했던 각종 비민주적 정치체의 문제점을 지적할 수 있다.

③ 역사상 존재했던 각종 비민주적 정치체의 문제점을 민주적으로 해

결할 수 있었던 방안은 무엇인지 설명할 수 있다.

ㄴ. 적용된 수업 방법과 시나리오

이 모듈에서는 민주주의의 우월성을 확인한 바탕하에 비민주주의가 어떤 특징을 가지고 있으며, 어떤 문제점을 보이는지 학습하는 것을 목표로 하고 있다. 비민주주의에는 앞에서 살펴본 바와 같이 권위주의와 전체주의가 대표적이다. 이 수업에서는 역사상 존재했던 각종 권위주의 및 전체주의 정치체가 그들의 달콤한 선전 뒷면에서 엄청난 해악을 끼쳤는지, 그리고 이러한 전체주의나 권위주의가 가능했던 원인은 무엇인지 발견하는 것을 목표로 한다. 이 수업의 진행은 [그림 4]와 같다.

도입: 각종 비민주적 정치체 중 현대 사회에 가장 빈번하게 나타난 것이 권위주의와 전체주의임을 제시한다. 그리고 이 정치체들이 어떤 고통을 시민들에게 주는지 조사할 것을 제의한다.

↓

소집단 편성: 소집단(8명 내외)을 편성한다. 학급을 4개로 편성하여 권위주의 2조, 전체주의 2조로 한다. 소집단 내에서는 다시 자료 조사팀과 발표 팀으로 역할을 분담한다.

↓

소집단 조사: 소집단별로 자신들이 맡은 비민주정의 문제점과 이들이 시민들에게 고통을 주었던 사례를 조사한 뒤 이 중 가장 대표적이라고 생각하는 사례나 일화를 선택한다.

소집단 발표 준비: 선택한 사례나 일화를 발표 가능한 형태로 준비한다. 괘도나 파워포인트를 이용할 수도 있고, 역할극의 형태를 이용할 수도 있다.

↓

소집단 발표: 소집단별로 준비된 내용을 발표한다.

↓

정리: 발표에 대한 감상문을 작성하게 하며, 이를 바탕으로 민주주의의 우월성을 다시 확인한다.

[그림 4] 일화 학습 수업 순서

청소년들이 전체주위와 권위주의에 대한 정치학적인 비판을 가하기란 어렵다. 따라서 이 수업에서는 전체주의와 권위주의의 해악을 구체적인 사례와 일화들을 통해서 발견하도록 하는 것이 이 수업의 목적이다. 사례 및 일화는 학생들이 조사해온 것을 발표하도록 하는 것이 가장 좋다. 그리고 발표된 사례나 일화가 갖고 있는 사회적 맥락이나 정치경제적 배경에 대해서는 학생의 폭넓고 심도 있는 이해가 적절한 수준에서 가능하도록 교사의 설명이 필요하다. 학생들의 발표는 연극의 형태로 하는 것도 무방하나 이 경우 학생들이 준비하는 시간을 고려해야 한다. 개인적 발표도 좋으나 소집단 활동 및 소집단 발표를 권장한다. 협동작업의 과정을 통해 좀 더 다양한 각도에서 학습할 수 있는 경험을 갖게 하는 것이 보다 바람직하기 때문이다.

ㄷ. 준비물
- 실물화상기, 멀티비전, OHP 필름 등은 전 차시와 같다.
- 감상문 양식이 필요하다. 예시와 동일할 필요는 없다.

감상문

반　번　이름

각 조의 발표 내용을 요약해 보세요.
1조의 발표

2조의 발표

3조의 발표

4조의 발표

발표된 내용을 보고 어떤 생각이 들었습니까?

이와 같은 상황에서 여러분은 어떻게 했을 것 같습니까?

이러한 사례들을 여러분이 지금 살고 있는 대한민국과 비교해 보십시오

ㄹ. 유의사항

① 사례나 일화를 발표할 때 학생들이 지나치게 흥미 위주로 발표하지 않도록 한다. 특히 최근 엽기 문화의 만연으로 인해 경우에 따라 엽기적인 악행을 한 독재자를 오히려 학생들이 영웅시하거나 동경할 가능성도 있다. 반대로 피해자들이 너무 희화화되지 않도록 발표를 진지하게 이끄는 것도 교사의 책무가 된다.

② 민주주의 사회에서 살고 있는 학생들이 전체주의나 권위주의 사회의 실상에 대해 이해할 수 있는 적절한 사례를 찾기는 결코 쉽지 않다. 특히 대부분의 전체주의나 권위주의 국가는 자국의 정보가 국외로 나가지 않도록 통제하고 있어 이를 더욱 어렵게 한다.

따라서 적절한 사례를 교사가 미리 준비해 두는 것도 필요하지만, 절대 먼저 제시해서는 안 된다. 다만 정보의 소스를 학생들에게 제공할 필요는 있다. 특히 국제사면위원회(http://www.amnesty.or.kr) 같은 경우 많은 정보를 제공할 수 있다.

③ 사례는 정치적인 것보다는 구체적이고 국민들의 일상생활과 관계된 것 일수록 좋을 것이다. 즉 정치적인 반대파에 대한 숙청 등보다는 각종 전체주의나 권위주의가 어떻게 평범한 시민들의 삶을 파괴했는가 하는 사례가 보다 효과적이다.

④ 앞 차시와도 동일하게 적용되는 유의사항이지만 1시간의 수업을 통해 학생들이 비민주주의에 대한 반감과 증오심을 가지도록 유도해서는 안 된다. 이 수업의 목적은 어디까지나 전체주의와 권위주의 같은 비민주적인 정치체의 존재를 알고, 그런 정치체에서 어떤 일이 일어날 수 있는지 확인하는 것이다.

⑤ 전 차시에서 권위주의와 전체주의의 뜻과 간단한 사례들을 조사해 오게 했다면 이 수업을 진행하는 것이 훨씬 더 용이할 것이다.

ㅁ. 각 차시 지도안

차 시	1 / 2			
학 습 목 표	1. 역사상 존재했던 각종 비민주적 정치체의 특징을 설명할 수 있다. 2. 역사상 존재했던 각종 비민주적 정치체의 문제점을 지적할 수 있다. 3. 역사상 존재했던 각종 비민주적 정치체의 문제점을 민주적으로 해결할 수 있었던 방안은 무엇인지 설명할 수 있다.			
주요 활동	권위주의, 전체주의 체제에 대한 사례 수집			
준비물	실물화상기, 멀티비전, OHP 필름			
학 습 단 계	교수-학습 활동		시 간	비고
	학생 활동	교사 활동		
도 입	세계사와 우리 역사상 비민주의 체제의 예에는 무엇이 있나 자유로 이 대답한다. 대개는 전 차시에 이미 예고되었기 때문에 "권위주의", "전체주의"라고 답할 것이다.	비민주의 체제의 종류와 예 를 학생들이 적절히 대답할 수 있도록 발문한다.	3	
소집단 편 성	4개의 소집단으로 모인다. 각 소집 단 내에서 자료를 수집할 학생과 발표를 준비할 학생을 선정한다.	학급을 4개의 소집단을 편성하 여 각 권위주의 1,2, 전체주의 1,2 조로 편성한다.	10	
소집단 활 동	각기 맡은 비민주체에서 문제를 일 으키고 고통을 주었던 사례나 일화 를 수집한다. 수집한 일화들을 검 토 토의한 뒤 이 중 가장 대표적이 라고 생각되는 하나를 선정하여 발 표를 준비한다. 발표는 파워포인트나 괘도와 같은 시각 자료로, 혹은 역할극 같은 실 연의 형태로 준비할 수 있다.	비민주체에서 일어난 고통들 중 하나를 선정해 발표 준비 하도록 독려한다. 필요할 경우 미리 준비한 일화 들을 제공할 수 있으며, 사례를 찾도록 정보를 제공할 수 있다. 발표를 할 때는 최대한 그 사례 나 일화가 청중들에게 효과적으 로 전달될 수 있도록 준비해야 함을 주지시킨다.	44	개 방 된 인 터 넷
차 시 예 고		차시에 발표가 있을 것임을 알 린다.	45	

차 시	2 / 2			
학 습 목 표		1. 역사상 존재했던 각종 비민주적 정치체의 특징을 설명할 수 있다. 2. 역사상 존재했던 각종 비민주적 정치체의 문제점을 지적할 수 있다. 3. 역사상 존재했던 각종 비민주적 정치체의 문제점을 민주적으로 해결할 수 있었던 방안은 무엇인지 설명할 수 있다.		
주 요 활 동		권위주의, 전체주의 체제에 대한 사례 발표		
준비물		실물화상기, 멀티비전, OHP 필름		

학 습 단 계	교수-학습 활동		시 간	비고
	학생 활동	교사 활동		
도 입	각 소집단별로 발표를 준비한다.	발표가 있을 것임을 알리고 발표를 준비한다.	3	
소집단별 발표	각 소집단별로 준비된 내용을 발표한다.	발표가 원활하게 진행되도록 돕고, 필요한 기술적인 지원을 한다.	25	칠판자석, 멀티비전
문제에 대한 토론	각 소집단별 발표가 끝나면 사례나 일화에 대한 의문점을 질문하고, 필요한 경우 잘못 된 점 등도 지적하면서 토의를 진행한다. 교사의 발문에 따라 저와 같은 상황에서 어떤 다른 대안이 있었는지 생각한다.	적절한 질문이나 설명으로 사례와 일화의 맥락과 정치경제적 배경을 설명한다. 발문 예시) 1. 저 사람들은 왜 저런 선택을 했을까? 2. 저 선택은 얼마나 많은 고통을 주었을까? 3. 저 선택 외에 다른 대안은 없었을까? 4. 네가 그와 같은 상황이라면 무엇을 선택했을까? 토의가 마무리 단계에 이르면 이런 일들은 민주적인 체제에서는 발생할 수 없는 문제들임을 확인하고 정리한다.	44	
정리 및 차시 예고	감상문 양식을 배부받고 이를 작성한다.	감상문 양식을 배부하고 차시까지 완성하도록 한다.	45	

(4) 모듈 4: 소집단 토의학습 – 민주주의와 수호자주의

ㄱ. 모듈 학습 목표

① 수호자주의의 개념을 안다.

② 민주주의에서 수호자주의가 등장할 수 있는 가능성을 인식한다.

③ 수호자주의가 등장하지 않게 하기 위해 민주시민으로서의 어떠한 의식을 가져야 하는지에 대해 인식한다.

ㄴ. 적용된 수업 방법과 시나리오

수호자주의는 각종 비민주주의를 합리화시키는 가장 매혹적인 이데올로기이다. 이 수호자주의는 구체적인 정치체나 정책의 형태로 나타나지 않고 항상 가치와 신념의 형태로 반영되기 때문에 더욱 위험하다. 특히 이 가치나 신념은 민주주의 국가의 시민들의 내면에서도 쉽게 발견될 수 있다. 따라서 민주주의 교육이 소기의 목적을 달성하려면 학생들이 알게 모르게 내면화하고 있을 매혹적인 수호자주의를 노출시켜 이를 깨뜨려야 한다.

그런데 수호자주의는 항상 민주주의에 대한 비판과 논쟁 속에서 발전하였다. 따라서 수호자주의를 다루는 학습도 논쟁학습의 형태로 진행되는 것이 바람직하다. 결국 수호자주의가 제기되는 근본적인 물음은 현명한 소수가 다스리는 통치제도가 다수가 통치하는 것보다 우월한가 하는 것이다. 이 수업에서도 바로 이 질문을 던지고 여기에 대하여 논쟁학습을 진행한다.

이 모듈은 논쟁학습 중에서도 소집단 토의 학습(Pro Con)모형을 사용한다. 원래 Pro Con 학습은 다음과 같은 단계에 따라 진행된다.

1단계: 소집단들 구성, 동일한 과제 부여

2단계: 소집단을 상반된 주장을 하는 두 개의 소집단으로 분화

3단계: 소집단 내에서 상반된 주장 발표

4단계: 상대방 주장에 대한 분석·비판

5단계: 서로 입장을 교대하여 상대방 주장의 허점 등 지적

6단계: 종합토론

문제제기: 수호자 주의의 논리를 소개한다. 그리고 현명한 한 사람, 혹은 소수가 통치하는 것과 다수가 통치하는 것, 어느 것이 시민들에게 더 좋은 결과를 가져올 것이라 생각하는지 문제를 제기한다.

↓

소집단 편성: 5~6명씩 6개의 소집단으로 학급을 편성한다. 다시 소집단을 두 개의 소조로 나누어 각 민주주의와 수호자주의의 입장을 대변하게 한다.

소집단 토의: 각각의 소집단 내부에서 소조별로 각기 민주주의 혹은 수호자주의를 옹호하는 논쟁을 진행한다. 어느 정도 시간이 지나면 이번에는 소조별로 입장을 반대로 바꾸어서 논쟁을 진행한다. 논쟁이 끝나면 최종적으로 소집단의 입장을 결정한다.

↓

소집단별 발표 및 토론: 각 소집단은 자기 집단에서 어떤 입장을 선택했는지 소개하고 그 근거를 제시한다. 여기에 대해 전체 토론을 전개한다.

↓

정리: 소집단별 토의 및 전체 토론 결과를 정리하고 수호자 주의가 매혹적인 이면에 어떤 허점이 있는지 확인하고 민주주의가 최선의 대안임을 확인한다.

[그림 5] 소집단 토의학습 수업 순서

원래 이 모형은 특정한 가치관을 습득하고 내면화하기 위한 것이 아니라 토론을 통해 문제를 해결하고 의사결정 할 수 있는 능력을 함양하는 것이 목적이다. 따라서 이 수업은 원칙적으로 민주주의와 수호자주의를 동등한 자격으로 취급한다. 즉 민주주의를 처음부터 선택해야 할 정답으로 전제하지 않는다. 사실 수호자주의는 대단히 매혹적이고 역사가 오래된 이데올로기이기 때문에 스스로 극복하지 않는 한 사라지지

않는다. 따라서 수호자주의의 비판을 주입식으로 하는 것은 무의미하다. 이런 점에서 서로 입장을 바꾸어서 논쟁을 반복하는 Pro Con모형은 매우 유용한 방법이다. 또 이 방법을 채택하게 된 기저에는 정상적인 사고방식을 가지고 정상적인 논쟁이 진행되는 한 민주주의를 선택할 수밖에 없다는 믿음도 깔려 있다. 이 수업은 [그림 5]와 같이 진행된다.

ㄷ. 준비물

- 실물화상기, 멀티비전, 괘도 등 일반적인 토의 토론 학습에 필요한 준비물들
- 수호자주의의 특징을 보여주는 학습지(교사가 직접 준비한다. 플라톤, 아리스토텔레스, 유교사상 등에서 이러한 주장을 쉽게 찾아볼 수 있다. 특히 2003년 이후 청와대 브리핑 등의 정치 게시판에서는 작금의 일시적인 혼란과 갈등을 빌미삼아 수호자주의를 선동하는 글들을 많이 찾아볼 수 있다).

생각을 여는 글(예시)

다음의 견해들에 대해 어떻게 생각하는가?

- 플라톤은 민주주의가 대중들의 인기에 영합하고 이들을 선동하려는 정파 간의 싸움으로 변하고 말 것이라 생각했다. 모든 시민들이 주인이 되어 통치하는 것은 말만 그럴 뿐, 실제로 시민들은 국가의 이익보다는 자신의 이익을 추구하기 때문에 이런 싸움이 일어나는 것이다. 또 제대로 공부하지 않은 일반 시민들에게 국가의 장래를 위해 가장 현명한 길이 무엇인지 발견하기를 기대하는 것은 무리한 요구다. 따라서 개인의 이익보다 공공의 이익을 먼저 생각할 줄 알고, 이를 위해 사유재산이나 가족도 포기한, 그리고 국가의 장래를 판단함에 충분한 학식과 덕망을 갖춘 그런 철인들이 통치를 전담하는 것이 옳다.

- 아리스토텔레스는 다수가 다스리면 폭민정치가 되고 한 사람이 다스리면 독재정치가 되어 모두 극단적이니까 바람직하지 않다고 하였다. 따라서 그 중간

에 위치한 정치, 즉 합리적인 중산층들이 통치하는 과두정이 민주주의와 독재 양 극단에 치우치는 것을 막아줄 것이라 생각했다.

- 공자는 사리사욕을 탐하고 국가와 천하의 일을 다룰 만한 지식과 소양이 부족한 소인들에게 나랏일을 맡기는 것이 망국의 길이라 주장했다. 따라서 거기에 합당한 격물치지의 지식을 갖추고, 또한 거기에 합당한 인의예지의 덕을 갖춘 군자가 국가를 맡아서 통치하는 것이 바람직하며, 소인이나 농민들은 생산에 종사하는 것이 옳다고 주장하였다.

- 이인화는 그의 소설 『영원한 제국』에서 어리석은 백성들, 혹은 어리석은 신하들에 의해 이해되지 못하고 뜻을 펴지 못한 위대한 군주 정조의 비극을 설파한다. 그리고 위대한 군주 정조가 자기 뜻을 펴지 못하도록 만든 조선의 토론 정치 문화가 결국 우리나라가 근대화에 뒤떨어지게 만들었다고 주장한다.

- 이 견해들은 모두 전체 인민들이 통치에 참여하는 것보다 통치할 만한 자격을 갖춘 소수가 통치하는 것이 국가를 위해 더 바람직하다는 주장을 하고 있다. 이러한 주장을 수호자주의라고 한다. 여러분은 수호자주의에 찬성하는가, 아니면 반대하는가?

ㄹ. 유의사항

① 이 수업은 수호자주의의 정확한 정의와 성격을 알아보는 것이 목적이 아니다. 따라서 용어에 지나치게 집착하지 않도록 유의한다. 다만 이 수업에서 목표로 하고 있는 것은 전체 인민이 아니라 탁월한 한 사람 혹은 탁월한 소수가 통치하는 것에 대한 동경이나 향수를 근절하는 것이다. 따라서 학생들은 정확한 자료나 근거에 의해 토론하는 것이 아니라 순전히 논리와 주관적 견해를 노출시키며 토론해야 한다.

② 소집단별로 토론하고 그 결과를 전체 학생들에게 발표하는 과정에서 지나치게 발언이 장황해지지 않도록 지도하며, 그 결과에 대해 교사가 가치판단을 하지 않도록 한다.

③ 전체 토론을 마무리하면서 수호자주의가 가져온 비극적인 결과(정

조 이후의 조선, 히틀러, 건륭제 이후의 청조)등의 사례를 제시하는 것도 바람직하다. 그러나 가급적이면 이런 사례들을 학생들 스스로 생각해 내도록 전체 토론을 잘 이끄는 것이 중요하다. 명심할 것은 문제제기식 교육의 입장에서 교사는 학생과 대등한 입장에서 상호 작용하지만 그렇다고 해서 학생이 되는 것은 아니라는 것이다.

ㅁ. 각 차시 지도안

차 시	1 / 1				
학습 목표	1. 각종 수호자주의들의 공통의 전제가 무엇인지 설명할 수 있다. 2. 일상생활, 혹은 정치현상 중에 수호자주의를 발견, 분류할 수 있다. 3. 수호자주의의 위험성과 왜 민주주의의 대안이 될 수 없는가 설명할 수 있다.				
주요 활동	소집단별 토론. 전체 토론				
준비물	실물화상기, 멀티비전, 괘도 등				
학습 단계	교수-학습 활동			시 간	비고
	학생 활동	교사 활동			
도 입	학습지를 보면서 생각한다.	수호자주의의 견해들을 보여주는 학습지를 배부하고 문제를 제기한다. "민주주의와 수호자주의 어느 것이 더 좋은 정치일까?"		3	
소집단 편 성	소집단별로 원탁을 만들어 모인다.	학생들을 5~6명의 6개의 소집단으로 편성한다.		8	
소집단 토의 1	소집단 내부에 다시 두 조를 만들어서 각 민주주의, 수호자주의의 입장에 서서 논쟁한다.	조별로 토론이 진행되는 상황을 확인하고 지켜본다. 필요한 정보나 지식 등의 조언을 제공할 수 있다.		18	
소집단 토의 2	소집단 내부의 소조들이 민주주의, 수호자주의의 입장을 반대로 바꾸어서 다시 논쟁한다.			28	
소집단 입장 결정	각 소집단별로 최종적인 입장을 결정한다.	조별로 진행된 결과를 간단히 평가, 언급하면서 정리한다.		33	
소집단 입장 발 표 및 전 체 토론	각 소집단별로 결정한 최종 입장과 그 근거를 간단하게 발표하고, 거기에 대해 질의 응답한다.	전체토론을 진행한다.		43	
정 리	토론 결과를 정리하며 수호자주의가 위험한 이유에 대해 숙고한다.	토론결과를 정리하며 수호자주의의 환상과 폐해에 대한 다른 사례를 찾아볼 수 있는 소스를 제공한다.		45	

2. 단원 2: 한국 민주주의 이행과정과 공고화과제의 이해

1) 단원의 학습목표

1. 한국의 민주화 이행과정에 대해 설명할 수 있다.
2. 한국의 발전을 민주화 운동과 연계하여 설명할 수 있다.
3. 한국의 민주화 이행과정에서 무엇이 완수되었으며, 미완성의 과제 는 무엇인지 지적하여 설명할 수 있다.

2) 단원의 구성

이 단원은 비민주주의가 민주주의로 교체되는 과정인 민주화를 우리 나라의 민주화 운동 사례들을 소재로 삼아 학습하는 단원이다. 이미 학 생들은 1단원을 정상적으로 이수한 상태이기 때문에 민주주의에 대한, 그리고 각종 비민주주의에 대한 기본적인 상을 그릴 수 있을 것이다. 이때 우리나라 역시 1987년 이전에는 권위주의와 전체주의로 인해 고통 받았음을 알려주게 되면 학생들은 상당한 충격을 받을 것이다.[38]그리고 당연히 어떤 과정을 통해 우리나라가 오늘날과 같은 비교적 안정된 민 주주의를 구축하게 되었는지 호기심을 가질 것이다.

2단원은 바로 이 부분을 채워주는 역할을 한다. 학생들은 한국의 강 인한 민주화 운동의 역사와 전통, 그리고 정신을 배우고, 그럼에도 불

---

38) 우리나라가 비민주주의로 고통 받았음을 당연히 알 것이라 생각하면 안 된다. 오늘의 청소년들은 모두 87년 6월항쟁 이후에 출생했다. 그들은 태어나는 순간 민주화되 고 선진화된 나라만 보아 왔다. 따라서 그들은 북한에서나 있을 법한 일이 우리나 라에도 있었음에 충격을 받을 수 있다.

구하고 우리가 계속 해결해야 할 문제는 무엇인지 생각할 기회를 가지게 된다.

기본적으로 2단원은 연결 고리의 역할을 하고 있다. 즉 민주주의에 대한 일반론에서, 실제 경험적이고 체험적인 민주주의 교육으로 넘어가기 위해 역사적인 사례들을 활용하는 것이다. 또한 이를 통하여 우리나라의 민주주의가 어떤 과정을 통해 이루어졌으며, 어떤 점들이 취약한지를 발견하도록 구성하였다.

〈표 4〉 단원 2의 구성

단원 명	단원 학습 목표	구성 모듈	차시	차시별 수업 내용	
				학습내용	활동내용
2. 한국 민주주의 이행 과정과 공고화 과제의 이해	1. 한국의 민주화 이행과정에 대해 설명할 수 있다. 2. 한국의 발전을 민주화 운동과 연계하여 설명할 수 있다.	시청각 학습 간접 체험 극화 학습	4	민주화 운동의 사례 민주화 운동 이전과 이후의 한국 6월항쟁과 유사한 교실 1속 상황을 이용한 극화학습	전 단원에서 학습한 민주주의와 비민주주의의 기본개념을 활용하여 우리나라 민주화 운동의 사례들을 분석적으로 이해하고, 여기에서 무엇이 개선되었고, 무엇이 여전히 문제인지 발견한다.
	3. 한국의 민주화 이행과정에서 무엇이 완수되고 무엇이 미진한지 설명 할 수 있다.	시청각을 이용한 사례 발견 학습	2	일상생활 속의 민주주의 사례 (외국) 우리나라의 경우 비교 후 미진한 과제 발견	민주주의가 생활 속에 정착된 나라의 사례와 같은 쟁점이 우리나라에서 어떻게 해결되는지 비교함으로써 생활, 문화 차원의 민주주의 공고화의 과제를 발견한다.

이를 위해 처음에는 한국의 민주화 운동에 대한 역사적 사실을 습득하는 시간을 가지고 다음으로는 민주화 운동이 일어날 수밖에 없는 상황을 체험하도록 하며 마지막으로는 자신의 일상을 돌아보면서 민주화

운동의 결과에도 불구하고 아직 해결되지 않은 과제는 무엇인지 발견하도록 단원을 구성하였다. 이는 결국 정치체 중심의 민주주의에서 시민사회중심, 문화와 생활 중심의 민주주의로 시야를 압축하는 효과가 있다. 2단원은 <표 4>와 같이 구성되었다.

3) 모듈별 지도안

(1) 모듈 1: 한국 민주주의의 이행과정

ㄱ. 모듈 학습 목표

1. 우리나라가 민주화되기까지 어떤 과정을 거쳤는지 설명할 수 있다.
2. 우리나라의 주요 민주화 운동에 대해 설명할 수 있다.
3. 우리나라 주요 민주화 운동의 목표들이 무엇인지 설명할 수 있다.
4. 우리나라 주요 민주화 운동의 목표들 중 무엇이 이루어졌고, 무엇이 이루어지지 않았는지 설명할 수 있다.

ㄴ. 적용된 수업 방법과 시나리오

이 모듈에서 사용하는 수업모형은 시청각 자료를 활용하는 발견 학습이다. 1998년부터 이른바 교실 선진화 기자재라 불리는 각종 시청각 기기가 일선 학교에 보급되었다. 그러나 시청각 학습은 단순히 시청각 자료를 수동적으로 시청하는 것이 아니라는 점을 망각한 하드웨어적인 투자는 결국 소기의 목표를 거두기도 전에 기자재만 구(舊)모델로 전락하여 교체해야만 하는 수모를 겪고 말았다.

시청각 자료와 기자재는 어디까지나 수업을 위한 보조자료로 제시되어야 한다. 그리고 이렇게 제시된 시청각 자료를 통해 학생들이 주도적

으로 문제를 발견하고 해결해 나갈 때 비로소 그 역할을 제대로 했다고
볼 수 있다.

　이 수업은 시청각 자료를 제시하기에 앞서 문제제기를 함으로써 학생
들의 능동적인 감상을 독려한다. 그리고 수동적 감상의 태도를 지양하
기 위해 학생들이 시청각 자료를 시청 할 때 분석적으로 감상하도록 유
도하며, 시청각 자료를 감상하면서 제기된 문제의 해답을 찾도록 되어
있다. 이를 위해 미리 제작된 분석틀을 제시하는 것도 나쁘지 않지만,
이 경우에는 미리 질문들을 제한함으로써 학생들이 시청각 자료를 통해
더 많은 발견을 할 기회를 차단할 수도 있음을 유의해야 한다.[39]

　이 수업의 진행을 요약하면 [그림 5]와 같다.

문제제기: 민주화 이전과 이후 한국의 여러 지표들을 보여준다. 그리고 그 결정적인 질적 변화가 1987년에 있었음을 발견하도록 한다.

↓

민주화운동 발견: 1987년 결정적인 변화가 있기까지 어떤 일들이 있었는지, 역사책이나 기타 자료 등을 통해 민주화 운동들이 있었음을 발견한다.

↓

시청 분석틀 배부: 시청각 자료를 분석적으로 시청하기 위해 필요한 분석틀을 배부한다.

↓

자료 시청 및 분석틀 작성: 시청각 자료를 시청하며, 분석틀을 작성한다.

↓

소집단 토의 및 정리: 소집단별 토의를 통하여 소집단별 분석 결과를 작성한다.

↓

토의결과 발표 및 정리: 토의 결과를 발표하고, 민주화 운동의 의의와 과제를 정리한다.

[그림 5] 한국 민주주의 이행과정 수업 순서

---

39) 그러나 실제로는 입시교육과 학원식 문제풀이 교육에 찌든 한국 청소년들이 더 많은
　　발견을 할 가능성은 거의 없다. 따라서 분석틀을 미리 제시하는 편이 오히려 효과적이
　　다.

ㄷ. 준비물

- 생각 열기 자료
- 시청각 자료(민주화운동 기념사업회에서 발행한 역사다시보기 시리즈를 실정에 맞게 편집하여 사용하는 것을 권장)
- 시청각 자료를 재생할 장치, 멀티비전
- 자료 검색용 컴퓨터 2대 이상
- 2절지 10매, 매직 10개
- 시청각자료 분석틀

(문제제기용 자료예시) 이 표를 보고 우리나라의 국민소득이 비약적으로 성장한 시기와 정체된 시기를 발견하고, 그 시점에 어떤 일이 있었는지 알아보자.

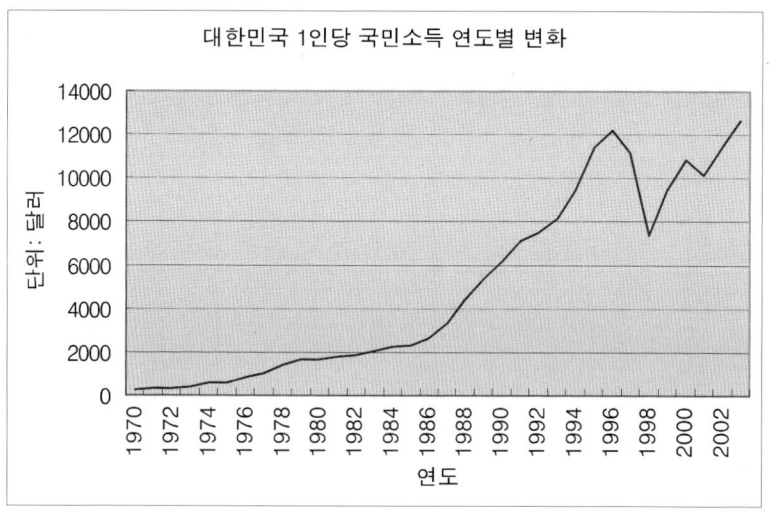

ㄹ. 유의사항

① 이 수업에서 원본으로 사용할 비디오 자료 『역사다시보기』는 4·19 혁명, 5·18 민주항쟁, 6월 민주항쟁 세편의 다큐멘터리 자료가

CD 한 장에 들어 있다. 이 자료는 '민주화 운동 기념 사업회 (www.kdemocracy.or.kr)'에서 내려 받기 할 수 있다.

② 『역사다시보기』 영상자료는 그 대상 연령대에 대한 고려가 전혀 없으며, 모두 합하면 세 시간에 달한다. 따라서 교사는 학생들의 연령 등을 고려하여 약 30~40분가량의 편집 본을 제작하여야 한다.

③ 이 수업의 목적은 시청각 자료를 통하여 정보를 전달하려는 것이 아니다. 따라서 시청각 자료가 지나치게 상세한 내용까지 다루지 않도록 사전에 적절한 편집을 가해야 한다.

④ 비디오 자료 『역사다시보기』는 편집하더라도 저학년이 이해하기는 어려운 내용으로 구성되었다. 고학년, 아니 성인이라 할지라도 80년대를 경험하지 않은 세대는 단지 비디오상의 몇 마디만 가지고는 이해하기 어렵다. 이 경우는 5분 정도의 짧은 단락들로 비디오 내용을 나눈 뒤 각 짧은 단락이 끝날 때마다 교사가 풍부한 관련 해설을 곁들이는 것이 보다 효과적이다. 젊은 교사일 경우 학급에 수업을 들어오는 교사들 중 386세대 교사를 초빙하여 체험담을 들어볼 수도 있을 것이다.

ㅁ. 각 차시 지도안

차 시	1 / 2			
학 습 목 표	1. 우리나라가 민주화되기까지 어떤 과정을 거쳤는지 설명할 수 있다. 2. 우리나라의 주요 민주화 운동에 대해 설명할 수 있다. 3. 우리나라 주요 민주화 운동의 목표가 무엇인지 설명할 수 있다. 4. 우리나라 주요 민주화 운동의 목표 중 무엇이 이루어졌고, 무엇이 이루어지지 않았는지 설명할 수 있다.			
활 동	1. 민주화 운동 발견 2. 비디오 시청 3. 비디오 분석			
학 습 단 계	교수-학습 활동		시 간	비 고
	학생 활동	교사 활동		
문 제 제 기	제시된 자료들과 역사책 등을 참고하여 결정적 계기를 발견한다.	한국의 발전된 오늘과 정체된 과거를 비교하며, 그 사이에서 민주화의 가치를 발견하도록 다양하게 발문을 통해 유도한다.	5	
기 본 개 념 제 공		민주화 운동에 대하여 간단하게 설명한다.	10	
분 석 도 구 안 내	분석도구를 배부받고, 그 내용에 대해 숙지한다.	비디오를 시청하기 위한 분석 도구를 배부하고 사용법에 대해 안내한다.	15	
비 디 오 시 청	비디오를 시청하면서 분석도구를 이용하여 내용을 정리한다. 필요한 경우	편집한 비디오를 재생한다.	44	사전에 비디오 시간을 정확하게 측정하여 오차가 없도록 하여야 한다. 4대 항쟁을 모두 다루는 것이 바람직하나 사정에 따라 4·19와 6월항쟁만을 다루는 것도 가능하다.
차 시 예 고		차시에 소집단별로 발표대회가 있을 것임을 예고한다.	45	비디오 시간을 조금 짧게 하고 소집단을 편성하기 위한 시간을 확보하거나, 비디오 시청에 대한 약간의 팔로우업을 실시하는 것도 가능하다.

차 시	2 / 2			
학 습 목 표	1. 우리나라가 민주화되기까지 어떤 과정을 거쳤는지 설명할 수 있다. 2. 우리나라의 주요 민주화 운동에 대해 설명할 수 있다. 3. 우리나라 주요 민주화 운동의 목표들이 무엇인지 설명할 수 있다. 4. 우리나라 주요 민주화 운동의 목표들 중 무엇이 이루어졌고, 무엇이 이루어지지 않았는지 설명할 수 있다.			
활 동	1. 소집단 토의 2. 소집단별 발표 및 정리			

학 습 단 계	교수-학습 활동		시간	비고
	학생 활동	교사 활동		
도 입		학생들을 소집단별로 배치하고 전시에 작성한 분석내용을 검사한다.	5	
소집단 별 토의	소집단 구성원들끼리 분석 내용을 검토하고, 이를 바탕으로 소집단별 분석 결과를 작성한다.	2절지와 매직을 소집단별로 배부하고, 소집단의 토의내용을 정리하여 작성하도록 한다. 또한 소집단 토의 도중에 제기되는 질문이나 정보제공 요구에 적극적인 안내자 역할을 한다.	20	
소집단별 발 표	소집단별로 정리한 분석결과를 발표한다.	발표회를 진행하며, 이것이 어수선해지지 않도록 조직적으로 유도한다.	35	
토 의 결 과 정 리	각 소집단별 발표물들을 상호 비교하며, 핵심적으로 반복되는 내용이 무엇인가 비교하고, 이를 바탕으로 토의 결과를 정리한다.	각 소집단별 발표물들을 상호 비교하며, 핵심적으로 반복되는 내용이 무엇인가 비교하도록 하며, 이를 바탕으로 토의 결과를 정리하도록 한다.	44	
차 시 예 고		차시를 위하여 각 소집단별로 6월항쟁에 대한 기본적인 자료 조사에 대해 안내한다.	45	

(2) 모듈 2: 체험 6월항쟁 – 유사사례 극화 학습

ㄱ. 모듈 학습 목표

1. 억압적인 상황을 민중의 힘으로 민주화시키는 경험을 유사한 간접 경험을 통해 체험한다.

2. 간접 경험한 유사 사례에서 6월항쟁을 유추할 수 있다.

3. 6월항쟁의 의의를 이해하고, 이를 다양한 사례에 적용할 수 있다.

ㄴ. 적용된 수업 방법과 시나리오

이 수업에 적용된 모형은 유사사례를 통한 극화 학습이다. 이는 실제 주제가 되는 사례가 거시적이거나 청소년들의 경험과 동떨어졌을 경우 가정, 학교 등에서 이와 가장 비슷한 사례를 발견하여 이를 연극으로 꾸미는 수업을 의미한다. 이러한 형태의 공인된 수업 모형은 존재하지 않으며 연구자가 새로이 개발한 모형이라고 할 수 있지만 가장 유사한 모형을 예로 든다면 DIE라고 해야 할 것이다. 그러나 DIE는 주제가 되는 토픽을 직접 즉흥극으로 구성하는 반면, 이 수업에서는 그것과 가장 유사한 사례를 극화한다는 점에서 큰 차이를 보인다.

이러한 방법을 사용한 이유는 2000년대의 청소년들이 6월항쟁과 같은 민주화 운동을 그 시대의 맥락으로 체험하기가 어렵기 때문이다. 실제로 청소년들이 6월항쟁의 주요 역할 당사자들인 정치인, 대학생, 재야 운동가, 화이트칼라에 대해 공감하고, 역할 취득한다는 것은 불가능한 일이다. 따라서 이 수업은 청소년들이 자신들이 공감할 수 있는 유사한 상황을 극화함으로써 6월항쟁을 간접 체험하는 것을 목적으로 하고 있다.

그렇다면 6월항쟁과 비슷한 상황을 국가 차원 혹은 정치사회 차원에서 구성한다는 것은 어렵고, 가정이나 교실 같은 청소년들이 직접 일상에서 체험할 수 있는 미시적 차원에서 구성할 필요가 있다. 이런 미시적 차원의 간접경험을 연극으로 구성해 봄으로써 청소년들은 6월항쟁 그 자체는 아니더라도 6월항쟁이 일어날 수밖에 없었던 당시 시민들의 상황을, 그리고 항쟁을 통해 경험한 자유의 기쁨 등을 체험할 수 있다.

그러나 이 수업의 궁극적인 목적이 6월항쟁을 이해하는 것이기 때문에, 이러한 정서적 간접 체험으로 그쳐서는 안 된다. 교사는 이러한 정서적 간접체험을 바탕으로 이를 6월항쟁으로 유추할 수 있도록 학생들을 이끌어야 한다. 이 수업의 진행은 [그림 6]과 같다.

문제제기: 억압적인 지배자를 단결된 힘으로 물리치고 민주주의를 쟁취한 상황을 교실에서 청소년들이 주인공으로 등장하도록 구성한 이야기를 학생들에게 나누어 준다.

↓

소집단 편성: 학급을 2개의 소집단으로 편성한다. 소집단의 구성원은 다양한 종류의 학생들이 골고루 분포되어야 한다.

↓

소집단별 극화 제작: 나누어 준 이야기를 바탕으로 소집단별로 이를 각색하여 상황극으로 구성하거나 캠코더를 이용하여 영화로 제작한다.

발표: 제작한 연극이나 영화를 발표한다. 교사는 이때 축제와 같은 분위기를 조성하여야 한다.

↓

6월항쟁 자료 분석: 상황극이나 영화의 공연(상영)이 끝난 뒤 간단한 품평회를 가지고, 교사가 미리 준비한 6월항쟁 관련 자료를 배부한다.

유추: 감상했던 연극, 영화와 6월항쟁을 비교 유추한다.

↓

정리: 6월항쟁에 참가한 학생, 시민들의 입장을 이해하고, 억압적 정치체에 대항한 민주화 운동의 의의에 대해 정리한다.

[그림 6] 체험 6월항쟁 시나리오

ㄷ. 준비물

- 교실 민주화를 보여주는 이야기(예: 황석영의 소설 「아우를 위하여」)[40]
- 6월 민주화 운동 사료집, 6월 민주화 운동 기록 영상물(민주화운

---

40) 「아우를 위하여」를 이용할 경우 이 이야기가 1950년대 이야기임을 유념해야 한다. 따라서 원작 소설을 제시하는 것은 큰 효과가 없고, 무대를 오늘날 학교로 바꾼 뒤 매우 단순화시킨 줄거리로 제시해야 할 것이다. 그러나 이런 종류의 이야기는 일상에서 흔히 찾아볼 수 있기 때문에 구태여 이 소설을 고집할 이유는 없다.

동 기념사업회 『역사다시보기―셋』) 등을 발췌하여 간단한 읽기자료를 사전 제작한다.

6월항쟁 읽기 자료 예시

80년 서울의 봄과 광주를 밟고 등장한 제5공화국(대통령 전두환)은 '정의 사회 구현'과 '의식 개혁', '선진 조국 창조'를 부르짖었다. 그러나 그것은 허울 좋은 명분일 뿐 실제로는 민주화를 요구하는 국민들을 탄압하려고 경찰 등 폭압 기구를 강화하여 정권 유지의 방패막이로 삼고, 자유 민주주의를 뿌리째 흔드는 폭력을 서슴없이 저질렀다. 집회와 시위에 관한 법률, 노동관계법, 국가 보안법 등을 개악하여 국민의 기본권마저 제한하고 정치적 반대 세력을 더욱 강력히 탄압하였다. 전 정권은 1980년 말 언론사를 통폐합하고 언론 기본법을 만들어 언론을 권력의 시녀로 만들었다.

이런 속에서 1985년 2월 12일 실시된 총선의 결과는 국민들의 5공 정권에 대한 분노를 상징적으로 드러내준 것이었다. 1984년 11월 30일 3차 해금으로 풀려난 구신민당 출신 전직 의원들은 1985년 1월 18일 김대중·김영삼의 지원을 받아 신한민주당(약칭 신민당)의 창당 대회를 서울 앰베서더 호텔에서 가졌다. 대의원 523명이 참가한 창당 대회는 이민우 창당준비위원장을 당 총재로 뽑고, 김녹영, 이기택, 조영하, 김수한, 노승환 등 5명을 부총재로 선출하였다. 이 날의 신민당 창당은 2월 12일로 예정된 제12대 총선을 대비한 것이었다. 신민당 창당을 계기로 민주 세력의 결집은 날로 가속화되었다.

선거 결과는 놀라운 것이었다. 선거 결과 지역구 총 의석수 184석 중 신민당은 92개 지구당에서 50명이 당선되어 기염을 토했다. 집권당인 민정당이 87석을, 그리고 종래의 제1야당이었던 민한당은 26석에 불과한 부진한 성적을 기록하였다. 이에 따라 민정당은 전국구 61석을 합쳐 148석, 신민당은 17석을 합쳐 67석, 민한당은 9석을 합쳐 35석이 되었다. 이로써 신민당은 민한당을 물리치고 창당한 지 불과 25일 만에 제1야당으로 부상하였다.

신민당은 5월 9일 민한당 부총재 이태구의 입당으로 헌정 이후 최대 의석인 103석을 확보, 거대 야당으로 발돋움하였다. 이런 힘을 배경으로 국회가 열리자 신민당은 직선제 개헌을 강력히 요구하였고, 민주화 운동 세력도 군사 독재 정권 타도와 이를 위한 직선제 개헌을 적극 주장하였다. 집권세력은 개헌을 요구하는 대중 집회를 물리적 힘으로 탄압하면서 국민의 민주화 요구를 사회 혼란을 조성하는 행위로 매도하였다.

권인숙과 박종철

권인숙은 대학 출신으로 노동 운동에 뛰어들어 비합법단체에서 활동하던 여성이다. 그녀가 1986년 6월 부천 경찰서에서 추악한 성고문을 받았다는 사실을 폭로하면서 온 나라가 발칵 뒤집어진다. 권인숙의 진술하고 도도한, 그리고 당당한 눈물의 법정 발언은 독재 정권의 부도덕성과 폭력성을 들추어내기에 충분했다.

그렇게 해를 넘기고 이번에는 박종철 고문치사 사건이 터졌다. 박종철은 반정부 운동을 하던 친구의 행방을 대라는 남영동 대공분실 수사관들의 요구에 불응하며 끔찍한 고문을 견디다가 목숨을 잃은 것이었다. (1987.1.14) 다음날 치안본부장은 박종철이 죽은 까닭을 "냉수를 몇 컵 마신 후 심문을 시작, 박종운 군의 소재를 묻던 중 갑자기 '억!' 소리를 지르면서 쓰러져, 중대 부속병원으로 옮겼으나 12시경 사망하였다"고 발표하였다. 또한 이 자리에 같이 있던 치안 본부 대공 담당 차장은 "책상을 '탁' 치니 박 군이 '억!' 하고 쓰러졌다."라고 덧붙여 설명하였다. 이런 어처구니없는 경위 발표는 시민적 공분을 더욱 부채질하였다. 어느 시민은 "박 군 관계 신문 기사를 보면서 부부가 함께 울어버렸던 우리들의 아픔을 당신들은 정녕 아는가?"라는 글을 언론사에 보내기도 했다. 이제 더 이상 국민들은 80년 민주화 열망을 짓밟고 등장한 제5공화국을 자신들을 대표하는 정부로 인정하지 않았다. 국민들의 억눌린 감정은 한꺼번에 터지기 시작했다. 관련자 처벌 및 대통령 직선제 개헌 요구 시위가 급격히 늘어나기 시작했다. 박종철 고문치사 사건으로 정국은 중대 고비를 맞게 된 것이다.

4·13 호헌 조치 그리고 6월……

이런 상황 속에서 4월 13일 전두환 정권은 평화적 정권 교체란 명분을 앞세워 국민의 여망이던 직선제 개헌을 하지 않겠다는 이른바 '4·13 호헌(護憲)조치'를 선언하였다. 4·13 호헌 조치 뒤에 민주화를 바라는 국민 대중의 결의는 더욱더 강해졌다. 각계각층에서 호헌 철폐를 요구하는 시국성명을 내고, 각계와 각 지역을 대표한 2200여 명의 발기인이 참가하여 [민주헌법쟁취 국민운동본부]를 만들었다. 국민운동본부는 박종철 고문살인을 규탄하고, 호헌 철폐를 요구하는 국민대회를 6월 10일 대규모로 벌이기로 결정했다. 6월 10일 그날은 민정당의 대통령 후보 지명대회가 열리기로 예정되어 있던 날이기도 했다. 6월 5일 국민운동본부는 국민대회 행동 요강을 발표한다.

오후 6시 국기하강식을 기하여 전 국민은 있는 자리에서 애국가를 제창한다. 애국가가 끝난 후 자동차는 경적을 울린다. 전국 사찰, 성당, 교회는 타종을 한다. 국민들은 형편에 따라 만세 삼창(민주헌법 쟁취 만세, 민주주의 만세, 대한민국 만세)을 하거나 제자리에서 1분간 묵념을 하며 민주주의 쟁취의 결의를 다진다
경찰이 폭력으로 대회 진행을 막는 경우 전 국민은 비폭력으로 이에 저항한다. 연행을 거부한다. 연행되면 일체의 묵비권을 행사한다.
전 국민은 오후 9시부터 10분간 소등을 하고 KBS, MBC 뉴스 시청을 거부함으로써 국민적 합의를 깬 민정당의 6·10대통령 후보 지명대회에 항의한다.
또 한번 부탁하거니와 6·10국민대회는 철저하게 평화적으로 참여해 주시기를 바라며 폭력을 사용하거나 기물 파손 등을 자행하는 사람은 국민대회를 오도하

려는 외부세력으로 규정한다.

이런 움직임에 당황한 정부는 6월 10일 며칠 전부터 6·10대회를 불법 집회로 규정하고 경찰 병력을 총동원하여 이를 원천봉쇄 한다는 방침을 세워 놓았다. 이에 따라 6월 7일부터 주요 대도시에서 검문·검색이 강화되었으며, 인쇄소 등에 대한 경찰의 경계와 수색도 심해졌다. 또한 전국 경찰에 갑호 비상을 발령하는 한편 버스·택시 회사에 경음기를 떼어내고 교대시간도 바꾸도록 종용하였다. 심지어 행인들의 애국가 합창을 막기 위해 오후 6시에 시행하던 애국가 옥외 방송도 금지시켰다. 그리고 대회 전날인 9일부터는 민주인사에 대한 가택 연금을 실시했으며 전국 110개 대학을 전격 수색하여 시위용품을 압수하기도 했다.

드디어 6월 10일

오전 11시 15분 서울시 송파구 잠실 체육관에서 민정당 대통령 후보 지명대회가 열리고 있었다. 12시 30분 채문식 전당대회 의장이 투표 결과를 발표한 뒤 노태우 민정당 대표가 민정당 대통령 후보로 선출되었음을 선언했다. 그것은 신군부 내의 권력 승계를 위한 한판의 축제였다. 그러나 바로 그 시간 체육관 밖에서는 또 하나의 '축제'가 진행되고 있었다.

서울시청 건물에 걸린 대형 시계의 숫자가 12 : 00로 변하는 순간 도로 건너편 성공회 대성당 종탑에서 종소리가 울려 퍼지기 시작했다. 잠시 후 종탑 꼭대기에 잿빛 가사를 걸친 스님(지선 스님)과 연한 보라색 블라우스에 쉬어링 치마를 입은 30대 중반의 여성(소설가 유시춘)이 나타났다. 스님이 마이크를 잡고 성명서를 낭독했다.

"우리는 민주주의를 갈망하는 온 국민의 이름으로 민정당의 대통령 후보 지명이 무효임을 선언한다……"

국민운동본부 지도부를 대표하여 종탑에 올라간 그들은 그날 오후 6시부터 시작될 6·10국민대회의 성공을 예감했다.

드디어 6시 약속된 시간이 되자 거대한 함성이 도심을 울렸다. 구호는 '호헌철폐', '독재타도'.

학생들이 먼저 나서고 시민들이 속속 동참하기 시작했다. 연세대생 이한열이 전날인 9일의 시위 도중 최루탄 파편에 맞아 중태에 빠졌다는 뉴스로 인해 불에 기름을 부은 듯 규모가 커지면서 급속히 전개되어갔다. 차들은 일제히 경적을 울렸다. 시위대와 경찰은 밀고 당기는 공방전을 계속했다. 거리는 마치 포연에 휩싸인 전쟁터 같았다. 6·10국민대회는 서울 부산 대구 공주 인천 대전 등 대도시를 비롯하여 전국 22개 지역에서 24만여 명이 참여하는 대규모 가두시위로 발전하였다. 경찰의 강경 진압으로 시위가 점차 격화되면서 시청 한 곳, 파출소 열다섯 곳, 민정당 지구당사 두 곳 등이 파손되었다. 경찰은 그날 전국에서 3831명을 연행했다고 발표했다. 그러나 그것이 끝이 아니었다. 그날 저녁 명동성당에서는 8백여 명의 학생과 시민들이 농성 투쟁을 시작하고 있었다.

6월 10일 밤부터 시작되어 15일까지 5박 6일 동안 진행된 명동성당 농성 투쟁은 민주화를 염원하는 국민들의 희망이었다. 명동성당을 중심으로 그 희망의 파문은 전국으로 퍼져나갔다. 시민들은 명동성당에서 농성하던 사람들에게 성금은 물론 빵, 음료수, 의약품 등을 전달하였고, 점심을 먹으러 나왔던 회사원들은 그 자리에서 가두시위를 벌이기도 했다. 남대문 시장 상인들도 성당에서 농성하고 있던 학생들에게 옷을 보냈다.

<명동성당 농성투쟁 지지편지>
⊙ 민주발전을 위해 써 주십시오. 고등학생이라 아무 것도 드릴게 없어요. 지갑을 털어 작은 정성을 보냅니다.
⊙ 시대의 아픔과 고뇌를 함께 하는 데서 항상 여러분에게 못 미쳤던 평범한 샐러리맨 69명과 식당 주인아저씨로부터
⊙ 나의 형제자매들에게. 몸은 함께하지 못하나 마음만은 당신들과 함께합니다. 당신과 같이 피를 흘리지 못하나 눈물만은 함께 흘립니다. 당신들을 사랑합니다. 나는 자신 있게 대답합니다. 당신들은 진정 우리의 '희망'이라고
⊙ 장한 일 하십니다. 힘과 용기를 가지십시오 시민 일동
⊙ 사랑하는 학생들에게. 학생들의 애국적인 투쟁에 따른 희생을 모르는 척하고 눈을 돌리고 있다는 것이 몹시 부끄럽고 죄를 짓고 있는 것 같은 괴로움이 자꾸 치밀어 올라와 어느 모퉁이에서 간절히 동참하고 있는 마음 약한 40대 중반의 못난 선배를 용서하십시오 그러나 부탁이 있소. 폭력은 금물이오. 국민들이 원하지 않기 때문이오. 또 법의 가면을 쓴 폭력이 정당화되지 않기 때문이기도 하오. 정부당국의 발표를 보면 80년 5·17 때의 섬뜩한 생각이 들기도 하오. 이번만은 절대로 그러한 우를 범해서 반역자들에게 빌미를 주지 맙시다. 말없이 지켜보는 많은 국민은 애국적인 학생들을 지지하고 있음을 확신합니다. 부디 건강을 비오.

　이렇게 명동 성당에서의 농성 투쟁이 6월 민주화 운동의 불길을 이어가고 있는 상황에서 국민운동본부는 6월 18일 최루탄 추방대회를 개최한 데 이어서 군대 동원의 가능성에 대한 정부의 경고에도 굽히지 않고 6월 26일 [국민평화 대행진]이라는 조직된 시위를 주도하여 1백만의 참여를 이끌어냈다. 이런 국민들의 거대한 힘에 놀란 정권은 '직선제 개헌' 및 광범한 민주화 조치 등을 보장하는 [국민화합과 위대한 국가로의 전진을 위한 특별선언(일명 '6·29선언')을 내놓게 된다. 우리 국민이 거둔 또 하나의 승리였다.
　"친애하는 국민 여러분. 오늘 저는 각계각층이 서로 사랑하고 화합하여 이 나라의 국민임을 자랑스럽게 여기며, 정부 역시 국민들로부터 슬기와 용기와 진정한 힘을 얻을 수 있는 위대한 조국을 건설하기 위해 비장한 각오로 역사와 국민 앞에 서게 되었습니다……"(6·29선언 중)

출처: 박건호의 역사 교실 http://guno.pe.kr

- 캠코더, 멀티비전
- 연극 공연에 필요로 하는 공간·소품 등
- 유추에 필요한 자기 주도적 학습지.

자기 주도적 학습지(예시: 아우를 위하여로 공연했을 경우)

1. 영래가 학급 아이들에게 폭력을 휘두른 이유는 무엇이었습니까?

2. 담임교사가 영래의 폭력을 묵인한 이유는 무엇이었습니까?

3. 학생들은 어떻게 영래의 폭력을 극복하였습니까?

4. 6월항쟁 자료집을 보면서 이 연극(영화)의 등장인물과 비슷한 인물을 연결해 보십시오.

연극(영화)		6월항쟁
전 두 환		영 래
노 태 우		종 하
석 환 이		지식인들
임시교사		대학생들
학급아이들		시 민 들
담임(메뚜기)		미 국

5. 6월항쟁을 이 연극(영화)과 비교해서 서술해 보십시오.

ㄹ. 유의사항

① 이 수업의 목적은 어디까지나 6월항쟁의 투쟁 당사자들의 입장에 공감하고 이를 통하여 역할 취득을 하는 것이다. 따라서 간접체험용 사례에 지나치게 매몰되지 않도록 교사의 적절한 발문이 필요하다.

② 이 수업은 유추라고 하는 고차적인 사고력을 요구하고 있다. 따라서 형식적 조작기에 완전히 들어서지 못한 저학년에게는 상당한 무리가 따르는 수업이다. 이 경우에는 편집된 6월항쟁 자료화면과 교사의 설명이 보다 효과적일 것이다.

③ 이 수업을 여기 제시한 2차시 동안 마무리하기 어려울 경우도 있다. 이 때는 제작을 과제로 부여하고, 시간 여유가 있을 경우는 제작만을 위한 자유 시간을 활용할 수 있다.

ㅁ. 각 차시 지도안

차 시	1 ／ 2			
학습 목표	1. 억압적인 상황을 민중의 힘으로 민주화시키는 경험을 유사한 간접경험을 통해 체험한다. 2. 간접경험한 유사 사례에서 6월항쟁을 유추할 수 있다. 3. 6월항쟁의 의의를 이해하고, 이를 다양한 사례에 적용할 수 있다.			
주요 활동	1. 유사 사례 읽기 2. 소집단별로 유사사례를 대본으로 각색하기 3. 배역 및 스태프 결정하기			
학습 단계	교수-학습 활동		시 간	비고
	학생 활동	교사 활동		
도 입		준비된 유사 사례에 대해 간단히 설명하고, 이것을 가지고 연극이나 영화로 제작할 것임을 알려준다. 예) 황석영 「아우를 위하여」를 학생들의 정서와 상황에 맞게 개작한 것	10	
소집단 편성	두 개의 소집단으로 편성한 뒤, 연극이나 영화를 선택한다.	학생들을 두 개의 소집단으로 편성한다. 그리고 여건이 허락하면, 한 집단은 연극공연 팀으로, 다른 한 집단은 영화제작 팀으로 편성한다.	15	
소집단별 각색	소집단별로 모여 「아우를 위하여」를 각색한다. 반드시 원작과 같을 필요는 없으며, 교사가 제시한 읽기자료와 같을 필요도 없다. 학생들 자신의 비슷한 경험이 있으면 이를 최대한 살린다. 물론 등장인물의 이름이나 수도 바꿀 수 있으며, 직접 경험하지 않았더라도 있을 법한 상황을 창작하여 삽입할 수도 있다.	주어진 사례를 연극이나 영화에 맞도록 각색하도록 한다. 반드시 똑 같이 할 필요는 없음을 강조한다.	44	
소집단별 역할 분배	소집단 내에서 배역, 스텝, 연출 등을 결정하고 연습 일정을 정한다.			
차시 예고		차시에 실제 공연이 있을 것임을 예고하며, 상황에 따라 한 시간 더 연습 및 제작 시간을 부여할 수도 있다.	45	

차시	2 / 2			
학습 목표	1. 억압적인 상황을 민중의 힘으로 민주화시키는 경험을 유사한 간접경험을 통해 체험한다. 2. 간접경험한 유사 사례에서 6월항쟁을 유추할 수 있다. 3. 6월항쟁의 의의를 이해하고, 이를 다양한 사례에 적용할 수 있다.			
주요 활동	1. 상황극, 또는 영화 공연 및 상영하기 2. 연극, 또는 영화의 상황과 실제 6월항쟁 비교하기 3. 6월항쟁 참가자들에 대한 역할 취득			

학습 단계	교수-학습 활동		시간	비고
	학생 활동	교사 활동		
도입	공연 또는 상연을 위한 준비 작업을 한다.1212	본격적인 발표회가 시작됨을 선언한다. 교사는 최대한 축제분위기를 조성하여 학생들이 무대에서 적극적으로 활동할 수 있도록 독려한다.	2	
연극, 또는 영화 공연	준비한 연극, 또는 영화를 공개한다. 한 편당 시간은 15분 이내로 한다.	진행을 보조하며, 예기치 않은 기술적인 문제를 해결한다.	32	
6월 항쟁 자료 배부	배부 받은 6월항쟁 자료를 읽고 검토한다.	준비한 6월항쟁 자료(6월항쟁의 주요 구호, 당시 독재자들의 행태와 언행, 6월 1항쟁의 경과와 그 성과 등을 A4 2쪽 이내로 정리한다)를 학생들에게 배부하여 함께 검토할 것임을 알린다.	34	
유추 하기	교사의 발문에 따라 감상했던 상황극에서 6월항쟁을 유추한다.	발문을 통해 상황극과 자료집을 비교하여 6월항쟁을 유추하도록 한다. 예) 연극 속 사건의 개요와 6월항쟁의 비교, 연극 속 등장인물에 해당되는 6월항쟁 당시의 인물은 누구? 연극 속의 민주주의의 승리와 6월항쟁의 비교, 연극 속 인물들의 앞으로의 과제와 6월항쟁 계승의 과제	44	
정리	6월항쟁의 의의를 정리하고, 당시 참가자들의 입장을 생각한다.	6월항쟁의 의의를 간단히 정리한다.	45	

(3) 모듈 3: 한국 민주주의의 과제 발견하기

ㄱ. 모듈 학습 목표

이 모듈은 3단원으로 넘어가기 위한 중간 단계로서 일종의 징검다리의 역할을 한다. 이 모듈의 가장 중요한 기능은 학생들의 관심을 역사나 정치에서 일상으로 돌리는 역할을 한다. 이 모듈의 학습목표는 다음과 같다.

1. 한국 민주주의 공고화의 과제가 생활과 문화 속에 있음을 이해하고, 그 사례를 열거할 수 있다.
2. 생활과 문화 속에 자신이 해결할 수 있는 과제가 무엇인지 열거할 수 있다.
3. 사소해 보이는 생활과 문화 속에 민주주의의 핵심적 가치가 숨어 있음을 이해하고 이를 설명할 수 있다.

ㄴ. 적용된 수업 방법과 시나리오

이 모듈에 적용된 수업 모형은 시청각 자료를 이용한 발견학습이다. 이는 시청각 자료를 먼저 제시하고, 여기에서 쟁점이나 문제를 학생들이 발견할 수 있도록 하는 수업이다. 이 수업의 진행은 [그림 7]과 같이 진행된다.

쟁점의 구조 제시: 앞으로 보여줄 시청각 자료에서 쟁점이 되고 있는 부분이 무엇인지 구조적으로 제시하여, 학생들이 분석적으로 이를 시청하도록 유도한다.

↓

시청각 자료 제시: 준비한 시청각 자료를 제시한다. 가능하면 이를 쟁점 중심으로 교사가 사전에 편집해 두는 것이 좋다.

↓

쟁점 정리하기: 시청한 자료에서 쟁점이 되어 충돌하고 있는 가치와 그 해결 방법을 발견하여 정리한다.

↓

조 편성 후 비슷한 사례 찾기: 5~6개의 소집단으로 편성하여 소집단별로 이와 비슷한 사례들을 자신들의 일상 경험 속에서 발견하고, 이 사례들이 우리나라에서는 어떻게 처리되어야 했으며, 실제로는 어떻게 처리되고 말았는지 정리한다.

↓

해결 방법 모색하기: 각 소집단별로 정리한 내용을 발표하고 이를 통하여 우리나라에서 공통적으로 결여된 부분이 무엇인지 확인하고, 이를 통하여 민주주의 공고화를 위하여 해결되어야 할 생화, 문화 속의 과제를 발견한다.

[그림 7] 한국 민주주의 과제 발견 수업 순서

ㄷ. 준비물

- 비디오·DVD 등 시청각 자료(내용: 정치적 민주화가 어느 정도 이루 어진 나라에서 나타나는 생활 속의 비민주주의와 이를 극복하는 사례)

예) 제목: 희소성과 사회적 의사결정(미국의 사례)

줄거리: 학생들이 점심시간에 학교 밖에서 식사를 많이 하자 학교 식당의 음식이 남아 영양사가 걱정하고 있다. 더군다나 학생들이 학교 밖에서 하는 식사는 거의 정크 푸드였다. 게다가 학생들은 학교 밖에서 식사를 하기 위해 교문 앞 도로를 무단횡단 하는 경우가 많았다. 그 결과 조이라는 학생이 교통사고를 당해 다리가 부러졌다. 이에 교장은 무단횡단에 의한 피해를 줄이고자 점심시간에 학교 밖에서 식사하는 것을 금지한다. 이에 학생들이 '자유'에 대한 심각한 침해라고 반발하자 교장은 학생회에 "학생들의 안전을 보장하고 균형 잡힌 식사를 위한 선택"이라고 대답한다. 그리고 "학생회가 이 두 가지를 보장할 수 있는 대안을 제시한다면 점심시간 외출을 허락할 수 있다."라고 통첩했다.

　이에 학생회에서는 격론을 벌이다가 마침내 "저학년은 점심시간 외출을 금지하고, 고학년은 허용한다. 그리고 횡단보도에 안전 도우미 자원봉사를 둔다."라는 대안을 만든다. 이에 저학년들이 "평등"에 위배된다고 항의하지만 마침내 그것이 현실적으로 가장 합리적인 대안임을 인정한다. 이에 교장은 1학년만 점심시간에 외출을 금지하는 절충안을 받아들인다.

- 시청각 자료 분석 틀

---

1. 교장은 왜 점심시간 외출을 금지시켰습니까?
2. 교장의 점심시간 외출 금지에 대해 학생들은 왜 반발하였습니까?
3. 여기에서 충돌하고 있는 가치는 무엇입니까?
4. 교장은 이 충돌을 어떻게 해결하려 하였습니까?
5. 학생회의 대안은 어떤 것이었습니까?
6. 학생회의 대안에 대해서는 어떤 가치 충돌이 있었습니까?
7. 1학년들이 학생회의 대안을 받아들인 이유는 무엇입니까?
8. 우리나라의 학교라면 이와 같은 상황에서 어떻게 처리되었을 것이라 생각합니까?
9. 여러분이 생각하기에 우리나라의 학교나 가정을 이 사례와 비교한다면 어떤 점이 가장 큰 차이라고 봅니까?

- 멀티비전
- 자료검색을 할 수 있는 인터넷이 2대 이상의 연결된 컴퓨터
- 기타 토론 수업에 필요한 도구들, 매직, 도화지, 실물화상기(가능하면)

ㄹ. 유의사항

① 이 수업에 예시된 비디오를 반드시 사용할 필요는 없다. 그러나 쟁점이 분명하게 나타난 내용을 교사가 미리 준비해야 하는 부담이 있다.

② 학생들이 비디오를 단지 시청하는 것이 아니라 나름의 체크리스트를 이용하여 분석적으로 시청하도록 한다. 여기에는 체크리스트를 제시하였지만, 가장 바람직한 것은 이 체크리스트를 학생들이 스스로 만들어 가면서 시청각 자료를 보는 것이다.

③ 소집단별 활동 때는 다양한 사례의 발견보다는 이 사례들의 공통된 구조를 발견하는 것이 더욱 중요하다.

ㅁ. 각 차시 지도안

차 시	1 / 2			
학 습 목 표	일상적인 사례에서 민주주의의 핵심 쟁점과 그 해결 과정을 발견할 수 있다.			
주 요 활 동	1. 시청각 자료를 시청하고 이를 분석한다. 2. 시청각 자료에서 문제가 된 쟁점을 정리한다.			
학 습 단 계	교수-학습 활동		시간	비고
	학생 활동	교사 활동		
도 입	시청각 자료를 시청할 때 중점적으로 체크해야 할 점이 무엇인지 리스트를 작성한다.	준비한 시청각 자료의 기본적인 대립과 쟁점의 틀을 소개한다.	5	프리젠테이션
시청각 자 료 시 청	비디오를 시청하며 쟁점이 발생하고 있는 사례, 이를 해결하기 위해 동원된 방법들을 정리한다.	준비한 시청각 자료를 제시한다.	30	편집된 비디오 테입
발견내용 공 유	발문에 따라 대답하며, 자유로이 발표한다.	발문을 통하여 학생들이 비디오 시청을 통해 발견한 사실들을 공유한다.	40	
소집단 편 성	자유로이 소집단을 편성한다.	학급을 5~6개의 소집단으로 나눈다.	44	
차시예고		소집단 활동을 예고한다.	45	

차 시	2 / 2				
학 습 목 표	자신의 다양한 경험들 속에서 민주주의의 핵심 쟁점과 그 해결 방법을 발견하고, 이를 일반화시킬 수 있다.				
주요활동	1. 시청각 자료에 제시된 사례의 쟁점 / 해결방법 외에 다른 대안은 없는지 탐색한다. 2. 이와 비슷한 사례가 자신들의 주변에서 어떤 경우가 있는지 탐색한다. 3. 자신들의 주변에서 이러한 경우가 어떻게 해결되었으며, 민주적인 해결은 어떠해야 했는지 탐색한다.				

학 습 단 계	교수-학습 활동		시 간	비고
	학생 활동	교사 활동		
도 입		소집단별로 전시에 시청한 미국의 사례와 비슷한 사례를 우리나라 학교에서 발견하도록 하고 이때 이 문제가 어떻게 해결되었는지 조사, 혹은 유추 하도록 한다.	2	
소집단 토 의	비슷한 쟁점을 찾아내어 미국이 아니라 우리나라에서라면 어떤 방식으로 처리되는지 상황을 만들어 본다. 이를테면 학생들의 자유라는 가치와 안전(보호)이라는 가치에 대하여 학생들의 의식에 대한 조사, 해결 방안에 대한 스스로의 책임성 등을 토의 주제로 할 수 있다. 쟁점 예시: 자유를 위해서는 책임과 비용이 필요하다. 안전을 위한다면 자유는 많은 제한을 받게 되나 비용이 절약된다. 우리나라의 경우: 예를 들면 두발의 자유나 복장의 자유와 학생 사안의 발생 빈도와 범위의 상관관계에 대한 근거를 가지고 토의에 임할 수 있다. 학생들의 안전을 위해 자유를 규제해야 한다고 하는 기성의 논리에 대하여 학생들은 어떠한 의견을 가지고 있으며 자유에 대한 책임을 어떻게 준수할 수 있을까? 등 주어진 내용-비디오 자료-의 경우와 우리가 다른 이유는 무엇인가? 우리사회에서는 집단의 문제를 주로 어떤 방식으로 해결하는가? 주변의 사례를 이야기하고 어떻게 해결하는 것이 바람직하며, 합리적 의사결정을 위해 무엇이 필요한가를 도출해낸다.	학생들이 충분히 자료를 검색할 수 있도록 가이드의 역할을 한다.	23	
토의결과 발표	각 소집단별로 논의한 내용을 정리하여 발표한다.	토론을 진행한다.	35	
공통의 과제 모색	발표된 내용을 토대로 생활, 문화 속에서 미진한 한국 민주주의의 과제가 무엇인지 제기하고 정리한다.	발문을 통해 한국 민주주의의 과제로 유도한다.	44	
정 리	두 시간 동안의 수업을 통해 자신이 해야 할 바가 무엇인지 생각한다.		45	

3. 단원 3: 민주주의 가치의 발견과 내면화

1) 단원의 학습목표

1. 각종 비민주적 절차와 가치의 폐해가 어떤 것인지 체험한다.
2. 민주화 운동을 재구성하고 체험함으로써 민주적 가치들을 내면화
   한다.
3. 쟁점의 민주적 해결을 경험함으로써 갈등에 대한 개방적 태도를 가
   진다.
4. 민주적 절차에 따른 문제 해결이 최선의 방안임을 경험한다.

2) 단원의 구성

3단원은 이제 1,2 단원을 통해 충분히 습득되고 체험된 민주주의의 정신과 민주화 운동의 전통을 가치로서 발견하고 내면화하는 것을 목적으로 하고 있다. 따라서 구성주의에 기반을 둔 각종 발견학습들로 구성되었던 1,2 단원과 달리 3단원에서는 교육연극과 논쟁학습이 적극적으로 활용된다.

교육연극은 청소년들이 장차 직면하게 될 사회적 상황을 가상으로 체험할 수 있도록 하며, 이에 대처할 수 있는 기능과 태도를 익히는 데 효과적이다. 또 연극적 체험은 민주시민의 상호작용에 있어 매우 중요한 기능인 총체적 언어능력 함양에도 매우 효과적이다(Stewig & Buege, 1994). 이렇게 연극은 청소년에게 가상의 참여기회를 제공할 수 있고, 또 참여에 필요한 언어능력, 의사소통 능력을 함양한다는 점에서 민주

시민성 교육의 유용한 도구가 될 수 있다. 또 논쟁학습은 합리적 의사 결정 능력을 향상시켜 민주시민성을 함양하는 데 기여한다(주은옥, 2001; 이순재, 2003). 또 이 효과는 논쟁이 쟁점에 따라 상반되는 양 진영이 분명하게 나누어지는 쟁점 중심으로 진행될 경우, 그리고 패널 토론 등 학생이 어느 한 진영을 의무적으로 선택하는 형태로 진행될 때 더 크다(주은옥, 2001).

이러한 근거에 의존하여 3단원은 연극과 논쟁학습을 활용한 세 개의 모듈, 총 5차시의 수업으로 구성하였다. 3단원의 목표는 가치를 발견하고 이를 내면화하는 것이기 때문에 교사에 의해 일방적으로 진행되는 수업이 아니라 학생들이 주도하는 수업이 이루어져야 하기 때문이다. 3단원 모듈 구성들은 <표 5>와 같다.

〈표 5〉 단원 3의 구성

단원 명	단원 학습 목표	구성 모듈	차시	차시별 수업 내용	
				학습내용	활동내용
3. 민주주의 가치의 발견과 내면화	1. 각종 비민주적 절차와 가치의 폐해를 체험한다.	역할극 학습	2	독재자 되기, 억압자와 피억압자 되기	서로 독재자가 되어 학급을 운영하며, 어떤 갈등이 어떻게 해결되지 않는가 체험한다.
	2. 민주주의가 창의성, 생산성에 미치는 긍정적 효과를 체험한다.	가상체험 학습	2	검열하에 노래나 제품 만들기	비민주적 상황이 어떻게 문화예술발전을 가로막는지, 또 창의적인 상품 개발을 가로막는지 체험한다.
	3. 쟁점의 민주적 해결을 경험함으로써 갈등에 대한 개방적 태도를 가진다.	법리−논쟁학습	2	쟁점에 대한 입장 정리하고 문제가 되는 가치를 찾아 합리적인 대안을 모색한다.	논쟁적인 소재를 공공문제에서 선택한다. 여기에 따른 입장별로 소집단을 형성한 뒤, 논쟁을 통해 문제가 되는 가치를 발견하고, 합리적인 대안을 모색한다.

3) 단원 3의 모듈별 지도안

(1) 모듈 1: 비민주주의 체험 역할 놀이 학습

ㄱ. 모듈 학습 목표

① 비민주적 절차가 인간의 기본적인 권리와 욕구를 어떻게 억압하는
가 체험한다.

② 소수자의 입장과 다수자의 입장을 교환함으로써 역지사지(易地思
之) 할 수 있는 능력을 함양한다.

ㄴ. 적용된 수업 방법과 시나리오

이 수업에서 사용하는 수업 모형은 역할 놀이(Role Play)학습이다. 역
할 놀이 학습은 주어진 대본이 없으며, 서사도 없다는 점에서 연극이
아니다. 역할 놀이 학습에서 학습자들은 자신에게 주어진 역할을 이해
하고, 그 역할에 마땅한 말과 행동을 상상하여 표현한다. 그렇게 서로
자신의 역할에서 상호작용한 뒤, 다시 자신으로 돌아와 그 체험을 바탕
으로 타인의 관점을 이해하게 된다(남세진,).

역할놀이 수업의 일반적인 모형을 시나리오 형식으로 제시하면 [그림
8]과 같다.

워밍업: 간단한 놀이나 체조 등을 통해 학생들이 역할 놀이를 할 수 있을 정도로 몸과 마음을 열어 둔다.

↓

역할의 제시: 교사는 역할놀이를 할 소재를 소개하고, 등장하는 역할의 성격을 설명한다.

↓

역할 배분: 교사는 역할놀이가 발생할 상황을 설명하고, 학생들에게 역할을 배분한다. 역할을 배분할 때는 역할 설명서도 함께 준다. 학생들은 자신의 역할에 대해 숙고한 뒤, 주어진 상황에서 역할에 맞는 언행이 무엇인지 결정한다.

↓

상황제시 및 역할 수행: 교사는 상황을 던져주고, 학생들은 상황에 따른 역할을 수행한다. 어느 정도 진행되면 역할을 서로 바꾸어 다시 실시한다.

↓

현실 복귀 및 토론: 역할놀이를 종료하고 현실로 돌아와서 역할들을 객관적인 입장에서 평가하고 자신의 생각을 정리, 발표한다.

[그림 8] 역할놀이 수업 순서

제일 먼저 교사는 워밍업을 실시해야 한다. 역할 놀이는 준비 기간이나 연습 없이 바로 상황에 따라 즉흥연기를 해야 하는 수업이다. 따라서 학생들 마음에 수줍음이나 어색함이 있으면 절대 원활하게 진행되지 않는다. 따라서 이런 수줍음, 쑥스러움 따위가 없어지도록 격렬한 신체동작을 수반한 워밍업을 함께 한다. 이때 교사가 학생들보다 더 크고 격한 동작을 선보이면 워밍업의 효과가 배가 된다.

다음으로 교사는 몇 가지 역할이 존재하는지, 그리고 그 역할이 어떤 것들인지 소개한다. 그 뒤 역할의 이름과 역할의 특징 등이 상술된 카드를 학생들에게 배부한다. 이때 무작위로 역할이 배분되는 것이 가장 바람직하다. 역할 배분이 끝나면 학생들은 잠깐의 연습시간을 가지면서 그 역할의 인물처럼 행동해 본다.

역할 배분이 끝나면 교사는 구체적인 상황을 제시하고, 그 상황 속에서 각 역할들은 어떻게 행동하고 말할 것인가 요구한다. 학생들은 자신이 맡은 역할에 따라 즉흥적으로 말하고 행동한다. 이 역할은 일정 시간이 지나면 교체되며, 학생들은 같은 상황에서 적어도 두 개 이상의 역할을 맡게 된다. 이렇게 역할 연기가 모두 끝나면 현실로 돌아와서 소감을 서로 교환함으로써 역할 놀이가 마무리된다.

ㄷ. 이 수업에서 사용할 상황과 역할

이 모형에 구체적인 내용을 집어넣어 이 수업에서 수행할 역할놀이 학습을 구성하면 다음과 같다. <표 6>은 이 수업에서 제시할 수 있는 상황과 역할들이다. 이 상황은 반드시 여기에 제시된 것만 사용해야 하는 것은 아니며, 학생들의 선행지식이나 발달단계를 고려하여 대체할 수 있다. 또 이 상황들을 모두 다 실시할 필요는 없고, 이 중 한두 개만 선택해도 무방하다. 이 경우에는 1,3번 상황을 실시할 것을 권장한다.

<표 6> 주요 상황들과 역할들

장면 번호	주요 상황	상황에 대한 설명	역할	
			역할 명	역할 설명
1	권위 주의	권위주의가 의사결정을 지배하는 학급, 가정 또는 또래집단이다. 이 중 학생들이 선택하게 한다. 권력자는 다른 사람들보다 우월한 판단을 내릴 수 있는 수호자로 간주된다.	통치자	가장, 혹은 학급 회장이나 담임교사, 또는 또래집단의 리더로, 다른 구성원들보다 능력이나 판단력이 월등하며, 그러한 정당성을 자신이 가지고 있다고 믿고 있다. 자신의 의사결정을 당연히 다른 구성원들이 따라야 한다고 생각하고 있다.
			통치집단	이 집단은 통치자가 자신보다 월등하며 그의 판단이 옳을 수밖에 없다고 생각하고 있다. 따라서 통치자의 뜻을 얼마나 잘 이해하는가가 가장 중요하며, 그 점에서 자신들이 다른 구성원보다 탁월하다고 생각한다.
			권위를 인정하는 시민들	이 집단은 일반 구성원이다. 통치자가 자신들보다 월등하기 때문에 항상 더 좋은 결정을 내릴 것이라고 믿는다.
			반대 의견을 가진 시민들	이 집단은 통치자의 정당성에 대해 이의를 가진 집단이다. 통치자의 결정에 대해 이의를 제기하고자 하며, 토론을 희망하고 있다.

장면 번호	주요 상황	상황에 대한 설명	역 할	
			역할명	역할 설명
2	전체주의	이 상황은 전체주의가 의사결정을 지배하는 학급, 가정, 또는 또래집단이다. 이 중 학생들이 결정하게 한다. 권력자의 우월성 여부는 입증되지 않으나, 압도적인 권력과 물리력으로 의사결정을 독점한다.	통치자	가장, 혹은 학급 회장이나 담임교사, 또는 또래집단의 리더로서, 자신의 능력에 대해서는 확신하지 않는다. 그러나 자신이 모든 것을 결정하고 싶어 하며 이를 위해 수단과 방법을 가리지 않을 준비가 되어있다.
			관료들 혹은 억압적 기구 구성원들	이 집단은 전형적인 관료들로 상부의 명령에 대해 무비판적으로 추종한다. 명령이라면 폭력의 행사도 마다하지 않는 집단이다.
			통치를 받아들이는 시민들	이 집단은 이러한 통치를 마음으로 받아들이지는 않으나 폭력이나 억압에 굴복하고 순종하는 길 외에는 없다고 생각한다.
			통치를 반대하는 시민들	이 집단은 이러한 통치를 벗어나고자 하며, 이를 위해 조직적인 저항을 시도한다. 동시에 다른 집단들을 자기편으로 끌어들이기 위해 노력한다.
3	민주주의 보다 효율과 성장을 우선하는 경우	이 상황은 이른바 개발독재다. 훗날의 이익을 위해 현재의 인권 억압을 정당화하고 있는 상황이다. 역시 장소는 학급, 학교, 가정, 혹은 회사 등이 될 수 있고, 학생들이 선택하게 한다.	통치자	가장, 혹은 학급 회장이나 담임교사, 또는 또래집단의 리더로서 먼 훗날의 목표(학력 신장, 가정 경제 등)를 위해, 지금 현재의 권리는 유보될 수 있다고 주장한다.
			관료들 혹은 억압적 기구 구성원들	이 집단은 통치자, 혹은 통치집단을 추종하는 집단이다. 상부의 명령에 가장 큰 가치를 두고 있으며, 먼 훗날의 목표를 위해서는 어떤 수단도 마다할 필요가 없다고 생각한다.
			노동자들	이 집단은 현재 많은 양보를 해야 하는 집단이다. 그들은 훗날의 보상을 기대하고 있지만, 현재의 고통이 너무 크며, 그 훗날이 언제가 될지에 대해 초조하게 생각하고 있다.
			중산층들	이 집단은 역시 양보를 강요받고 있지만 노동자들에 비해 형편이 괜찮은 편이다. 이들 역시 노동자들 같은 불만을 가지고 있지만,
4	다양성 억압	이 상황은 권위주의나 전체주의는 아니나, 소수자의 의견이 전혀 개진되지 않고, 다수가 소수를 억압하는 상황이다.	당국자	가장, 혹은 학급 회장이나 담임교사, 또는 또래집단의 리더이다. 이들은 형식적 민주주의를 신봉하여, 항상 다수 의견에 따라 기계적으로 결정한다.
			다수 의견자	어떤 사안에 대한 다수의견자이다. 이들은 다수결을 철의 법칙으로 믿으며, 일단 결정되면 소수의 견지는 따라야 한다고 믿는다. 만약 소수의견자가 따르지 않는다면 이를 강제해야 한다고 생각한다.
			소수 의견자	이들은 어떤 사안에 대한 소수의견자이다. 이들은 다수결에 승복하기는 하지만 모든 결정마다 번번이 자신의 의견이 관철되지 않아 불만을 가지고 있다.
			무관심자	이들은 결정에 있어 아무런 관심도 가지지 않는다. 편한 것이 좋기 때문에 상황마다 다수의견에 무비판적으로 가담한다.

ㄹ. 준비물

- 상황 설명서: 가능하면 멀티화면으로 파워포인트 등을 이용하여 제시되는 것이 좋으나, OHP 혹은 궤도로 제시되어도 무방하다.
- 역할 설명서: 가능하면 카드 형식으로 제작하여 학생들이 손쉽게 주머니 등에 넣었다가, 수시로 확인할 수 있도록 한다.
- 역할 명찰: 자신이 맡은 역할을 명찰로 만들어 가슴에 패용할 수 있도록 한다. 혹은 역할이 명기된 고깔모자 등도 활용이 가능하다.

ㅁ. 유의사항

① 교사는 학생들이 상황과 역할을 충분히 이해할 수 있도록 해야 하며, 그러한 이후에야 역할 놀이에 들어갈 수 있도록 한다.
② 우리나라의 열악한 학생회 상황과, 청소년들의 일천한 경험 등을 고려하여, 가급적이면 상황은 또래집단, 가족, 학교 등 미시적으로 설정하여야 한다.
③ 이 수업은 민주주의 절차와 민주화 운동의 사례에 대한 지식 차원의 학습을 1, 2단원에서 완료하였음을 전제로 하는 것이다. 따라서 사전에 다른 민주주의 교육이 없는 상태에서 단독으로 이 모듈만 수행할 경우에는 어려움이 클 것이다.

ㅂ. 각 차시 지도안

차 시	1 / 2				
학습 목표	1. 각종 비민주적 통치자의 특징을 이해한다. 2. 비민주적 상황에서 일어날 수 있는 일을 설명할 수 있다. 3. 각종 비민주적 상황에서 침해받는 권리를 설명할 수 있다.				
주요 활동	1. 소집단 편성 2. 소집단별 역할 및 상황 숙지 3. 역할별 내용 구성 협의				
준비물	역할 설명 카드, 역할 명찰, 상황 설명 프레젠테이션				

학습 단계	교수-학습 활동		시간	비고
	학생 활동	교사 활동		
전시학습 확인	민주주의의 절차와 가치를 확인한다.	민주주의의 절차와 가치를 정리한다.	4	
조편성	8-9명 단위의 조로 조직한다.	학급을 학생들의 능력과 적극성 정도를 고려하여 4개의 조로 편성한다.	14	
상황 및 역할 설명	1. 권위주의와 전체주의 상황에 대해 숙지하고, 필요한 경우 질문한다. 2. 권위주의와 전체주의 중 어느 것을 먼저 할 것인지 조별 협의를 통해 결정한다.	1. 권위주의의 상황과 전체주의의 상황을 충분히 설명한다. 2. 각 조에게 먼저 권위주의와 전체주의 중 어느 것을 할 것인지 선택하게 한다.	23	
역할 배분 및 숙지	조 내에서 역할을 배분하며, 역할을 배분받은 학생은 자신의 역할이 적힌 카드를 받아서 그 역할에 해당되는 사고방식과 행동이 무엇인지 연습한다.	권위주의 상황과 전체주의 상황에 등장하는 역할들을 충분히 설명한 뒤 역할 카드를 배부한다.	33	
조별 협의	조 내에서 어떤 상황에서 어떤 내용으로 역할극을 구성할 지 논의한다. 여기서 유의할 점은 상황만 준비하는 것이지, 구체적인 대사 등을 만드는 것은 아니다. 구체적인 대사와 행동은 상황과 역할을 숙지한 상태에서 즉흥적으로 진행하도록 해야 한다. 예: 전체주의 가정에서 여름휴가 기간 동안 무엇을 할 것인지 가장이 이야기하고 있는 상황.	필요한 정보를 제공하고 논의가 지나치게 디테일에 치중하지 않도록 지도한다.	43	
다음 차시 예고	논의를 중단하고, 못 다한 논의는 따로 모여 마무리 함	논의를 중단시키고 다음 시간에 실제 역할 놀이를 발표할 것임을 공지	45	

차 시	2 / 2				
학 습 목 표	1. 각종 비민주적 통치의 폐해를 체험한다. 2. 각종 비민주적 통치하의 시민들의 처지를 설명할 수 있다. 3. 효율만을 앞세운 비민주적 통치의 결과를 예상하여 설명할 수 있다.				
주 요 활 동	1. 역할극의 공연과 체험 2. 역할극 체험을 바탕으로 한 토론 및 최종 토론지 작성				
준비물	전 차시와 동일				

학 습 단 계		교수-학습 활동		시간	비고
		학생 활동	교사 활동		
전시학 습 확인		조별로 집합하여 각 조가 맡은 상황을 숙지한다.	전 차시를 정리하고 실제 공연을 예고한다.	3	
역할 놀 이 준비		준비한 줄거리와 역할을 확인한다.	공연 순서를 정하고, 공연을 위한 공간을 마련한다.	6	
역 할 놀 이	권위 주의	권위주의 역할극을 공연한다. 나머지 학생들은 경청하며 반응한다. 공연이 끝나면 이 체제에서 무엇이 문제인지에 대해 적극적으로 제기한다.	1. 역할극의 공연을 진행한다. 2. 역할극의 매 꼭지가 끝날 때마다 논쟁적 발문을 통해 토론을 진행한다. 3. 각 꼭지는 드라마가 아니기 때문에 지나치게 길지 않도록 5분 정도로 제한한다.	15	
	전체 주의	전체주의 역할극을 공연한다. 나머지 학생들은 경청하며 반응한다.		24	
	개발 독재	개발독재 역할극을 공연한다. 나머지 학생들은 경청하며 반응한다.		33	
	형식적 다수결	형식적 다수결 역할극을 공연한다. 나머지 학생들은 경청하며 반응한다.		42	
종 합		조별 토론지를 배부 받고, 작성한다.	역할극에서 다루었던 상황들이 무엇이 문제였고, 이를 개선하기 위해서는 무엇이 필요한지 간단한 보고서로 작성하도록 하며 이를 과제로 부여한다.	45	

(2) 모듈 2: 가상 체험학습 - 민주주의와 창의성

ㄱ. 모듈 학습 목표

① 비민주적 절차에서 개인의 사상과 양심이 어떻게 왜곡되는가 체험한다.

② 비민주적 상황에서 21세기의 중심 산업인 창의적 문화산업이 가능

한지 체험한다.

③ 최근의 한류 열풍 등 우리나라의 문화 콘텐츠의 경쟁력과 민주화
  의 관계를 설명할 수 있다.

ㄴ. **적용된 수업 방법과 시나리오**

이 수업에서는 선행조직자에 의거한 가상(simulation)학습 모형이 적용
되었다. 선행조직자 수업은 이미 구성된 선개념 체계를 이용하여 새로
이 주어지는 정보들이나 재료들을 구성하는 수업이다. 가상학습 모형은
연극, 컴퓨터 등을 이용하여 실제와 비슷한 가상의 상황을 실험적으로
꾸며보는 수업이다(정문성 외, 2002).

이 수업에서는 그동안 학습한 비민주주의의 여러 폭압에 대한 지식을
선개념으로 삼아 이를 응용해 보는 것이다. 그중 21세기가 문화의 세기
라는 점에서, 또 최근 한류 열풍 등으로 문화산업이 각광받고 있다는
점에서 비민주주의 체제하에서 과연 문화산업이 꽃필 수 있는지 실제처
럼 꾸며서 체험해보는 것이다. 이를 위해 비민주주의 체제에서 압살당
하는 언론, 출판, 집회, 시위의 자유가 문화 만개를 위해 얼마나 중요한
지 실제 검열 상황을 구성해 봄으로써 확인하도록 하였다.

이 수업 모형은 크게 2차시로 구성된다. 1차시는 검열조가 검열 지침
을 만들고, 창작조가 자유로이 창작하는 시간이다. 2차시는 검열조가 창
작조의 작품에 대해 삭제나 수정을 요구하며 이를 강제하는 시간이다.
이때 창작조는 자신들의 작품을 지키고자 노력해야 하며, 창작조가 끝
내 수정을 거부할 경우 검열조는 임의로 삭제·수정을 가할 수 있다.
그리고 그 결과물을 발표하며, 이에 대한 감상을 공유함으로써 수업을
마무리한다. 이 수업의 흐름을 도표로 제시하면 [그림 9]와 같다.

웜업: 간단한 놀이나 체조 등을 통해 학생들이 역할 놀이를 할 수 있을 정도로 몸과 마음을 열어둔다.

↓

검열 및 검열 지침 소개: 교사는 검열에 대해 소개하고, 실제 있었던 군사독재 시대의 검열 지침 등을 제시한다.

↓

역할 배분: 교사는 학급을 검열 담당과 창작 담당으로 나눈다.
검열 담당 조는 검열 지침을 작성하고, 허용 불가 표현의 목록을 작성한다. 그리고 이 지침에 맞지 않는 창작물을 삭제하거나 자기 임의로 변조하거나 재창작을 지시할 수 있다. 창작조는 자유롭게 시, 노래가사, 혹은 소설 줄거리 등을 제작하지만 발표를 위해서는 반드시 검열조의 검사를 받고 지시를 이행해야 한다.

↓

시뮬레이션 실시: 창작조가 제출한 작품을 검열조는 자신들의 목록에 따라 임의로 삭제 변조한 뒤 그 이유를 첨부한다. 창작조는 검열조의 지시에 따라 작품을 변조하거나 해당 부분을 삭제한다.

↓

검열결과 확인: 임의로 삭제 변조된 작품들을 발표하고, 그 수준과 표현의 한계 등을 공유함으로써 민주주의와 문화산업의 관계를 이해한다.

[그림 9] 시뮬레이션 수업 순서

ㄷ. 조 편성과 역할

이 수업에서 학생들은 <표 7>과 같이 편성된다. 조 편성은 학생들의 희망을 우선적으로 고려한다. 그러나 가급적이면 검열조에 논리력이 뛰어나고 임기응변이 있는 학생들을 배치해야 전체적인 수업의 흥미가 높아진다. 조의 수와 조별 인원은 학급 사정에 따라 융통성 있게 적용할 수 있으나 한 조가 6명이 넘어가게 되면 소외되는 학생이 나올 수 있음을 주의해야 한다(전숙자, 2002).

〈표 7〉 조 편성 예시

조 편성		적정 인원	담당 역할	비 고
검열조		5~6명	1. 자신들 나름의 가치관 혹은 기존 군사독재 시절의 자료 등을 활용하여 예술·창작품에 대한 검열 지침을 작성하여 공표한다. 2. 창작조들의 작품을 수합하여 자신들의 지침에 따라 수정·삭제를 요구한다. 3. 창작조가 이에 응하지 않을 경우 직접 수정·삭제한다.	
창작조	소설	5~6명씩 2개조	공동 작업으로 소설을 작성한다. 그러나 실제 소설을 주어진 시간에 완성하는 것은 불가능하기 때문에 소설의 형태는 줄거리 요약으로 한다.	청문회에서 검열조의 수정·삭제 요구를 받아들이거나 논리적으로 이의를 제기하거나 아니면 교묘하게 검열을 피해가는 방법을 고안한다.	장르는 반드시 이 대로 하지 않아도 되며, 학급 규모에 따라 조를 늘릴 수도 있음.
	노래	5~6명씩 2개조	작곡을 하는 것은 어렵기 때문에 기존 노래에 가사를 창작해 붙이고, 이를 직접 불러 발표한다.		
	영화	6~7명	소설조와 기본적으로 동일하나 중요 장면의 스틸컷과 대사를 첨부하며, #장면 단위로 줄거리 요약을 작성한다.		
	만화	6~7명	8컷의 만화, 혹은 1컷 카툰 네 편을 제작한다.		

ㄹ. 준비물

과거 비민주정치에서 사용한 검열지침 읽기자료

정부가 신문을 직접 쓴다? 제5공화국의 보도지침

제5공화국 정권은 문화공보부(문공부, 현 문화관광부) 내 홍보조정실을 창구로 해 매일 각 신문사로 이른바 보도지침(문공부 용어로는 홍보조정지침)을 내려 보냈다. 일종의 보도통제 일일지침이었다. 이 지침은 주로 전화를 통해 이루어졌다. 국내외의 주요 사건에 대해 보도할 것인지 말 것인지에서부터, 보도한다면 그 방향과 내용, 심지어 형식에 이르기까지 시시콜콜 지시하고 있는 보도지침은 참으로 세밀하고도 철저하고 친절한(?) 것이었다.

"담배 수입, 미국의 압력에 의한 것이 아니라고 쓸 것" "야당 질문내용은 빼고 '질문 했다'라고만 보도할 것" "고문관계는 오늘도 일체 쓰지 말 것" "부천서 성고문사건은 '부천사건'으로 쓰라" "농촌 파멸 직전 표현 쓰지 말 것" 등에서 보는 것처럼 보도통제만 한 것이 아니라 기사의 내용을 유도하는 것이 많았다. '눈에 띄게' '크지 않게' '돋보이게' '균형 있게' 등의 세세한 표현도 자주 등장했다. 당시 언론 현실이 얼마나 참담했는지 이해를 돕기 위해 몇 가지 보도지침 사례를 보자.

◇ 85년 10월 26일='국회의원 미행 도청 말라' 보도하지 말 것. 국회 야당의원 보좌관 3명 검찰 소환으로 국회 유회 공전된 것은 스트레이트 3~4단으로 보도. 스케치 기사는 안 되고 해설 박스기사는 좋음. 야당 의원 의사진행, 신상 발언 등을 모은 박스기사 보도하지 말 것. 이재형 국회의장 '정부는 국회의원 미행 도청 잠복하지 말라'는 표현은 보도 말 것.

◇ 11월 4일=NCC 고문대책위 구성 보도 말 것.

◇ 11월 5일=국회 내무위에서 전경환41) 새마을중앙회장이 학생들의 화염병 투척사건을 보고하고 질의에 답변한 내용은 보도하지 말 것. 서울시경, 오늘 6시 주한상공회의소 학생 난입사건의 처리방침 발표 예정. 사회면 톱이나 중간 톱으로 다루지 않기를. 사이드 톱 정도가 좋다고 판단. 오늘 산발적 학생시위 일일이 떼지 말고 묶어서 크지 않게 보도.

◇ 11월 18일=학생시위 '적군파식 모방'42)으로 쓸 것. 대학생들 민정당사 난입사건은 사회면에 다루되 비판적 시각으로 할 것. 구호나 격렬한 프랑카드(플래카드) 사진 피할 것. 치안본부 발표 '최근 학생시위 적군파식 모방' 발표문은 크게 하되 '적군파식 수법'이라는 제목으로 뽑을 것.

◇ 12월 2일=예산안 변칙통과 책임은 야당에 있다. 국회 여 단독으로 예산안 통과 관련 다음과 같은 방향으로 제작 바람. 여당은 정치의안과 예산안을 일괄타결하려 했으나 야측, 특히 김대중의 반대로 결렬됐음. '변칙 날치기통과'라고 하지 말고 '여 단독처리 강행' 식으로 할 것.

◇ 12월 19일=김근태 첫 공판 스케치 기사나 사진 쓰지 말고 공판사실만 1단으로 할 것. 국회폐회 후 정국 전망 중 제목으로 '장외대결' 등 표현 쓰지 말 것.

◇ 86년 1월 15일=민정 창당대회 대통령 치사 1면 톱기사로. 이원홍 문공부장관 저작권관련 발표문 크게 보도. 신민당 의원 기소, 스케치 기사 여러 면에 벌이지 말고 고십(가십)으로 처리할 것. 기소 결정이 고위층과 연결된 인상 주지 말 것.

◇ 3월 31일=고대 교수들 개헌지지 성명 사회면 1단으로. 정동성 민정당 의원 국회 질의 중 '광주 개헌현판식 사태 신민당이 군중 선동, 김영삼 김대중 야욕 버려야' 발언은 눈에 띄게.

◇ 4월 28일=금일부터 KBS 시청료 거부 관계 기사 및 KBS라는 표현도 일체 쓰지 말 것. 야권 지도자 회의 사진 싣지 말고 1면 톱으로 처리하지 말 것.

◇ 7월 17일=성고문사건 검찰 조사결과 발표 내용만 쓰고 시중에 나도는 반체제

측 고소장 내용 일체 보도하지 말 것. 발표 이외 독자적 취재는 불가.
◇ 7월 27일=삼척탄광 광부들 집단행동은 사회불안 요인이므로 일체 보도 말도
록. 미 국무성 '성고문사건에 개탄 표명' 보도하지 말 것.

역할 명찰: 자신이 맡은 역할을 명찰로 만들어 가슴에 패용할 수 있
도록 한다. 혹은 역할이 명기된 고깔모자 등도 활용이 가능하다.

창작 및 검열 지침을 기록할 수 있는 공간: 검열지침은 멀티화면의
파워포인트나 궤도로 작성하여 모두가 볼 수 있도록 공개한다.

작품 발표 공간: 창작품은 가능하면 궤도로 작성하게 하여 모두가 볼
수 있도록 게시하고, 검열조는 여기에 매직 등을 이용하여 삭제, 수정
을 가한다.

ㅁ. 유의사항

① 이 수업은 검열의 개념을 학생들이 충분히 숙지하고 있는 상태에
서 그 결과를 체험하는 것이지, 검열 그 자체를 학습하는 것이 아
니다. 따라서 검열 이전과 이후 작품이 얼마나 달라질 수 있는지
확인하는 것에 중점을 두도록 해야 한다.

② 검열 과정에서 창작자와 검열관간의 논쟁이 이루어질 수 있도록 청
문회 형식 등을 활용하여, 교사가 사회자로 참여할 수 있도록 한다.

③ 이 수업은 8학년 이상에게 적용 가능하다. 만약 저학년에 적용할
경우 소설, 영화 등의 조를 두지 않고, 동요 등을 이용한 노래가사
바꾸기 조들만 운영한다면 적용이 가능할 것이다.

④ 이 수업은 이 연구에서 제시한 전체 프로그램의 한 부분이 아니라
독립된 수업으로 사용이 가능하다. 그러나 이 경우에는 교사의 개
입이 좀 더 많이 필요할 것이다.

---

41) 전두환의 동생
42) 일본의 극좌파 테러집단

ㅂ. 각 차시별 지도안

차 시	1 / 2			
학습 목표	1. 비민주적 절차에서 개인의 사상과 양심이 어떻게 왜곡되는가 체험한다. 2. 비민주적 상황에서 21세기의 중심 산업인 창의적 문화산업이 가능한지 체험한다. 3. 최근의 한류 열풍 등 우리나라의 문화 콘텐츠의 경쟁력과 민주화의 관계를 설명할 　수 있다.			
주요 활동	창작자와 검열자 편성, 검열 지침과 창작			
준비물	검열 사례, 역할 명찰, 창작 및 검열 지침 작성에 필요한 궤도 등			

학습 단계		교수-학습 활동		시 간	비 고
		학생 활동	교사 활동		
도 입		검열의 사례를 통해 그 의미를 정리한다.	검열의 의미와 주요 사례를 제시한다.	8	
역할 분담		희망에 따라 역할을 분담하며, 같은 조원끼리 공동 작업을 준비한다.	검열조와 창작조로 학급을 편성한다. 검열조는 4~5명 정도로 하며, 창작조는 4~5명씩 5개 조 정도를 둔다. 각 창작조들은, 소설 줄거리, 영화 줄거리, 시, 만화 등 각 조별로 만들 작품을 달리한다. 소설이나 영화 등은 여건 상 완전한 작품이 아니라 줄거리만 만드는 것으로 한다. 노래가사의 경우 노래가사 바꾸기 등을 이용하여 직접 노래하고 연주할 수 있도록 한다.	15	
창작 및 검열 지침 작성	검열조	검열조는 실제 있었던 검열 지침이나 도덕책 등을 참고하여 창작물을 검열할 지침을 작성한다.	각 조에서 필요로 하는 자료 검색 및 기타 필요한 지원을 제공한다.	35	
	창작조	창작조는 자신의 조가 선택한 장르에 따라 자유로이 창작하여 이를 제출할 수 있는 형태로 제작한다.			
검열지침 공 지		검열조가 작성한 검열 지침을 공표한다. 공표된 검열 지침은 궤도나 멀티비전으로 공시되며, 창작조는 이를 숙지하고 자신들의 작품을 수정·삭제할 것인지 판단한다.		42	
작품 제출 및 차시 예고		창작조는 자신들의 작품을 검열조에 제출한다.	검열조가 모든 작품을 수합했는지 확인하고 다음 차시에 검열 청문회가 개최됨을 공지한다.	45	

차시	2 / 2			
학습 목표	1. 비민주적 절차에서 개인의 사상과 양심이 어떻게 왜곡되는가 체험한다. 2. 비민주적 상황에서 21세기의 중심 산업인 창의적 문화산업이 가능한지 체험한다. 3. 최근의 한류 열풍 등 우리나라의 문화 콘텐츠의 경쟁력과 민주화의 관계를 설명할 수 있다.			
주요 활동	1. 검열 청문회 2. 종합 토론			
준비물	역할 명찰, 작품 및 검열 지침 궤도 또는 ppt 파일, 가상 청문회를 위한 소품 일체			
학습 단계	교수-학습 활동		시간	비고
	학생 활동	교사 활동		
청문회 준비	청문회를 위한 좌석 배치를 완료하고, 검열조는 정면 심사석에, 그리고 창작조는 객석과 증인석에 나누어 착석한다.	검열 청문회 개최를 고지한다.	3	
청문회	검열조: 검열조는 공표한 검열지침을 요약한 뒤, 창작조를 차례차례 소환하여, 제출한 작품에서 문제가 되는 부분을 지적하고 수정 또는 삭제를 요구한다. 창작조: 호출된 창작조는 증인석에 착석하고, 나머지는 객석에서 대기한다. 호출되어 수정·삭제를 요구받은 창작조는 자신들의 작품을 변호하며, 수정되는 부분이 최소화 될 수 있도록 노력한다. 필요한 경우는 수정·삭제를 거부할 수도 있다.	청문회의 진행을 담당한다.	23	
임의 삭제·수정	검열조는 수정·삭제되어 제출된 작품에서 미진하다고 판단되는 부분, 그리고 수정·삭제를 거부한 작품을 임의로 수정 삭제한다.	이때 교사는 검열 위원회 고문의 자격으로 이 작업에 필요한 지원을 제공한다.	33	
최종 작품 감상 및 논의	창작조는 검열을 마친 최종본을 발표한다. 발표가 끝나면 이것이 원래 창작의도와 얼마나 달라졌는가 확인하며, 검열이 문화 콘텐츠에 미치는 영향에 대해 토론한다.	발표회를 진행한 뒤, 모의 상황의 종결을 선언하고, 검열과 문화 산업이라는 제하의 종합 토론을 진행한다.	45	

(3) 모듈 3: 민주적 갈등해결을 위한 논쟁학습:
  민주주의와 법치주의의 가치 충돌

ㄱ. 모듈 학습 목표

① 민주주의의 가치를 논쟁을 통해 사례 속에서 발견한다.
② 민주화 운동의 정당성을 민주주의의 근본가치를 바탕으로 옹호할
  수 있다.
③ 민주적인 토론을 통해 공공 쟁점에서 합리적으로 의사결정 할 수
  있다.

ㄴ. 적용된 수업 방법과 시나리오

이 모듈에서는 민주주의의 가장 중요한 태도인 설득과 토론을 통한
문제해결을 체험한다. 이를 위해 논쟁학습을 사용한다. 이 모듈에서 사
용하는 논쟁학습 모형은 일명 하바드 모형이라고 불리는 Oliver &
Shaver(1966)의 법리 논쟁학습 모형이다. 이 모형은 공공 문제에서 쟁점
이 되는 근본가치들을 추출하고, 그 가치들의 위계와 예상되는 결과를
논쟁을 통해 추론하고 해결방법에 도달하는 학습이다(Oliver & Shaver,
1966).

원래 이 수업 모형은 공공문제에서 헌법의 가치를 발견하고 이를 바
탕으로 해결방법을 모색하도록 하는 보수적인 목적을 가지고 있었다.
그러나 이 모듈에서는 '민주주의'의 가치와 민주주의 공고화를 위한 가
치들에 헌법과 같은 위치를 부여하고, 이를 공공문제 쟁점에서 발견하도
록 하는 것이다. '예시'하고 있는 '민주화 운동과 형식적 법치주의'논쟁
은 이러한 목적을 달성할 수 있다면, 다른 공공 쟁점으로 바꾸어 진행
하여도 무방하다. 수업은 [그림 10]과 같이 진행된다.

사례의 제시: 민주화 운동의 사례. 1980년대의 민주화 운동은 당연히 모두 불법이었다. 따라서 이 경우에는 특별히 오늘날의 법에도 심하게 위반되는 불법 사례를 선택할 필요가 있다.

↓

쟁점의 확인 및 진영의 결정: 학생들은 그 사례가 사실의 문제가 아니라 가치의 문제인지 확인하고, 쟁점이 되고 있는 가치를 확인한 뒤 입장을 선택한다. 교사는 입장에 따른 조로 학급을 재편성한다. 이 경우에는 준법과 인권, 혹은 준법과 민주주의가 대립되는 가치가 될 것이다.

↓

논쟁: 선택한 입장에 서서 논쟁을 진행한다. 논쟁은 각 입장이 가져오는 장단점을 유추하고 그 결과들을 제시하면서 진행한다. 민주적 가치들은 판단의 최종 십급으로 작용한다.

↓

합의: 서로의 입장들에서 취사선택하여, 수정된 입장으로 합의를 시도한다.

[그림 10] 가치발견 학습 수업 순서

ㄷ. 준비물

- 사례가 제시된 읽기자료: 민주화 운동 사례들 중 법을 심각하게 위반한 사례들을 중심으로 선정한다.
- 토론회나 청문회의 분위기를 조성할 수 있는 일반적인 소품 일체
- 논쟁에 필요한 좌석 배치
- 자료와 사례를 제시할 수 있는 궤도, 혹은 ppt파일과 멀티비전

ㄹ. 유의사항

이 수업에는 다음과 같은 전제조건들이 있기 때문에 활용에 각별히 유의하여야 한다.

① 학생들은 민주주의의 근본이념과 민주주의 공고화에 필요한 가치들을 이미 알고 있어야 한다.
② 학생들은 논쟁을 할 수 있는 기본적인 기능이 있어야 한다.

③ 학생들은 자신들의 입장을 분명하게 정의하고 그 근거를 제시할 수 있는 능력이 있어야 한다.

④ 이러한 전제조건들을 감안하여 이 수업은 가급적 8학년 이상의 청소년들을 대상으로 실시되어야 한다.

⑤ 이 수업은 상당한 수준의 선수학습과 자기주도 능력의 훈련을 전제하고 있기 때문에 이 연구에서 구성한 프로그램의 앞부분을 반드시 실시한 뒤에 적용하여야 한다. 이 부분만 따로 떼어 실시하고자 할 경우에는 비슷한 주제를 몇 가지 더 선정하여 3회가량 반복 시행하여야 한다. 이 경우 첫 번째 실시에서는 교사가 논쟁에 참여하여 많은 시범을 보일 필요가 있다.

⑥ 이 수업은 논쟁을 익히는 것이 가치를 익히는 것이다. 따라서 기계적으로 동수의 양 진영을 할당하는 것보다는 숫자상 균형이 깨지더라도 일단 학생들이 옳다고 믿는 입장의 편에 서도록 소집단을 구성하여야 한다.

ㅁ. 각 차시 지도안

차 시	1 / 2			
학습 목표	1. 민주주의의 가치를 논쟁을 통해 사례 속에서 발견한다. 2. 민주화 운동의 정당성을 민주주의의 근본가치를 바탕으로 옹호할 수 있다. 3. 민주적인 토론을 통해 공공 쟁점에서 합리적으로 의사결정 할 수 있다.			
주요 활동	사건 소개, 가치 발견, 입장의 선택과 발표			
학습 단계	교수－학습 활동		시간	비고
	학생 활동	교사 활동		
사건 소개	사례들을 정리하고, 개별 사건들에 대해 정확하게 이해한다.	민주화 운동의 사례들 중 특히 비합법적인 사례들을 중심으로 소개한다. 예) 1. 광주 민주화 항쟁도 엄연히 불법적인 무장집단 결성과 내란이 아닌가? 2. 6월항쟁도 엄연하게 존재하고 있는 집회와 시위에 관한 법률의 위반이 아닌가?	15	
문제 확인	1. 주어진 쟁점이 사실의 문제인가 가치의 문제인가 판단한다. 2. 주어진 쟁점에서 충돌하고 있는 가치가 무엇인지 판단한다.	주어진 사건의 사실·가치문제 여부와 충돌하는 가치 발견의 절차를 예시하고 이를 학생들에게 백지를 나누어 주어 정리하게 한다.	25	
입장 선택	1. 학생들은 주어진 쟁점에서 충돌하고 있는 가치들 중 어느 한 쪽을 선택한다. 2. 학생들은 자신이 선택한 가치를 정의하고, 선택의 근거를 정리한다. 3. 선택한 입장에 따라 조를 편성하여 논쟁대형으로 편성한다.		35	
입장의 발표	1. 자신이 선택한 입장의 정의와 그 근거를 배부 받은 백지에 정리한다. 2. 정리한 내용을 바탕으로 자신의 입장을 발표한다. 3. 상대방의 발표 내용을 정리한다.	교사는 입장의 발표를 진행한다. 두 입장을 교대로 발표하게 하며, 가능하면 많은 학생들이 발표하게 하되, 양 진영의 발표자 수가 같도록 조정한다. 이 순서는 본격적인 논쟁이 아니기 때문에 발표에 대한 반론은 제지한다.	43	
차시 예고		차시에 이 쟁점을 가지고 본격적인 논쟁이 있을 것임을 예고한다.	45	

차 시	2 / 2				
학습 목표	1. 민주주의의 가치를 논쟁을 통해 사례 속에서 발견한다. 2. 민주화 운동의 정당성을 민주주의의 근본가치를 바탕으로 옹호할 수 있다. 3. 민주적인 토론을 통해 공공 쟁점에서 합리적으로 의사결정 할 수 있다.				
주요 활동	입장에 따른 결과 예측 및 논쟁, 결과의 가치 서열 확인, 입장의 완화와 정리				

학습단계	교수-학습 활동		시간	비고
	학생 활동	교사 활동		
전시 정리	자신들의 입장을 다시 한 번 정리 한다. 이때 이미 토론을 할 수 있는 좌석 배치가 완료된 상태라야 한다.	전시에 정리된 두 입장을 정리한다.	5	
긍정적 결과 유추	자신들의 입장을 선택하였을 경우 예상되는 긍정적인 결과들을 유추한 뒤 이를 바탕으로 정당화를 시도한다.	논쟁을 진행한다. 학생들이 논쟁에 익숙하지 않을 경우는 순차적으로 결과들을 제시하도록 지시하며, 직접 그 예를 하나 만들어 제시하도록 한다. 이때 학생들이 예상되는 결과를 유추함에 있어, 지나치게 거시적으로 접근하지 않고, 일상생활에서의 사례를 들 수 있도록 지도한다.	23	
부정적 결과 유추	상대방의 입장을 선택하였을 경우 예상되는 부정적인 결과들을 유추한 뒤 이를 바탕으로 비판을 시도한다.			
결과의 위계 확인	논쟁 중에 제시된 결과들을 모두 정리한 뒤, 그 결과들과 관계된 가치들을 끌어내어 이를 민주주의의 핵심 가치들을 준거로 위계를 정한다. 위계에 따라 하위에 위치한 긍정적 결과들은 희생하고, 부정적 결과들은 감수해야 함을 동의한다.	민주주의의 핵심 가치들을 제시한 뒤 이를 바탕으로 헌법재판관의 역할을 담당한다.	33	
입장의 완 화	양 입장의 학생들은 자신들의 입장을 완화하여 제3의 길을 모색하고, 그 결과를 유추해 본다.	합의를 유도한다.	40	
정 리	예상되는 모든 결과들을 되돌아보고, 민주주의가 최선의 방안임을 깨닫는다.	토론의 과정을 정리하고, 그 결과의 의미를 생각하도록 한다.	44	
차시 예고		구체적으로 청소년들이 생활 속에서 민주주의를 구현하기 위해 할 수 있는 실천 방안을 생각해 보도록 한다.	45	

4. 단원 4: 생활 속의 민주화 실천방안의 모색

1) 단원의 개요와 학습목표

1. 자신의 경험을 민주주의 기준에 의거 평가할 수 있다.
2. 자신의 일상생활과 소속 집단의 비민주적 요소를 발견하고, 그 개선 방안을 제시할 수 있다.
3. 자신의 일상생활과 소속 집단의 민주적 개선을 위한 현실적 방안을 제시할 수 있다.
4. 언론 기사나 각종 선거 공약들을 비판적으로 검토하여 합리적인 선택을 할 수 있다.

2) 단원의 구성

"아는 것" 과 "행하는 것"은 별개의 작용을 요구한다. 아는 것을 행하기 위해서는 이를 실천하고자 하는 동기가 있어야 하며 아는 것을 실천하고자 하는 성향과 지향이 있어야 한다.

4단원은 민주주의 교육의 최종 단계로서, 민주주의에 대해 인지적으로 정서적으로 충분히 알고 있는 학생들이 이제 실천적인 지향을 발견하는 것을 목적으로 한다. 따라서 이 단원은 학생들이 실제로 자신들의 생활세계에서 비민주적 부분들을 발견하고 이를 민주적으로 시정할 수 있는 구체적인 실천 방안을 구상하도록 구성하였다.

수업의 흐름은 먼저 개인적 체험에서 문제를 발견하고, 다음으로는 자신이 몸담고 있는 집단으로 시야를 넓히며, 마지막에는 공공 쟁점에까지 이를 확대하도록 구성되어 있다. 4단원의 구체적인 구성은 <표 8> 과 같으며, 모두 7차시에 걸쳐 진행된다. 그러나 9학년 이상의 고학년의 경우는 이를 5 내지 6차시로 축약하여 진행할 수도 있다.

이 단원에서는 주로 교육연극을 적극적으로 활용하였다. 원칙적으로 는 학생들이 실제 사회단체나 학생회 등에서 민주주의를 작은 차원에서 라도 실천하는 것이 가장 훌륭한 교육이 될 것이다. 이런 취지에 입각 하여 NGO탐방 등의 수업을 시도한 사례들도 있다. 그러나 전반적으로 보수적인 한국의 교육계와 미약한 시민사회 등으로 인해 학생들이 참여 할 만한 NGO활동도 그리 많지 않고, 또 여기에 참여한 청소년들은 사 실상 별도의 교육이 필요 없을 정도로 깨어 있는 경우가 많다. 우리가 민주주의 교육을 하고자 할 때는 이미 깨어 있는 청소년들을 결집하자 는 것이 아니라, 이런 깨어 있는 청소년을 만들어 내자는 것이다.

따라서 무책임하게 참여와 실천을 강변할 것이 아니라 직접 참여하고 실천할 공간과 여지가 부족한 한국 청소년들의 현실을 인정해야 한다. 특히 공공문제 같은 경우는 참여가 문제가 아니라 공공문제에 관심을 가져야 한다는 태도부터 문제가 되는 경우가 많다. 이런 이유 때문에 4 단원에서는 직접 참여·실천을 대신하여 교실 안에서 간접적으로 참 여·실천할 수 있는 교육연극 모형을 적극적으로 활용하였다.

<표 8> 단원 4의 구성

단원 명	단원 학습 목표	구성 모듈	차시	차시별 수업 내용	
				학습내용	활동내용
4. 생활 속의 민주화 실천 방안의 모색	실제로 자신이 생활하는 사회의 실천 가능한 민주화 방안을 구성하고 이를 행동으로 옮길 수 있다.	역할놀이 학습	2	내가 겪은 비민주 재구성하고 대안 찾기	일상생활에서 겪은 비민주적 사례를 역할극으로 재현한 뒤, 해결방안을 모색한다.
		프로젝트 학습	3	내가 속한 집단의 민주주의 평가하고 민주적 개선 방안 찾기	가정·학급·학교·관공서 등의 민주적 운영 실태를 조사한 뒤 문제점에 대한 민주적인 대안과 이 대안을 관철할 수 있는 현실적인 방안을 제시한다.
		NIE학습: 선택의 갈래/ 연극-논쟁 학습	2	사회적 쟁점에 대한 비판적 분석	공공 쟁점과 관련한 기사, 각종 선거의 공약(학생회, 국회의원, 지방자치)의 비민주적 요소 혹은 현실 적합성 등을 비판적으로 검토하여 합리적인 판단을 한다.

3) 모듈별 지도안

(1) 모듈 1: 비민주주의 개선 역할극 수업

ㄱ. 모듈 학습 목표
① 자신의 일상적 경험 속에서 비민주주의를 발견할 수 있다.
② 자신의 비민주적 경험이 민주주의의 어떤 원칙에 위배되는 것인지 지적할 수 있다.
③ 자신의 비민주적 경험을 일반화하여 재현할 수 있다.
④ 자신이 경험한 비민주주의를 개선할 수 있는 민주적이고 실현 가

능한 방안을 제시할 수 있다.

ㄴ. 적용된 수업 방법과 시나리오

이 수업에 적용된 수업 방법은 역할극, 혹은 역할 놀이이다. 역할 놀이는 연극적인 요소를 가지고 있으나, 즉흥적이라는 점에서 연극이 아니다. 이 수업의 목적은 경험을 재구성하고, 대안을 구체화하는 것이다. 따라서 교사의 진행에 따라 언제든지 수정이 가능하다. 중요한 것은 역할 놀이를 통한 재현과 체험 그리고 발견을 자신의 내면으로 담을 수 있도록 하는 것이다. 따라서 보통의 역할 놀이와 달리 팔로우업 단계가 포함되며, 이 팔로우업을 체계 있게 하는 것이 가장 중요하다. 이 수업의 진행을 [그림 11]과 같이 도식화할 수 있다.

도입·안내 단계: 학생들을 6~7명을 1개조로 편성한 뒤, 자신이 일상생활에서 경험했던 비민주적인 사례를 서로 이야기 하도록 한다.

↓

역할극의 구성: 각 조원들의 경험들을 수합, 재구성하여, 조별로 실연에 옮길 비민주적 사례의 줄거리를 구성하도록 한다.

↓

역할극의 공연: 각 조 별로 구성한 역할극을 공연한다. 이때 교사와 다른 학생들은 중간 중간에 개입하여 상황에 대해 비판을 하거나, 그 상황이 어떠했어야 함, 그리고 어떤 방식으로 개선되었어야 함을 지적한다.

↓

토론 및 상황 개선 시연: 각 발표조는 공연 때의 문제제기와 조언 등을 바탕으로 문제가 개선된 상황을 구성하여 다시 보여준다. 이때 전체를 보여줄 필요는 없고, 문제가 개선된 부분만 보여줘도 무방하다.

↓

팔로우업(공통의 쟁점 및 해결방안 모색): 각 조 별 발표가 끝나면 교사는 여러 비민주적 사례들에 공통된 특징이 무엇이며, 이를 개선할 때 필요한 것이 무엇이었는지 조별 토론을 통해 발표지를 작성하도록 한다.

↓

정리: 발표지를 토대로 조별 소감을 발표하도록 한다.

[그림 11] 비민주주의 개선 역할극 수업 시나리오

발표지 양식

학년   반   조

각 조에서 발표한 이야기들은 어떤 점에서 비민주적인 사례입니까?

조	비민주적인 내용	위배한 민주주의 원칙
1		
2		
3		
4		
5		
6		

각 조의 발표들을 종합하여 여러분이 일상생활해서 경험하는 비민주적인 경험을 개선하기 위해서 무엇을 해야 하는지 정리해 보십시오.

ㄷ. 준비물

역할 놀이에서 특별한 준비물은 없고 다음과 같은 간단한 준비물이면 충분하다.

- 자신의 상황과 역할을 보여주는 데 필요한 약간의 소품
- 즉흥적인 대사들을 구성하기 위한 메모지와 필기도구 등
- 팔로우업 발표지

ㄹ. 유의사항

① 이 수업은 그 자체만으로는 효과가 없다. 민주주의, 그리고 각종 비민주적 요소들에 대한 어느 정도의 개념 학습이 이루어진 뒤에 실시되어야 한다. 2단원까지 마칠 필요는 없으나 적어도 1단원 수준의 학습은 이루어진 상태라야 진행이 가능하다.

② 이 수업은 상황의 설정, 대본의 구성, 연극의 발표, 그리고 토론을 통한 연극 내용의 재구성이 중요한 흐름이다. 이들은 모두 학생들의 자발성이 최대한 발휘되어야 효과를 볼 수 있는 활동들이다. 따라서 학생들이 서로 낯을 가리는 상황에서는 억지로 적용하기는 어렵다. 여기에서는 이미 여러 차례 이런 종류의 수업을 했기 때문에 별도의 웜업 시간을 할애하지 않았지만, 이 프로그램 전체가 아니라 이 수업만 따로 실시하고자 한다면 반드시 웜업 시간을 따로 할애해야 할 것이다.

③ 이 수업은 초·중·고 모두 적용이 가능하다. 그러나 초등학교나 중학교 저학년의 경우 교사의 부드러운 진행이 매우 중요하다.

④ 교사는 역할놀이에 대한 기본적인 지식이 필요하다. 역할놀이는 연극이 아니기 때문에 그럴듯한 연기에 너무 집착하면 안 된다. 여기에서는 단지 경험의 재구성 및 수정의 방법으로 연기를 사용할 뿐이다. 다음의 <표 9>를 참고하기 바란다.

〈표 9〉 연극과 역할놀이

	연 극	역할놀이
대 본	완성된 대본이 있다.	완성된 대본은 있을 수도 없을 수도 있다. 그러나 완성된 대본도 상황에 따라 언제든지 수정 가능하다.
배 역	대본에 따라 결정된다.	역할을 먼저 선택하고, 역할들끼리의 가상의 상호작용을 통해 대본이 성립된다.
연출자	연극을 완성하기 위한 연출자가 있다.	연출자를 대신하여, 교사는 문제제기자의 역할을 한다.
연 기	대본에서 설정한 배역에 충실히 임한다.	주어진 상황과 역할에서 자신의 생각을 표현하는 데 중점을 둔다.
관 객	무대와 객석은 분리된다.	관객은 자유로이 극의 진행에 개입하며, 극의 흐름을 수정할 수 있다.

ㅁ. 각 차시별 수업 지도안

차 시	1 2				
학 습 목 표	1. 일상생활의 경험 속에서 비민주적 경험을 추출할 수 있다. 2. 일상생활의 경험 속에서 비민주적 경험이 민주주의의 어떤 원리를 침해하였는지 설명할 수 있다.				
주 요 활 동	자신이 겪은 비민주적 경험 회상, 인출하기 자신이 겪은 비민주적 경험을 내러티브로 구성하기				

학 습 단 계		교수-학습 활동		시 간	비 고
		학생 활동	교사 활동		
워 밍 업	신체 이완	최대한 자유로운 몸과 마음으로 워밍업 동작들을 실시한다.	역할놀이에 대한 기본적인 설명과 함께, 서먹하기 쉬운 학생들의 마음과 몸을 풀어주기 위한 간단한 워밍업을 실시한다. 워밍업 동작에 정해진 규칙은 없으며, 학생들의 자발성을 유도할 수 있는 간단한 신체 놀이 정도면 충분하다.	5	교사는 학생들의 발표담을 간단히 정리하면서 문제의식을 고취시킨다.
	경험 발표	자유로이 발표한다.	학생들이 일상생활 속에서 "비민주적이다"라고 느낀 경험이 있으면 발표하도록 한다.	15	
소집단별 경험 공유		소집단으로 모여서 서로 자신의 경험담을 나누도록 한다.	학생들을 소집단으로 편성한 뒤, 비민주적 경험담을 서로 나누도록 한다. 이때 활발한 학생, 정리를 잘 하는 학생, 창의성이 높은 학생이 소집단 내에 골고루 분포되도록 유의한다.	30	
소집단별 역할극 구 성		소집단 내 경험담들을 수합하고, 공통된 요소, 내러티브상의 연속성들을 발견하여 하나의 일관된 이야기로 만들어 가며, 그 이야기 속에서의 역할들을 결정한다.	소집단 내의 경험담들을 하나로 수렴하여 이야기를 구성하도록 유도한다.	44	
차 시 예 고			차시에 소집단별로 구성한 이야기를 실제 시연하게 됨을 알린다.	45	

차 시	2 / 2			
학습 목표	1. 일상생활 속에서 겪은 비민주적 경험을 재현할 수 있다. 2. 이러한 비민주적 요소를 해결하기 위해 무엇을 해야 하는지 설명할 수 있다.			
주요 활동	비민주적 경험 즉흥극으로 재현하기 재현한 즉흥극에 개입하여 대안 제시하고 즉흥극 수정하기			

학습 단계		교수-학습 활동		시간	비고
		학생 활동	교사 활동		
워밍업		신체동작을 통해 몸과 마음을 이완시킨다.	신체놀이를 통해 학생들이 자유로운 몸과 마음을 가지도록 한다.	5	
역할놀이	소집단별 역할극 실연	소집단별로 준비한 역할극을 공연한다.	학생들이 역할극을 공연하도록 하고, 토의가 원활하게 이루어지도록 진행한다. 저학년의 경우는 주로 토론을 주도한다. 이때 주의할 점은 모든 조의 역할극 공연이 끝난 뒤 토론이 이루어지는 것이 아니라는 것이다. 한 개 조의 공연, 토론, 수정까지 마친 뒤, 다음 조의 공연으로 들어가는 형식으로 진행되어야 한다.	35	
	문제가 되는 부분 토의	공연한 역할극에서 어떤 부분이 비민주적 요소이며, 민주주의의 어떤 부분을 침해하였는지 토의한다.			
	문제의 해결방안 모색	문제가 된 부분을 민주적으로 해결할 방안은 무엇인지 토의하고, 예상되는 결과를 제시한다.			
	수정된 역할극 공연	토의 결과 문제가 되는 부분이 해결되는 상황을 역할극으로 다시 공연한다.			
종합 토론		지금까지 논의, 수정한 것들을 정리한다. 필요한 경우 평가지를 작성한다.	지금까지 간접 체험하고 논의하고 수정한 것들을 정리한다. 이때 평가지의 활용도 바람직하다.	44	
차시 예고			차시에 학생회나 가족 같은 소속집단의 민주화 방안에 대해 논의할 것임을 주지시킨다.	45	

(2) 모듈 2: 학교의 민주화 방안 - 용의복장 규정, 또는 학생회 규정 개정 프로젝트

ㄱ. 모듈 학습 개요와 목표

이 모듈에서는 학생들이 자신들의 구체적인 생활공간인 학교에서 비민주주의를 발견하고 이를 민주화할 수 있는 현실적인 방안을 마련하는 것을 목적으로 한다. 물론 구체적인 실천까지 이른다면 가장 좋겠지만 학생들의 불이익을 감안하여 실천 방안을 구상하는 데까지를 수업의 과정으로 삼는다. 이는 장차 사회에 나아가 책임 있는 자리에 있을 때 사회를 민주적으로 개선하는 연습이 되며, 또한 비판하고 감시하는 시민으로 성장하기 위해서도 필요한 경험이 될 것이다.

이 모듈은 현재 한국의 일선 중·고등학교에서 가장 비민주적이라고 알려진 두 영역을 대상으로 실시할 수 있다. 하나는 학생회 활동의 활성화이며, 또 하나는 학생의 용의복장 규정의 개정과정에의 학생 참여다.

학생회는 현재 민주적인 절차와 방법에 의해 학생들의 의견이 반영될 수 있는 유일한 공식적 통로다. 그런데 정작 이러한 학생회 활동은 형식에 머물러 있다. 학생회에 대한 학생들의 의식은 그저 공부 잘하고 돈 많은 집 아이의 자기 권력 창출의 통로, 진학을 위한 가산점을 획득하기 위한 수단, 혹은 있는 집 아이들의 장식품 정도로 여기며, 선거 이후에는 별반 관심이 없다. 이런 상황은 결코 바람직하지 않으며, 학생자치회의의 활성화는 학생들의 민주주의에 대한 생활 속의 실천과 성취감을 얻을 수 있는 가장 현실적인 방안이다. 따라서 생활 속의 민주주의의 내면화가 공고화의 관건이라면 학생들은 마땅히 학생회부터 활성화하는 방안을 찾아야 할 것이다.

용의 복장 규정의 경우 그 직접적인 제한과 제약이 가해지는 당사자는 학생들이고, 또 이 제한과 제약이 되는 대상은 헌법상의 기본적인 권리에 해당되는 신체의 자유와 관계된다. 그럼에도 불구하고 학생들의 의견은 제정, 개정 절차에 거의 반영되지 않는다는 점에서 현행 학생용의 복장 규정은 학교 비민주성의 상징이라 할 만하다. 따라서 여기에 학생의 의견이 반영되지 못하는 이유를 알아보고 학생회 활동의 권한 및 역할 속에서 그 실현 가능성을 알아볼 수도 있다. 여기에 더하여 학생들은 이를 바탕으로 이상적인 규정 개정안을 만들어 보면서 실현 가능한 방법을 모색할 수도 있을 것이다. 이 방법에는 학생회의 학교에 대한 건의, 서명 운동 등 여러 가지가 있겠지만, 이러한 방법을 모색하는 과정 속에서 학생들은 실천적 대안과 민주적 의사결정 과정을 사전에 경험할 수 있을 것이다.

이러한 과정들을 통해 이 모듈에서 궁극적으로는 다음과 같은 학습목표 달성을 기대할 수 있다.

① 자신이 속한 집단의 운영 방식을 민주주의 기준으로 분석할 수 있다.
② 소속 집단의 비민주적인 요소를 발견하고 문제를 지적할 수 있다.
③ 자신이 속한 집단의 민주화를 위해 필요한 절차와 구체적인 실천을 구상할 수 있다.

ㄴ. **적용된 수업 방법과 시나리오**

이 모듈에서 적용된 수업 모형은 프로젝트 학습이다. 프로젝트 학습은 학생들이 스스로 문제를 발견하고, 이 문제를 해결하기 위한 계획을 수립하여, 구체적인 실천 프로그램을 구성하는 학습이다. 원래 프로젝트 학습은 장기간(한 학기 혹은 1년)에 걸쳐 진행되는 것이 원칙이지만, 이 경우는 프로젝트에 필요한 여러 지식이나 태도가 습득된 것으로 볼 수 있기 때문에 바로 프로젝트 구상에 들어간다. 프로젝트 학습의 진행은 다음의 [그림 12]와 같이 이루어진다.

도입: 자신이 몸담고 있는 집단인 학교에서 실제 자신과 밀접한 관련이 있는 학생 용의복장 규정이나 학생회 규정을 소개하고, 이를 평가하도록 한다. 그리고 문제가 있다면 무엇이 문제이며, 어떤 비민주적 요소가 있는지 발견하도록 한다.

↓

소집단 편성: 학생들을 6~7인 정도의 소집단으로 편성한다. 이때 소집단은 능력과 무관하게 친소관계가 잘 적용되도록 구성한다. 단 각 조별로 리더 역할을 할 수 있는 학생은 반드시 한 명이 포함되도록 배려한다.

↓

조별 토론: 학생들을 소집단으로 나눈 뒤 해결하고자 하는 문제를 선택하도록 하고, 이 문제의 해결을 위한 프로젝트 계획서를 작성하도록 한다. 계획서에는 다음과 같은 사항들이 포함되어야 한다.

① 조사의 내용 및 목적
② 조사 대상, 시기 및 조사자
③ 조사 방법
④ 예상되는 결과

이때 교사는 각 조별로 문제를 해결하기 위해 달성되어야 하는 과제들을 배분하여 주고, 설문지법, 인터뷰 법, 문헌검색 등 조사 방법에 대한 기본적인 지식을 제공한다.

↓

실제 조사 및 대안 모색: 계획서에 따라 소집단별로 맡은 부문별 실제 조사를 실시하고, 문제점을 진단한 뒤 가능한 대안과 그 실천방안을 보고서의 형태로 작성한다.

↓

각 조별 발표 및 토론: 각 소집단별로 자신이 조사한 문제점과 그 해결발안을 발표한다. 그리고 그 방안에 대한 예측 가능한 결과를 공유하며, 이를 강화 혹은 수정한다.

↓

종합적인 대안 구상: 각 부문별 발표를 바탕으로 학생회나 학생 용의복장 규정의 민주화를 위해 한 사람, 한 사람이 할 수 있는 일은 무엇인지 종합적인 대안과 실천 방안을 구상한다.

[그림 12] 프로젝트 학습 순서

ㄷ. 준비물

- 학교 학생자치 규정이나 학생 용의복장 규정(프리젠테이션 파일 형태가 좋음)
- 소집단별 토의를 위한 필기도구
- 조사지 작성을 위한 컴퓨터와 프린터
- 조사 발표를 위한 프로젝션
- 기타 토론 수업에 필요한 도구 일체.

ㄹ. 유의사항

① 이 수업은 학생들의 자발적인 참여가 필수적이다. 따라서 대뜸 이 수업만 실시해서는 잘 이루어지지 않는다. 앞 단원의 수업들이 적어도 두 개 모듈 정도가 시행된 다음에 이 수업을 실시해야 할 것이다.

② 여기에서는 학생회 자치규정, 용의복장 규정을 대상으로 하고 있지만 꼭 여기에 한정시킬 필요는 없다. 학생의 동기유발이 가능하다면 학생들의 일상생활과 관련된 것들 중 무엇이라도 상관없다. 단 지나치게 추상적이거나 시사적인 것[43]은 동기유발이 어려울 수 있음을 유의하여야 한다.

③ 학생 자치나 용의복장 규정에 민감한 보수적인 교사들이 많은 것이 현실이다. 따라서 경우에 따라서 학교 측과 마찰이 있을 수도 있다. 이때 무리하게 진행하지 말고, 동기를 유발할 수 있는 다른 소재를 찾는 것이 좋다(예: 입시학원에의 비민주적 실태). 이것은 수업이지 운동이 아님을 명심해야 하며, 만일 발생할 수 있는 학생들의 불이익에 대해 무책임한 태도가 되어서도 안 된다.

④ 이 수업은 장기간의 활동을 필요로 한다. 따라서 지도안 상으로는 3차시라도 실제로는 5차시 이상이 요구될 경우도 있다. 이때는 그

---

43) 예컨대 한미 FTA 같은 것

시간들을 학생들의 작업, 발표 준비 시간으로 활용할 수 있다. 혹은 학기 초에 과제만 부여하고 학기 말에 수업을 진행하는 것도 좋은 방법이 될 것이다.

⑤ 이 수업은 고학년에 적당하다. 그러나 학년을 혼성하여 저학년을 고학년이 주도적으로 지도할 수도 있다. 특히 청소년 캠프 등에서 학년 혼성 소집단을 편성하여 이를 실시하면 더 큰 효과를 기대할 수 있다.

ㅁ. 각 차시 지도안

차 시	1 / 3				
학습 목표	학생들이 일상생활을 보내는 학교 내의 비민주적 요소나 문제점을 발견할 수 있다.				
주요 활동	1. 학교 내 비민주적 요소를 학생회와 복장규정을 중심으로 민주주의를 기준으로 문제제기 한다. 2. 이를 해결하기 위해 실시해야 하는 실태 조사의 역할을 분담하고 소집단별로 계획서를 작성한다.				
학습 단계	교수-학습 활동			시 간	비 고
	학생 활동		교사 활동		
도 입			일상생활 공간에서의 민주주의의 중요성을 강조하고, 막연한 불만이 아니라 그 민주적 해결 방안을 모색해야 함을 지적한다.	10	
문제 제기	제시된 규정들을 검토하고, 불만을 발표한다. 이때 그 불만을 지금까지 학습한 민주주의의 기준에 따라 평가한다.		현행 학교 학생자치규정과 학생용의복장규정을 제시하고 그 속에서 비민주적인 문제를 발견하고 그 이유를 설명하게 한다.	25	
조사 문제의 배당	각 소집단별로 모인다. (각 소집단별 역할분담 예시) 1조-학생회 활동의 전반적인 내용과 활동상황을 조사한다. 2조-선거 시 공약과 공약의 실현 여부에 대하여 조사하되 만약 실현되지 못했다면 그 이유가 무엇인지 조사한다.(예: 공약 자체가 실현 불가능한 것이었는가, 당선 이후 학생회의 실현의지가 없었는가? 등) 3조-학생의 용의 복장 규정의 제정 절차에 대하여 조사한다. 가능하면 여러 학교의 규정에 대하여 조사. 4조-학생의 용의 복장 규정의 제정이 이미 오래된 관행임에도 개정되고 있지 않거나 개정되더라도 학생들의 의견이 반영되지 못하는 이유는 무엇인지에 대하여 조사한다. ― 교사, 학생에 대한 설문을 통해 5조-학생회 활동의 우수사례를 조사한다.		프로젝트를 위해 조사해야 할 부문들을 지정하고, 부문별로 조사할 소집단을 선정 배당한다.	35	
조사계획 수립	소집단별로 할당받은 문제를 숙지하고, 적절한 조사 계획을 수립한다.		조사계획의 수립과정을 검토하고, 실현가능성 여부를 감안하여 지도한다.	44	
차시 예고			실태조사 발표가 있을 것임을 예고한다.	45	

차 시	2 / 3				
학습목표	자신이 몸담고 있는 집단의 문제점을 민주주의의 기준으로 평가하여 이를 지적할 수 있다.				
주요활동	1. 각 부문별 실태 발표 2. 각 부문별 해결 방안 제시 및 토론				
학습단계	교수－학습 활동			시간	비고
	학생 활동	교사 활동			
도 입	심포지엄 형태로 좌석을 배치한다.	실태조사 발표의 시작 및 준비 체크		3	
부문별 발표	소집단별로 자신이 맡은 부문의 실태를 발표한다. 그리고 다른 집단이 발표할 경우 의문이 있으면 이를 제기한다.	원활한 발표와 토론이 이루어지도록 진행자의 역할을 맡는다.		23	
부문별 대책 제시	소집단별로 자신이 맡은 부문의 개선 방안을 제시한다. 다른 집단이 발표할 경우 여기에 의문을 제기하거나, 예상되는 결과를 바탕으로 토론을 제기한다.			43	
차시 주제 발표		지금까지 논의된 실태와 개선 방안을 정리한 뒤, 각 소집단별로 종합적인 대책을 구상하도록 지시한다.		45	

차 시	3 / 3			
학습목표	1. 자신이 몸담고 있는 집단의 민주적 개선을 위해 필요한 것이 무엇인지 설명할 수 있다. 2. 이를 달성하기 위해 자신이 할 수 있는 일이 무엇인지 구체적으로 열거할 수 있다.			
주요 활동	1. 종합적인 개선 방안 발표 2. 개선을 위해 구체적으로 실현 가능한 대안 제시			

학습단계	교수-학습 활동		시간	비고
	학생 활동	교사 활동		
도 입	심포지엄 형태로 좌석을 배치한다.	종합토론회의 개최를 선포하고	3	
소집단별 개선 방안 발표	소집단별로 자신들이 생각하는 학생자치규정, 용의복장 규정의 개정 방향을 제시하고, 이를 위하여 해결되어야 하는 과제를 제시한다. 다른 집단이 발표할 때는 여기에 대한 동의, 이의제기, 비판, 보충 등의 의견을 제시한다.	토론의 원활한 진행을 돕는다. 저학년인 경우는 교사의 개입이 좀 더 적극적일 필요가 있다.	23	
개선방안에 대한 토론	학생자치규정, 용의복장 규정의 민주적 개정이라는 주제로 자유로운 토론을 진행 한다.	특히 구체적인 실천방안과 관련해서는 학교 측의 입장을 대변하여, 예상되는 문제점 등을 제시해 줄 필요가 있다. 다만 이때 지나치게 학교 측 입장을 강조하여 학생들의 자발적인 생각의 흐름을 차단하지 않도록 조심한다.	33	
구체적인 실천방안 제시	구체적인 방향으로 시야를 돌려 실제 자신들이 할 수 있는 실천 방안을 자유로이 발표한다. 그리고 다른 사람의 발표내용을 잘 듣고, 그것이 실천의 현장에서 야기할 예상되는 문제와 결과를 근거로 동의, 이의제기, 비판, 보충 등의 의견을 제시한다.		43	
토론의 종합		토론의 내용을 종합하고, 이제 시야를 학교가 아니라 사회 전체로 확대해 볼 것을 권장한다.	45	

(3) 모듈 3-1: NIE – 논쟁 학습: 공공문제의 합리적 해결

ㄱ. 모듈 개요 및 학습 목표

이 모듈은 민주주의 교육의 최종 단계로서 국가 등 큰 규모의 공공문제에 대한 의사결정을 하는 훈련이다. 민주주의 국가에서 시민의 의사결정은 투표, 선거의 형태로 나타난다. 그런데 투표의 한 표는 무작위로 표기하는 혹은 순간의 감정이나 연줄망에 의해 표기하는 낙서 이상의 것이 되어야 한다. 그러기 위해서는 이 한 표를 행사하기 위한 성찰과 고민이 치열하게 이루어져야 한다. 바로 이런 치열한 고민과 성찰, 즉 숙고가 이루어진 다음에야 비로소 다수결은 민주주의의 장치로 기능할 수 있다. 이 모듈에서는 바로 이러한 숙고의 과정을 체험하는 것을 목적으로 한다. 학생들은 쟁점에 대한 찬반 투표를 하기에 앞서 현재 자신의 입장에 따라 소집단으로 재편되고, 논쟁을 하고, 논쟁을 통해 획득한 새로운 지식과 가치에 의거하여 합리적으로 의사 결정을 한 뒤 투표에 임하게 된다. 이 모듈의 학습목표는 다음과 같다.

① 공공문제에 대하여 반성적으로 접근할 수 있다.
② 공공문제에 대하여 합리적 선택을 할 수 있고, 그 선택의 근거를 설명 할 수 있다.
③ 공공문제에 대하여 합리적인 토론을 할 수 있다.
④ 공공문제를 공적인 가치에 비추어 평가할 수 있다.
⑤ 신문이나 기타 매체 자료를 자신의 합리적 의사결정을 위하여 비판적으로 검토, 분석할 수 있다.

ㄴ. 적용된 수업 방법과 시나리오

이 모듈에 적용된 수업방법은 신문이나 정보를 활용한 공공문제 논쟁학습이다. 이는 현재 첨예하게 쟁점이 되고 있는 공공문제에 대해 수업 시간 중에 개방된 정보 수집 도구를 활용하여 논쟁을 하고, 이를 바탕으로 의사결정을 하는 수업이다. 이 수업의 흐름은 다음 [그림 13]과 같이 진행된다.

도입: 현재 한국 사회에서 첨예한 쟁점이 되고 있는 사례를 제시하고, 여기에 따른 입장 차이에 따라 학생들을 두 개 이상의 집단으로 편성한다.

↓

집단 내 토론: 편성된 학생들은 자신이 소속한 집단 내에서 다시 논쟁조와 조사조로 나뉜다. 논쟁조는 자신들의 입장을 대변할 논리를 개발하는 조와 상대방의 논리에 대한 공격을 할 조로 편성하고, 조사조는 이를 뒷받침할 근거 자료를 수집한다. 근거 자료는 신문, 웹진 등 다양하게 활용할 수 있다.

↓

집단 간 토론: 두 집단간 토론을 실시한다. 토론 도중에도 계속해서 교실에 있는 인터넷 등을 활용하여 근거 자료를 수집하도록 한다. 토론은 어떤 입장을 선택할 경우 초래할 결과를 반성적이면서 논리적으로 예측하면서 이루어지도록 한다.

↓

의사결정표 작성: 논쟁을 정리한 뒤 준비된 의사결정표를 나누어준 뒤 이를 작성하게 한다. 이 의사결정표는 토론 과정에서 중요하게 다루어진 가치들을 중심으로 구성한다.

↓

최종 투표 및 의사결정: 의사결정표에 근거하여 자신의 최종 입장을 결정한 뒤 쟁점에 대한 투표를 실시한다.

[그림 13] NIE 의사결정학습 수업 순서

ㄷ. 준비물
- 쟁점이 되는 사례를 소개하는 자료들
- 논쟁을 진행하기에 충분한 신문기사 스크랩과 기타 자료들
- 적어도 2대 이상의 인터넷이 연결된 개방된 컴퓨터(프린터가 있으면 더욱 좋음)
- 기타 토론에 필요한 장비들

- 의사결정표(아래 예시 참조)
- 투표함과 투표용지.

〈의사결정표 예시: 예시의 사례는 천성산 관통 터널임〉

	환경의 보전	경제적 이익	정책의 추진	시민 의견 반영	합계	
					+	−
찬성하게 된다면	− − − − +	+ + + + +	+ + + + −	− − − − −	10	10
반대하게 된다면	+ + + + +	− − − − +	− − − − +	+ + + + +	12	8

<의사 결정표 작성 요령>
* 평가 항목은 교사가 미리 만들지 않고, 논쟁에서 쟁점이 되는 부분들을 요약하여 작성한다. 물론 이 예시에 나와 있는 항목대로 할 이유도 없다.
* 각 셀마다 −나 +의 합이 다섯 개를 넘지 않아야 한다.
* 각 셀마다 표시된 +와 −표시를 합산한다.
* 찬성할 경우의 +개수의 합계와, −개수의 합계, 또 반대할 경우의 +개수의 합계와, −개수의 합계를 합산하여 입장을 결정하고 투표에 참가한다.

ㄹ. 유의사항

① 이 수업의 중요한 목표 중 하나는 매체로 획득하는 정보를 비판적으로 검토하는 것이다. 따라서 학생들이 단지 '~일보'에 보도되었기 때문에 자신들이 옳다는 식의 토론을 하지 않도록 유의한다.

② 이 수업은 고도의 반성적 사고력을 요구하기 때문에 저학년 수업에는 적합하지 않다.

③ 중학교 2학년 이하의 청소년들에게는 이 모듈에 대한 대안으로 제시된 3-2 모듈을 활용하는 것이 좋다.

④ 이 수업의 논쟁 내용은 현재가 아니다. 반드시 자신이 선택한 입장이 초래할 결과를 예측해야 하며, 토론은 바로 이 예측의 타당성을 놓고 이루어져야 한다.

⑤ 이 수업에는 일정하게 정해진 차시가 없다. 이 책에 제시된 예시에는 2차시로 되어 있으나 이는 상황에 따라 얼마든지 변할 수 있

다. 다만 한 가지 유의해야 할 점은, 충분히 의사결정을 할 만큼 논쟁이 이루어졌고, 더 이상의 쟁점이 나오지 않는다고 판단될 때까지는 의사결정표를 나누어 주거나 투표에 들어가서는 안 된다. 이는 맹목적인 다수결이 아니라 숙의 민주주의를 훈련하는 과정이기 때문이다.

⑥ 학생들이 작성한 의사결정표와 학생들이 결정한 투표 결과가 같아야 한다. 만약 의사결정표와 다른 투표를 했을 경우 그 이유를 학생에게 직접 설명하도록 요구하여야 한다.

⑦ 이 수업은 소집단간의 대결이 아니다. 따라서 최종적인 의사결정을 할 때는 자신의 소속 집단을 준거로 할 것이 아니라 토론 과정을 통해 스스로 옳다고 판단한 기준에 따라야 함을 주지시켜야 한다.

ㅁ. 각 차시 지도안

차 시	1 / 2			
학습목표	1. 공공문제의 쟁점을 정의할 수 있다. 2. 공공문제의 쟁점에서 문제가 되는 영역을 정의할 수 있다.			
주요 활동	1. 공공문제 쟁점의 사례 소개 2. 공공문제 쟁점에 대한 자신의 입장 명료화 3. 자신의 입장을 합리화할 수 있는 논리 개발의 전략 수립			
학습단계	교수-학습 활동		시간	비 고
	학생 활동	교사 활동		
사례의 소개	사례를 보며 자신의 생각을 정리한다.	쟁점이 되고 있는 공공문제를 소개한다. 예) 천성산 관통터널 강행해야 하나, 중단해야 하나?	10	비디오, 기사 모음 등 활용
입장의 정리	사례와 주장들을 명료화한 뒤 자신의 입장을 선택한다.	쟁점 소개를 부연한 뒤, 두 입장 중 어디에 찬성하는지 선택하도록 한다.	15	
소집단 편성	자신의 입장에 따른 두 개의 소집단으로 모인다.	자신이 선택한 입장에 따라 학급을 재편성 한다.	20	
소집단 내 역할 분담	소집단을 토론자, 문제제기자, 자료수집자의 세 파트로 다시 나눈다.	소집단 내 필요한 역할 분담을 제시한다.	30	
토론 전략 수립 근거자료 수집	토론자는 자신들의 입장이 관철될 경우 예상되는 논리적인 결과를 유추하고, 문제제기자는 상대방의 입장이 관철될 경우 예상되는 문제점을 유추한다. 그리고 여기에 따라 토론의 전략과 근거자료 수집의 전략을 수립한다. 각 소집단은 개방된 인터넷과 미리 제공된 여러 매체자료들을 근거로 예상 결과를 정교하게 구성한다. 그리고 이를 바탕으로 토론에 필요한 발언록, 문제제기 등을 정리한다.	자료의 제공, 기타 자문의 역할을 맡는다.	44	충분한 신문자료, 도서자료 등이 구비된 교실이 장소로 적당하다. 그러나 개방된 인터넷 컴퓨터가 2대 이상이면 이것으로도 충분하다.
차시 예고		차시에 본격적인 논쟁이 있을 것임을	45	

차 시	2 / 2			
학습목표	1. 공공문제에서 쟁점을 이루는 진영들의 논리를 이해할 수 있다. 2. 각 쟁점이 야기할 결과들을 반성적으로 예측할 수 있다. 3. 반성적 예측을 바탕으로 합리적인 토론을 진행할 수 있다. 4. 이를 바탕으로 합리적인 의사 선택을 할 수 있다.			
주요활동	1. 각 쟁점의 예상되는 결과를 제시 2. 각 쟁점의 예상되는 결과를 바탕으로 한 토론 3. 토론 결과를 내면화한 상태에서 의사결정 4. 의사결정을 근거로 한 투표			

학습단계	교수-학습 활동		시간	비고
	학생 활동	교사 활동		
토론 시작	학생들은 패널 토의 형태로 좌석을 배치한다.	토론회의 시작을 알린다.	3	
토 론	천성산 관통터널 찬성 및 반대 입장으로 나뉘어 토론을 실시한다. 토론의 근거는 상대방의 입장이 관철될 때 나타나게 될 부정적인 결과와 자신들의 입장이 관철될 때 나타나게 될 긍정적인 효과이다. 이 효과는 막연한 유추가 아니라 분명한 근거가 있어야 하며, 자료조는 토론 중에도 수시로 인터넷에 접속하여 이 근거를 제공해야 한다.	토론의 원활한 진행자의 역할을 담당한다.	27	
토론쟁점 정의		토론에서 계속 제기된 바람직한, 혹은 부정적인 결과를 범주화 한다.	33	
의사결정 표 작성	의사결정표를 토론에 참가한 결과 형성된 자신의 생각에 근거하여 작성한다. 그리고 그 결과물을 계산하여 찬성/반대 입장을 확립한다.	범주화한 결과를 바탕으로 의사결정표를 작성하여 배부한다.	38	이때 학생들의 찬/반 결정은 소속 소집단과 무관하게 이루어져야 한다.
투표	의사결정표를 근거로 찬/반 투표한다.	투표를 실시한다.	44	투표의 방식은 반드시 비밀투표일 필요는 없으나 가능하면 투표함과 용지를 만들 수 있도록 한다.
투표결과 발표	투표 결과를 해석하고 나름의 행동방안을 생각한다.	투표 결과를 발표한다.	45	

(4) 모듈 3-2: DIE-논쟁 학습(구 & 권 모형)

ㄱ. 모듈 개요 및 학습 목표
이 모듈의 학습목표는 3-1과 동일하다.

ㄴ. 적용된 수업 방법과 시나리오
이 모듈은 3-1 모듈의 대체 방법이다. 특히 대상 청소년이 중학교 2학년 이하의 저학년일 경우는 이 방법을 권장한다. 여기에서 DIE라 함은 교육연극의 한 종류인 Drama in Education의 약자다. DIE는 대본이 있다는 점에서 역할놀이와 다르며, 대본의 구성과정과 연습과정이 구별되지 않는다는 점에서 일반적인 연극과 다르다. DIE의 특징에 대해서는 다음의 <표 10>을 참고하기 바란다.

<표 10> 연극과 DIE

	일반적인 연극	DIE
목적	관객을 위한 감상용 작품	연극을 만드는 과정을 통한 사회적 기술의 습득
제작자	훈련받은 전문 연출자와 배우/최소한 연출자는 훈련받은 경험이 있음	학생들이 스스로 만들어 나감. 교사는 이들의 창의성을 유도하고 자극하는 역할을 함
관객	객석에서 감상함	관객이 따로 없는 능동적인 공동작업 체험/관객이 있을 경우 능동적으로 참여하여 극을 완성 혹은 수정
공연	관객을 대상으로 공연하며, 완성된 작품은 변하지 않음	스스로를 대상으로 공연하며, 공연 도중 문제제기에 의해 유연하게 극이 변함
공연 이후	공연진은 성취감을, 관객은 심미감을 획득	공연 이후 다양한 프로그램(팔로우업)을 통해 교육적 효과를 높임. 오히려 공연 자체보다 이 과정이 더욱 중요시됨.

그러나 이 모듈은 그러나 단순한 DIE가 아니다. DIE를 한국의 일선 학교 교실에 도입하기에는 해결하기 어려운 문제들이 많으며, 또 그 자체로 민주주의 교육으로 활용하기에는 한계가 있다. 이 모듈은 연구자

들이 DIE의 이러한 한계를 극복하기 위해 팔로우업 단계에 논쟁학습을
결합시킨 DIE-논쟁 수업모형에 따라 구성되었다. 이 모듈의 기본적인
수업 단계는 다음의 [그림 14]와 같다.[44]

도입: 현재 한국 사회에서 첨예한 쟁점이 되고 있는 사례를 제시하고, 여기에 따른 입장 차이에 따라 학생들을 두 개 이상의 집단으로 편성한다.

↓

집단 내 역할 분담: 소집단을 논리를 개발하는 역할과 상황극을 구성하는 역할로 편성한다.

↓

상황극의 구성: 각자 자신의 집단이 지지하는 입장이 야기할 긍정적 효과, 상대방 입장이 야기할 부정적 효과를 중심으로 상황극을 구성한다. 상황극의 구성과정이 곧 소집단 내의 토의과정이 된다.

↓

상황극의 공연과 토론: 소집단별로 완성된 상황극을 공연하며, 공연이 끝나면 문제제기를 하고 논쟁을 벌인다. 경우에 따라서는 상대방의 상황극을 수정하여 이를 예시할 수도 있다.

↓

의사결정표의 작성: 공연과 토론이 끝나면 의사결정표를 작성한다. 요령은 3-1모듈과 동일하다.

↓

최종 의사결정 및 투표: 3-1 모듈과 동일하다.

[그림 14] 연극-논쟁 수업 순서

ㄷ. 준비물

- 기본적으로 3-1 모듈에 필요한 도구는 모두 동일하게 필요
- 연극을 공연할 수 있는 소품, 음향장치, 충분한 공간
- 조명 장치가 있는 곳에서 실시하면 더욱 효과적

ㄹ. 유의사항

① 이 모듈은 3-1 모듈에 이어서 실시되는 것이 아니라 기본적으로
   동일한 목표를 가진 병렬적인 모듈이다. 그러나 3-1과 3-2 모듈을

---

44) DIE-논쟁학습(구&권 모형)에 대한 보다 상세한 정보는 <보론>을 참고하기 바라며 그
    보다 상세한 정보를 얻고자 한다면 2007년 하반기에 출판 예정인 저자들의 또 다른 책
    을 참고하기 바란다.

모두 실시한다 하더라도 큰 문제는 없다. 이 경우 3-2 모듈을 먼
저 실시하는 것이 좋으며, 당연히 쟁점은 서로 다른 것을 취급해
야 한다.

② 이 수업의 목적은 연극을 완성도 있게 공연하는 것이 아니라 연극
을 만드는 과정 속에서 가상적인 체험과 성찰을 하는 것이다. 따
라서 미학적 측면으로 지나치게 흐르지 않도록 유의한다.

③ 무대에 올라가는 상황극은 닫힌 대본이 아니다. 역할을 맡은 학생
의 성찰에 의해 대본의 수정이 가능하며, 토론 결과 대사나 구성
이 바뀔 수도 있다.

④ 팔로우업은 교육연극의 심장이다. 따라서 상황극 공연이 종료된 뒤
이를 바탕으로 활발한 토론이 이루어질 수 있도록 지도해야 한다.

⑤ 토론의 주제는 연극에서 묘사된 공공 쟁점의 예상되는 결과들이지
연극 그 자체가 아니다. 따라서 학생들이 연기나 연출의 특정 부
분을 가지고 논쟁하는 일이 없도록 유의하여야 한다.

⑥ 이 수업은 난이도가 높은 수업으로 상당한 수준으로 숙련된 교사
가 진행하는 것이 바람직하다. 또 여기 제시되어 있는 지도안만
가지고 진행하기는 어렵기 때문에 반드시 보론을 참고하고 충분한
연습이 있어야 한다.

⑦ 이 수업에서 교사는 방관자나 역외자가 아니라 적극적인 참여자가
되어야 한다. 특히 교사로서 참여하는 것보다는 마치 연극처럼 하
나의 역을 맡아서 참여하는 것이 좋다. 예컨대 토론이 이루어질 경
우 TV프로그램 같은 형식을 갖춘 뒤 아나운서 역을 맡는 경우 좋
은 효과를 볼 수 있다.

⑧ 교사와 학생 모두 자신의 벽과 수치심을 깨고 충분히 연극적 상황
을 즐길 수 있어야 이 수업이 실제로 진행될 수 있다. 교사와 학
생의 의사소통이 원활하지 않거나 소극적인 경우 이 수업을 진행
함에 대단히 어려움이 많다. 이럴 경우는 충분한 워밍업 시간을

가져야 한다.

⑨ 의사결정과 투표는 3-1 모듈과 동일하게 진행되기 때문에 여기에
자세히 기술하지는 않았다. 3-1 모듈 부분을 참고하기 바란다.

2차시는 학생들의 연습 및 리허설 시간으로 할애한다. 그리고 공연과
논쟁은 3차시에 진행된다. 논쟁이 길어질 경우 투표는 한 시간을 연장
하여 4차시에 실시하도록 한다.

ㅁ. 각 차시 지도안

차 시	1 / 3				
학습목표	1. 공공문제의 쟁점을 정의할 수 있다. 2. 공공문제의 쟁점에서 문제가 되는 영역을 정의할 수 있다.				
주요 활동	1. 공공문제 쟁점의 사례 소개 2. 공공문제 쟁점에 대한 자신의 입장 명료화 3. 자신의 입장을 합리화할 수 있는 논리 개발의 전략 수립				
학습단계	교수-학습 활동		시간	비고
	학생 활동	교사 활동		
사례의 소개	사례를 보며 자신의 생각을 정리한다.	쟁점이 되고 있는 공공문제를 소개한다. 예) 천성산 관통터널 강행해야 하나, 중단해야 하나?	10	비 디 오, 기사 모음 등 활용
입장의 정리	사례와 주장들을 명료화한 뒤 자신의 입장을 선택한다.	쟁점 소개를 부연한 뒤, 두 입장 중 어디에 찬성하는지 선택 하도록 한다.	15	
소집단 편성	자신의 입장에 따른 두 개의 소집단으로 모인다.	자신이 선택한 입장에 따라 학급을 재편성한다.	20	
소집단 내 역할 분담	소집단을 토론 및 문제제기자, 상황극 구성자의 두 파트로 다시 나눈다.	소집단 내 필요한 역할 분담을 제시한다.	30	
토론 전략 수립	토론 및 문제제기자는 자신들의 입장이 관철될 경우 예상되는 논리적인 결과를 유추하고, 상대방의 입장이 관철될 경우 예상되는 문제점을 유추한다. 그리고 여기에 따라 상황극 파트는 이를 핵심적으로 보여줄 수 있는 상황극의 줄거리와 등장인물을 정하고 연습에 들어간다.	자료의 제공, 기타 자문의 역할을 맡는다.	44	충분한 신문자료, 도서자료 등이 구비된 교실이 장소로 적당하다. 그러나 개방된 인터넷 컴퓨터가 2대 이상이면 이것으로도 충분하다.
근거자료 수집	각 소집단은 개방된 인터넷과 미리 제공된 여러 매체자료들을 근거로 예상 결과를 막연한 유추가 아니라 근거를 가진 예측으로 구성한다. 그리고 이를 바탕으로 토론에 필요한 발언록, 문제제기 등을 정리한다.			
차시 예고		차시에 연습이 있고 차차시에 본격적인 공연과 논쟁이 있을 것임을 예고한다.	45	

차 시	3 / 3			
학습목표	1. 공공문제에서 쟁점을 이루는 진영들의 논리를 이해할 수 있다. 2. 각 쟁점이 야기할 결과들을 반성적으로 예측할 수 있다. 3. 반성적 예측을 바탕으로 합리적인 토론을 진행할 수 있다. 4. 이를 바탕으로 합리적인 의사 선택을 할 수 있다.			
주요활동	1. 각 쟁점의 예상되는 결과를 연극으로 제시 2. 각 쟁점의 예상되는 결과를 바탕으로 한 토론 3. 토론 결과를 내면화한 상태에서 의사결정 4. 의사결정을 근거로 한 투표			

학습단계	교수-학습 활동		시간	비고
	학생 활동	교사 활동		
도 입	조별로 모이고, 공연을 위한 준비를 완료한다.	공연 준비를 체크하고 각 조를 정돈한다.	3	
상황극	집단 1은 "터널관통 찬성" 입장을 주장하는 상황극을 공연한다. 이때 집단 2는 중간에 이의제기를 하며 체크한다. 체크가 들어올 때 집단1 구성원들은 상대방의 이의제기가 무엇인지 예측하고 이에 대한 대응책을 마련한다. 집단 2는 "터널관통 반대" 입장을 주장하는 상황극을 공연한다. 이때 집단 1은 중간에 이의제기를 하며 체크한다. 체크가 들어올 때 집단1 구성원들은 상대방의 이의제기가 무엇인지 예측하고 이에 대한 대응책을 마련한다.	공연의 원활한 진행을 보조하는 스텝의 역할을 담당한다.	23	
토론	공연을 모두 마친 후, 각 조는 상대 조에게 이의 제기한 부분의 리플레이를 요구하며, 여기에 대해 자신들의 대안을 제시하며 토론을 제기한다.	토론의 사회자의 역할을 수행하며, 각 조가 자신의 논지를 벗어난 주장을 할 때 이를 바로잡는다.	33	
의사결정표 작성	의사결정표를 토론에 참가한 결과 형성된 자신의 생각에 근거하여 작성한다. 그리고 그 결과물을 계산하여 찬성/반대 입장을 확립한다.	범주화한 결과를 바탕으로 의사결정표를 작성하여 배부한다.	38	이때 학생들의 찬/반 결정은 소속 소집단과 무관하게 이루어져야 한다.
투 표	의사결정표를 근거로 찬/반 투표한다.	투표를 실시한다.	44	투표의 방식은 반드시 비밀투표일 필요는 없으나 가능하면 투표함과 용지를 만들 수 있도록 한다.
투표결과 발표	투표 결과를 해석하고 나름의 행동방안을 생각한다.	투표 결과를 발표한다.	45	

VIII. 결론 및 후속연구 제언

    지금까지 민주주의 교육에 대한 이론적인 기반을 마련하기 위해 민주주의 개념에 대해 폭넓게 탐색하였고, 특히 현 단계 한국 민주주의의 공고화를 위해 이루어져야 할 과제가 무엇인지 살펴보고 이를 달성하기 위한 민주주의 교육의 단원을 설정하고 구체적인 수업 지도안을 제시하였다. 그 결과 민주주의란 단순한 절차나 제도, 혹은 어떤 이념이 아니라 지식과 문화 태도를 모두 포괄하는 넓은 원리임을 확인하였다. 따라서 민주시민을 양성하기 위해서는 지식, 태도, 문화의 모든 영역을 포괄하는 폭 넓은 교육 프로그램이 필요함도 확인하였다. 또 민주주의 교육은 지식뿐 아니라 태도와 문화의 영역이기 때문에 그 방법과 과정부터도 민주적이어야 하며, 교사가 일방적으로 진행하거나 주입하는 교육은 배제되어야 한다. 이러한 작업은 당연히 대단히 어려운 작업이며 한 번의 작업, 하나의 결과물로 끝날 수 있는 일이 아니다.

    이 책에 제시된 민주주의 교육 프로그램은 바로 이러한 고민의 산물이며, 그 한 번의 작업, 하나의 결과물이다. 여기에 제시된 수업지도안들은 파편적으로 제시된 것이 아니라 1차시에서부터 마지막 차시에 이르기까지 일관된 흐름 속에서 배치된 것이다. 이 수업 지도안들은 민주주의의 일반적인 원리와 개념으로부터 시작하여 구체적인 생활 속에서의 실천방안의 발견에 이를 수 있도록 설계되었다. 따라서 이 프로그램은 따라서 전체가 모두 수행되어야 그 효과를 기대할 수 있다. 그런 의미에서 어떤 교과에 부분적으로 포함되기보다는 창의적 재량활동이나 청소년 수련활동 등을 이용하여 전체가 활용되는 것이 보다 효과적일 것이다.

누차 밝혔지만 이 연구의 결과는 민주주의 교육의 한 작업이며 하나의 결과다. 민주주의 교육 프로그램은 여러 종류가 개발되어야 하며, 서로의 장단점을 비판, 흡수해야 한다. 즉 민주주의 교육 프로그램들 간의 민주적인 관계가 수립되어야 하는 것이다. 민주주의가 탁월한 지도자가 다스리는 수호자 주의를 능가하는 것은 바로 이 종 다양성 속에서 누구도 예측할 수 없었던 탁월한 결과가 나온다는 점이다. 따라서 여기에 미리 제시할 이 연구의 제한점과 한계들을 극복할 수 있는 활발한 후속 연구들과 대안적 프로그램들의 개발을 저자들은 기꺼이 기다릴 것이다.

첫째, 이 연구의 프로그램과 여기에 따라 배치된 수업 모형들의 구체적인 효과에 대해서는 검증된 바가 없다. 따라서 이 프로그램을 실제로 많은 학생들을 상대로 장기간 가동하기에는 약간의 위험성도 있다. 이를 해결하기 위해 여기에 제시된 수업 모듈 각각에 대한, 혹은 프로그램 전반에 대한 실험 연구를 통한 실증적 자료의 수집이 필요할 것이다.

둘째, 이 연구에서 제시하고 있는 수업 모형들은 실시하는 교사나 지도사가 숙련된 경력자일 것과, 그들이 민주주의 교육에 대한 열의와 헌신성이 있어 스스로 자료를 수집할 의지가 있을 것이라는 점을 사실상 전제하고 있다. 그러나 일선 교사나 청소년 지도사들 중 이 연구에 나오는 수업모형을 전혀 이해하지 못하거나 가동하기 어려운 사람들이 있을 수도 있다. 따라서 이 연구 결과가 보다 보편적으로 활용되기 위해서는 누구나 이를 활용할 수 있도록 하는 매뉴얼, 자료집, 그리고 연수 프로그램 등의 개발을 기대하고 있다.

셋째, 이 연구에서 제시하고 있는 수업 모형들은 기본적으로 국민공통과정상의 7~10학년을 기준으로 하고 있다. 따라서 초등학생들을 대상으로 이 프로그램을 운용하기에는 많은 어려움이 있을 것이다. 이는 연구진들이 모두 중등교육 전공자인데다가, 이 연구가 민주주의 교육 프로그램을 처음 개척하는 역할을 하고 있기에 그 범위를 넓히기가 어려웠음에 기인한다. 따라서 여러 초등교육 전문가들이 이 부분에 대한 보충적인 연구를 실시하기를 기대한다.

넷째, 이 연구는 수업 모형을 구안하는 데 중점을 두었기 때문에 실제 수업에 활용할 수 있는 자료까지 개발하지는 못하였다. 따라서 이를 별도의 작업으로 제안하는 바이다. 그러나 민주주의 교육에 필요한 자료는 '민주화운동 기념 사업회' 등의 기관에서 충분히 제공하고 있기 때문에 이 연구에 구태여 포함할 이유는 적다고 생각한다. 하지만 일선 교사들의 편의를 위해 활용 가능한 자료집의 개발 등도 꼭 필요한 일이다.

마지막으로 민주주의 교육의 지평을 넓히는 연구가 필요할 것이다. 이 연구는 진행되는 내내 사회과라고 하는 일반교과와 구별되는 민주주의 교육의 영역과 위상을 찾고자 노력하였다. 그러나 그 시도가 썩 성공적인 것 같지는 않다. 민주주의 교육이 사회과라는 특정한 교과의 내용이 될 수는 없다. 이는 생활의 문제이며 문화의 문제이다. 그러나 민주시민성 교육이라는 사회과의 영역과 상호 독립적인 민주주의 교육의 지평을 확보하는 것이 그렇게 간단한 일은 아닐 것이다. 이 연구에서는 이를 확보하려다 민주주의의 의미를 매우 협소하게 정의하였다. 그러나 이 연구에서 정의한 의미의 민주주의와는 다른 의미의 지평도 있을 수 있다. 앞으로 이러한 다양한 지평의 민주주의 교육이 구체적인 수업모형과 함께 제시될 필요가 있을 것이다.

1987년 6월 민주화 운동으로부터 벌써 20년을 바라보고 있다. 1987년에 출생한 아기들이 이미 대학생이 되었다. 그럼에도 불구하고 민주화 세력들은 여전히 부정의 민주주의, 반항의 민주주의를 벗어나지 못하고 있다. 그러나 압제자가 정권을 차지하고 있지 않은 상태에서 부정의 민주주의, 반항의 민주주의는 오히려 시민들을 당황스럽게 만들 뿐이다. 그 결과 '민주화 세력'에 대한 국민적인 염증이 확대되고 있다.

심지어는 '국익', '효율'과 같은 이른바 실용적인 가치들 앞에 '표현의 자유', '다양한 이해관계의 포용'과 같은 민주적인 가치들이 여지없이 밀리는 분위기까지 노출되고 있다. 이제는 민주주의 자체가 거의 담론의 대상이 되지 않는 딱한 처지가 된 것이다. "신새벽에 남몰래 민주주의여 만세"라고 숨죽여 써야 했던 시대로부터 불과 한 세대 만에 "경제 성장을 위해 민주주의를 제한하는 것도 큰 문제는 아니다."라고 생각하는 젊은이들을 만나게 되었다.

바로 이런 상황에서 절실하게 요구되는 것이 청소년들에 대한 민주주의 교육이다. 그런데 이제는 저항과 투쟁의 민주주의 시대가 아니라 생성의 민주주의 조화의 민주주의가 필요하다. 민주주의 교육도 이 점에서 전환이 필요하다. 독재의 잔학상, 투쟁의 위대함을 강조하는 민주주의 교육은 민주화된 대한민국 태생의 오늘날 청소년들에게 아무런 감동을 주지 못한다. 오히려 민주주의, 민주주의의 원리가 자신들의 삶을 얼마나 아름답고 풍요롭게 만들 수 있는지 느끼게 해야 한다.

저자들은 청소년들에게 이러한 경험을 제공할 수 있는 교육적 방편을 마련하고자 2004년부터 2년간을 고민하고 작업하였다. 그러나 저자들의 고민과 작업은 이 책으로 끝나는 것이 아니다. 민주주의가 계속 생성되고, 발전해 나가야 하는 것이듯, 민주주의 교육 역시 계속 성장하고 발전되어 나가야 한다. 따라서 시대에 가장 적합한 민주주의 교육 프로그램과 방법을 모색하는 저자들의 노력도 계속 될 것이며, 그 노력의 결과 역시 새로운 모습으로 계속 독자들 앞에 선을 보일 것이다.

참고문헌

권낙원(1996).『토의수업의 이론과 실제』. 서울: 현대교육출판.

권오정, 김영석(2002).『사회과 교육학의 구조와 쟁점』. 서울: 교육과학사.

권재원, 구민정(2004). "연극-논쟁 수업 모형 개발에 대한 연구: 청소년 문화활동
　　을 통한 고차 사고력 함양을 위하여".『한국교육연구』, 10(2), pp. 34-63.

김광자(2000).『교수학습방법의 이해』. 서울: 집문당.

김신일(2003).『교육사회학』. 서울: 교육과학사.

김영수(1995).『민주 시민론』. 서울: 법문사.

김영인(2003).『정치참여의 시민교육 효과에 대한 연구: 법의식·관용·효능감 형성에
　　미치는 영향을 중심으로』. 서울대 박사논문.

김영인(2003). "16대 대선이 청소년 정치의식에 미친 영향과 청소년 정치교육".『
　　청소년학연구』, 10(2), pp.73-105.

김창화(2003).『청소년을 위한 연극교육』. 서울: 문음사.

남세진(1997).『역할놀이』. 서울대학교 출판부.

박상준(2003).『행위성향 중심의 시민교육』. 서울대학교 박사논문.

백완기(1994).『민주주의 문화론』. 서울: 나남출판.

민병욱(2000). "창의적 드라마의 교육적 효용성에 관한 실증적 연구",『한국연극학』,
　　15, pp.149-184.

박건호(1999). "의사결정력 향상의 받침대로써 시뮬레이션의 역할과 시뮬레이션 프로그
　　램의 개발 방향",『시민교육연구』, 28, pp.201-220.

손준종(2000). "학교교육의 효과에 대한 학생들의 인식연구: 민주적 시민성을 중심으
　　로",『청소년학연구』, 7(2), pp.73-95.

송호근(1997). "배제된 민주화와 유보된 이중진화", 최장집, 임현진 편(1997).『한국사
　　회와 민주주의-한국민주화 10년의 평가와 반성』. 서울: 나남출판.

윤기옥, 정문성, 최영철, 강문봉, 노석구(2002).『수업모형의 이론과 실제』. 서울:

학문출판.

윤상철(1999).『1980년대 한국의 민주화이행과정』. 서울: 서울대학교 출판부.

이성호(2003).『교수방법의 탐구』. 서울: 양서원.

이순재(2003).『사회과 쟁점중심 수업이 비판적 사고 및 학습태도에 미치는 효과』. 서울대학교 박사학위 논문.

이진석(1999). "사회과교육에서 문제해결 학습의 재구성: 수업전략과 단원의 실제".『시민교육연구』, 28, pp.151-170.

임혁백(1997). "지연되고 있는 민주주의의 공고화: 정치민주화의 과정과 문제점", 최장집, 임현진 편(1997).『한국사회와 민주주의-한국민주화 10년의 평가와 반성』. 서울: 나남출판.

임현진(1997). "한국 민주화의 과제: 포용과 융합의 사회발전을 위하여", 최장집, 임현진 편(1997).『한국사회와 민주주의-한국민주화 10년의 평가와 반성』. 서울: 나남출판.

저득주, 김광영, 김도태, 김호성, 박준영, 임승빈, 최은수, 허영식, 홍준형(2000).『정치문화와 민주시민교육-한국, 대만, 독일, 일본, 미국의 비교분석』. 서울: 유풍출판사.

전숙자(2002).『사회과교육의 새로운 이해』. 서울: 교육과학사

정인성, 나일주(1999).『최신 교수설계 이론(개정판)』. 서울: 교육과학사.

주은옥(2001).『논쟁문제를 위한 '찬반협상 모형'의 개발과 효과 연구』. 서울대학교 박사학위 논문.

천희완, 김원태, 홍승균, 권태덕, 배형신, 안갑연, 주영미(2003).『7차 교육과정의 중·고 사회과 교과서(일반사회)에 나타난 한국 민주화운동 서술 실태분석』. 서울: 민주화운동기념사업회.

최장집(2002).『민주화 이후의 민주주의: 한국 민주주의의 보수적 기원』. 서울: 휴머니타스.

Arendt, H.(1958). *The human Conditions.* Chicago: University of Chicago Press

Baradat, L.P.(1984). *Political Ideologies: their origins and impact.* Prentice-Hall: Englewood Cliffs. / 신복룡 외 옮김(1986).『현대정치사상』. 서울: 평민사.

Bloom, B.S., Engelhart, M.D., Furst, E.J., Hill, W.H. & Krathwohl, D.R.(1956). *Taxonomy of educational objects, the Classification of educational goals: Handbook Vol.1.* New York: Longmans, Green.

Collier, D. & Levitsky, S.(1995). *Democracy with Adjectives.* 임혁백(1997)에서 재인용.

Connor, W. R.(1991). *The New Politicians of fifth-century Athens*. Princeton: Princeton Univ. Press.

Dahl, R. A.(1989). *Democracy and its Critics*. Yale Univ. Press.

Dahl, R. A.(1998). *On Democracy*. Yale Univ. Press./ 김왕식 외 옮김(2002). 『민주주의』. 서울: 동명사.

Dewey, J.(1944). *Democracy and Education*. New York: Free Press.

Engle, S. H. & Ochoa, A. S.(1988). *Education for democratic citizenship: Decision making in Social Studies*. New York: Teacher's College, Columbia University.

Finley, M. I.(1983). *Politics in the Ancient World*. Cambridge: Cambridge Univ. Press.

Freire, P.(1970). *Pedagogy of the oppressed*. New York: The Continuum International Press.

Ginsberg, B., Shefter, M.(1999). *Politics by other Means: Politicians, Prosecutors and the Press from Watergate to Whitewater*. New York: W.W. Norton & Company.

Hampshire, S.(2000). *Justice is Conflict*. Princeton Univ. Press.

Joyce, G. & Weil, M.(1986). *Models of Teaching(3rd. ed.)*. Englewood Cliff, NJ.: Prentice Hall.

Jones, A. H. M.(1969). *Athenian Democracy*. Oxford: Basil Blackwell.

Linz, J. & Stepan, A.(1978). *The Breakdown of democratic Regime*. Baltimore: John Hopkins Univ. Press.

Linz, J. & Stepan, A.(1996). *Problems of Democratic Transition and Consolidation: Southern Europe, South America and Post-Communist Europe*. Baltimore: John Hopkins Univ. Press.

Lipset, Seymour(1960). *Political Man: The Social Bases of Politics*. New York: Double Day.

Locke, J. 2d. ed. by Peter Laslett(1970). *Two Treatises of Government*. Cambridge: Cambridge Univ. Press.

Marzano, R. J. & Arredondo, D.E.(1986). *Tactics for Thinking*. Alexandria, VA.: Association for for Supervision and Curriculum Development.

Nozick, R.(1974). *Anarchy, State and Utopia*. New York: Basil Books.

O'Donnell, G.(1973). *Modernization and Bureaucratic Authoritarianism*. Berkely: Univ. of California Press.

Oliver, D. W. & Shaver, J. P.(1966). *Teaching Public Issues in High School.* Boston: Houghton-Mifflin Co.

Orlich, D.C, Harder, R.J., Callahan, R.C., Kravas, C.H., Kavchak, D.P., Pendergrass, R.A., & Keogh, A.J.(1985). *Teaching Strategies(2nd. ed.).* Lexington, MA: Heath.

Pennock, J. R. & Chapman, J. W.(1978). *Anarchism.* New York: New York Univ. Press.

Pennock, J. R. & Chapman, J. W.(1983). *Liberal Democracy.* New York: New York Univ.

Pocock, J.G.A.(1975). *The Machiavellian Moment.* Princeton: Princeton Univ. Press.

Przevorsky, A., Limongi, F.(1997). Modernization: Theories and Facts, *World Politics,* 49(2).

Rousseau, J.J. 정성환 역(1994a). 『인간 불평등 기원론』. 서울: 홍신문화사.

Rousseau, J.J. 정성환 역(1994b). 『사회계약론』. 서울: 홍신문화사.

Sabine, G. H. 4th ed. revised by Thorson, T., L.(1973). *A History of political theory.* New York: Holt, Rinehart and Winston.

Shaftel, F.R., Shaftel, G.(1967). *Role Playing for social value: Decision making in the social studies.* Englwood Cliffs, N.J.: Prentice Hall

Shaftel, F.R., Shaftel, G.(1982). *Role Playing in the Curriculum.* Englwood Cliffs, N.J.: Prentice Hall.

Sweeny, J.A.C., Parsons, J.B.(1975). Teach preparation and models for teaching controversial social issues, In Muessig, R.H(Ed.). *Controversial issues in the social studies: A contemporary perspective.* Washington D.C.: National Council for Social Studies.

Taba, H.(1987). *Teacher's Handbook for elementary Social Studies.* Palo Alto, CA: Addison-Wesley.

Van Cleaf, D. W.(2001). *Action in Elementary Social Studies.* Boston: Allyn & Bacon. / 남경희 외 옮김(2001). 『사회과 교수·학습론』. 서울: 교육과학사.

Wood, G. S.(1969). *The Conception of American Republic 1776-1787.* Clapel Hill: University of Carolina Press.

3부 부록

부 록 1
문제제기에 대한 답변[45]

이 연구는 진행되는 과정에, 또 발표된 이후에 직·간접적인 많은 문제제기를 받았다. 이러한 활발한 비판과 반비판은 민주주의 교육의 영역이 이제 개척단계인 상황에서 매우 바람직한 현상이기 때문에 이 연구에 대해 제기된 주요 비판들과 거기에 대한 저자의 반박을 요약해 본다.

질문 1 "민주주의 개념이 너무 협소하며, 통상적인 용례와 맞지 않다."

이 질문에 대한 필자의 답변은 만약 이것이 문제로 여겨진다면 이는 필자가 성공하였음을 반증한다는 것이다. 필자는 의도적으로 민주주의 개념을 협소하게 정의하였으며, 그 결과 통상적인 용례와 달라지는 것을 감수하였다. 실제로 필자는 자유, 평등, 인권, 인간의 존엄성 등 민주주의라고 하면 흔히 등장하는 가치 함축적 개념들을 의도적으로 배제하였다.

---

45) 이 문제제기에 대한 답변은 대표저자인 권재원의 개인적인 견해이며 연구진 전체의 견해를 대표하지 않는다. 반론의 거친 표현은 격렬한 논쟁을 즐기는 권재원의 개인적인 취향이 반영된 것이며, 저자들의 공식적 반응이 아님을 다시 강조한다.

　이러한 개념들은 사실상 명확한 정의가 어려운 것들이다. 명확한 정의가 어렵다는 것은 자의적으로 사용될 여지가 많다는 것이기도 하다. 그래서 이 용어들이 정치적 필요에 의해 사실상 전혀 다른 현상을 대표한 경우도 얼마든지 있어왔다. 실제로 많은 독재자들이나 전체주의자들도 "자유", "자유세계"라는 용어를 사용했다. 부시 대통령의 "자유의 확산"이라는 표현을 보라. 우리나라에서도 과거 베트남 파병 목적을 "자유 우방 수호"라고 외쳤던 적이 있다.

　따라서 진정한 민주주의 교육이라면 이러한 개념들의 정의를 직접적으로 배워서는 안 된다. 자유란 무엇이고, 평등은 무엇이며 하며 배우는 민주주의 교육은 민주주의의 핵심 가치들을 비민주적으로 배우는 아이러니만 창출한다. 따라서 교육의 목적이 민주적인 태도와 문화의 함양이라면, 학습 목표는 이러한 가치들 자체가 아니라, 이 가치들을 포함한 여러 논쟁적 상황에서 숙고하고 합리적인 해결책을 발견해 나갈 수 있는 능력이 되어야 할 것이다.

　물론 필자의 이런 생각에 여전히 동의하지 않는 사람들도 있을 것이다. 그리고 필자 역시 이 연구에서 제시한 민주주의의 정의를 고집할 생각은 없다.

　그러나 한 가지 분명한 것은 이 연구는 민주주의 자체는 그저 막연하게 혹은 모호하게 방치하고서 "민주주의 교육"의 방법론에만 몰두하고 있던 현 상황에, "민주주의"가 이름으로 **무엇을 가르칠 것인가?**라는 근본적인 문제제기를 했다는 점에서 중요한 의미가 있다는 것이다. 이 연구에서 규정한 민주주의의 범위가 협소하다고 생각하든 혹은 지나치게 넓다고 생각하든 간에 이런 근본적인 문제에 대한 논의는 앞으로도 필요하며 그 자체로 건강한 현상이 될 것이다. 민주주의는 강압이 아니라 대화이기 때문이다.

질문 2 "절차 민주주의를 너무 강조하였다."

이것은 필자 역시 절실히 느낀 한계이기도 하였다. 하지만 이 질문에 대한 답변은 필자가 의도적으로 절차 민주주의를 강조하였다는 것이다. 이는 질문 1과 필연적으로 연관된다. 필자는 민주적인 절차가 내면화되고 문화로 체득된 시민 없이 어떤 민주주의도 가능하지 않다고 생각한다.

물론 필자는 절차 민주주의가 민주주의의 최대한이라고 생각하지는 않는다. 그러나 민주주의 교육에서 가장 먼저 가르쳐야 할 것이 무엇이냐고 묻는다면 그것은 절차 민주주의라고 대답할 것이다. 그 바탕 위에 보다 깊은 차원의 민주주의 교육이 가능할 것이다. 따라서 청소년을 대상으로 하고 있는 이 연구는 절차 민주주의에 치중한 것이며, 다른 차원의 민주주의(참여민주주의, 숙고민주주의)교육은 평생교육 프로그램의 일환으로 개발되어야 할 것이다.

다만 서구식 의회민주주의를 너무 강조함으로써 기존 지배계급의 정치적 정당성을 강화할지도 모른다는 문제제기에 대해서는 단호하게 거부한다. 실제로 서구식 의회민주주의는 비록 이상적이지는 않을지 모르겠으나 현존하는 정치제도들 중에서는 가장 훌륭한 정치제도이며, 현재로서는 선택 가능한 유일한 대안이다. 물론 이 제도는 그 단점을 보완하고 앞으로도 더욱 발전하고 진화해야 하겠지만, 과거 마오쩌둥의 '신민주주의론'을 비롯하여 동유럽, 쿠바, 북한 등 그 어느 나라도 의회 민주주의보다 더 나은 대안임을 입증하지 못하거나 오히려 크나큰 비극으로 마무리되어야 했다. 따라서 민주주의 교육의 기본적인 초석은 의회민주주의에 바탕을 두어야 할 것이다.

간혹 "이 연구의 민주주의 개념에 의하면 북한은 매우 비민주적인 국가로 규정되며, 이것이 반공이데올로기, 냉전 이데올로기 등에 이용될 것이 우려된다."는 목소리도 있었다. 혹은 소위 "민주주의"란 미국과 서구가 자신들의 정치체를 기준으로 다른 나라들을 폄하하기 위한 이데올로기라는 주장도 있었다.

그러나 여기에 대한 필자의 대답도 단호하다. **북한은 "비민주적인 국가"가 분명하다.** 이것은 부정할 수 없는 사실이다. 이 점을 분명하게 인정하지 않는 한, 남한의 민주화 운동은 반민주 진영의 이데올로기 공세에서 결코 자유롭지 않을 것이다. 여기에 대해서는 매우 많은 논의가 필요하기 때문에 다른 공간에서 계속적인 논쟁이 가능하기를 희망한다.

질문 3 "시민사회에 대한 고려가 부족하다."

시민사회는 아직 정립되지 않은 개념이다. 우리나라에서는 자발적인 결사체라는 토끄빌적 의미의 시민사회가 과도하게 사용되고 있다는 것이 필자의 개인적인 생각이다. 실제 시민사회는 구체적으로 존재하는 사회적 실체라는 주장에서부터 일종의 이념이라는 주장에 이르기까지 넓은 스펙트럼을 가진 개념이다. 물론 시민사회를 일종의 이념으로 간주한다면 민주주의 교육의 대상이 될 수 있겠으나, 어떤 사회적 실체 혹은 이념형으로 간주된다면 이는 민주주의 교육의 대상이 될 수 없다. 심지어 시민사회를 일종의 분석적 범주로 간주하는 견해도 많음을 지적하지 않을 수 없다. 또 헤겔이나 뒤르켐의 경우 시민사회와 이익집단을 같은 범주로 보고 있음도 첨언한다.

필자는 국가와 시민사회의 대립이라는 현재 한국의 주류 시민사회론을 의도적으로 배제하였다. 시민사회 역시 민주화가 필요한 영역이지 시민사회에 민주주의가 내포된 것은 아니다. 마찬가지로 시민단체에도 도덕과 민주주의가 필요한 것이지 시민단체가 도덕성과 민주주의를 내포한 것은 아니다. 따라서 필자는 NGO탐방, NGO체험 등의 프로그램은 일체 포함시키지 않았다. 3·1절에 시청 앞 광장에서 성조기를 휘두르며 시위하는 단체도 분명 NGO이며 시민단체라는 점을 명심해야 한다.

질문 4 "라틴아메리카에 대한 연구에 너무 많이 의존하였고, 국내 몇몇 사회학자의 이론에 너무 의존하였다."

이 질문에 대해서는 필자의 한계라고 고백할 수밖에 없겠다. 필자 역시 민주주의 그 자체에 대한, 특히 민주화 그 자체에 대한 공부는 부족한 상태에서 이 연구를 시작하였다. 그러나 이 공부의 부족이 필자만의 문제는 아닐 것이다. 이는 우리나라 전체의 문제이다. 그동안 민주주의의 당위성만을 외쳐온 나머지 우리나라에는 민주화에 대한 사회과학적이고 분석적인 연구가 부족한 형편이다. 이는 결국 외국의 연구사례를 공부함으로써 보충할 수밖에 없다.

따라서 필자는 "왜 라틴아메리카 연구에 의존하였느냐?", "왜 국내의 일부 사회학자에 의존하였느냐?"라는 질문에 "왜 우리나라 민주화에 대한 연구가 이렇게도 적은가?"라고 반문 아닌 변명을 하고자 한다. 물론 절대적인 연구 편수 자체는 결코 부족하지 않다. 그러나 형이상학적 논변으로 흘러버리지 않고, 철학적 당위론으로 흘러버리지 않는 연구는 몇몇 학자들에게 한정되어 있었고, 거기에서 토끄빌주의자들을 배제하고 나자 공교롭게 "일부 사회학자들"만 남았을 뿐이다.

그러나 이 질문의 저의에 "우리식 민주주의, 우리 실정에 맞는 민주화에 대한 논의가 부족하다" 따위의 화두가 숨어있다면 여기에 대해서는 단호하게 거부한다. 민주주의는 인류의 보편적인 문제이지 한반도의 문제가 아니다. 그리고 당연히 민주주의는 민족의 범위를 넘어서는 상위 심급의 문제이다.

우리는 "우리식 민주주의"와 "우리식 사회주의"가 각각 한반도의 남과 북에서 얼마나 참혹한 결과를 가져왔는지 이미 알고 있다. 실제 파시즘과 관련한 많은 연구들이 "민족주의"는 민주주의와 거리가 먼 이데올로기이며, 어떠한 종류의 파시즘도 궁극적으로 민족주의와 연결되고 있음을 분명히 하고 있다. 필자는 민주주의에 민족주의적 덧칠을 하는

어떠한 시도에도 단호하게 반대한다. 이 문제 역시 여기서 논의할 문제
는 아니기 때문에 다른 장소를 빌렸으면 한다.

질문 5 "제도권 교육방법과 차이가 없다."

이 연구는 실제로 많은 국내외 교육학자들의 수업모형을 도입하였다.
그러나 그것이 제도권이라고 불리며 배제되어야 한다는 주장에는 단호
하게 반대한다. 사실 자신의 아마추어리즘을 비제도권이란 말로 교묘히
포장해왔던 것이 실로 심각한 한국 교육운동의 문제다. 소위 제도권의
교수-학습 방법을 활용하지 못하는 교사는 저항적인 교사가 아니라 무
능한 교사이거나 전근대적인 훈장님이다.

이 연구에서 사용되는 수업모형은 학생의 자발성과 교사의 의도성의
균형을 맞추기 위해 수많은 연구자들이 개발하고 개량해 온 모형들이다.
학생의 자발성은 물론 듣기에는 좋은 말이다. 그러나 그들이 청소년임
을 명심해야 한다. 교사는 분명히 미성숙한 청소년을 육성하는 역할도
담당해야 한다. 학생의 자발성이라는 미명하에 마땅히 행해야 할 학습
의 설계와 조작을 게을리 하는 교사는 고리타분하게 강의하고 회초리
치는 교사보다 더 위험하다. 또 미국학자들의 모형을 도입해서 불만일
지 모르는 비판자들에게는 왜 상투를 틀고 도포를 입고, 논어·맹자를
가르치지 않느냐고 반문하고 싶다.

질문6 "민주주의 이행이 아니라 공고화를 목적으로 삼는다는 것 은 우리나라 민주화의 단계를 너무 과대평가한 것이다."

이 질문에 대해서는 지금까지 우리나라의 민주화 세력들은 우리나라
의 민주화를 너무 과소평가했다고 반문할 것이다. 실제 한국의 민주주의
는 제도적 수준에서는 거의 완성단계에 이르렀다는 것이 필자의 생각이

다. 따라서 이제는 시야를 생활세계와 문화적 차원으로 돌려야 할 때가 되었다. 물론 이는 필자의 견해일 뿐이다. 그러나 우리나라의 민주화 수준을 높게 평가한 시도가 민주화 세력들에게서 별로 나타나지 않았다는 점을 필자는 안타깝게 생각한다.

이는 공교롭게도 산업역군 세대인 베이비붐 세대가 우리나라의 경제 수준에 대해 과소평가하는 것과 비슷하다. 베이비붐 세대는 우리나라를 아직도 후진국 내지 중진국으로 알고 있으며, 386세대는 아직도 민주화가 요원한 시대에 살고 있는 것으로 알고 있다. 이는 모두 과거에 대한 과도한 부채감에서 비롯된다.

그러나 비판할 것은 비판해야 하겠지만 자랑스러워할 것은 당연히 자랑스러워해야 한다. 아직까지도 자학적인 국가관을 가지고 있는 3, 40대들, 특히 진보적인 3, 40대들은 대한민국을 경제대국이면서 동시에 남부럽지 않은 민주공화국으로 표현하는 20대의 솔직함에서 배울 필요가 있다. 지금 국제사회는 대한민국을 그 정도로 인정하고 있으며, 동시에 그 정도의 위치에서 마땅히 행해야 할 국제적 의무를 기대하고 있다.

부 록 2

보론: DIE – 논쟁 수업 모듈 개발 및 사례

이 연구에서는 비교적 최신의 고차적인 수업 모형들을 많이 사용하였다. 물론 대개의 경우 교직과정을 충실히 이수한 훈련된 교사라면 교육학 관련 문헌을 참고하여 능히 소화할 수 있을 것이다. 그러나 마지막 단원에 자주 사용된 연극(performance)을 활용한 논쟁학습은 연구진 중 권재원과 구민정(2004)이 독자 개발한 연극 – 논쟁 학습 모형을 사용하였기 때문에 기존 교육학 문헌을 참고할 수 없다. 따라서 이 수업모형의 개발과정과 실제 수업 예시를 보론의 형식으로 첨부하여 이해를 돕고자 한다.46)

연극 – 논쟁 학습은 문자 그대로 교육연극과 논쟁학습을 결합한 것이다. 교육연극과 논쟁학습은 그 자체로도 훌륭한 수업모형이지만 학급당 학생 수가 많아 원활한 운용이 어렵고(교육연극의 경우), 학업능력이나 보유 정보량이 떨어지는 학생들을 소외시킨다는(논쟁학습의 경우) 한계가 있다. 논쟁학습의 경우 정보를 충분히 가지지 않은 학생들은 참여할 길이 없다. 또 교육연극의 경우 연극 제작에 직접 참여하지 않는 학생

---

46) DIE – 논쟁 학습 모형에 대한 보다 상세한 내용을 담은 책이 현재 준비 중이다. 관심 있는 독자가 필자에게 연락할 경우 출판 전이지만 관련 자료를 제공할 수 있다.

들은 소외된다.

연구진은 논쟁학습과 교육연극 수업의 메타-인지적 목표와 과정이 사실상 유사하다는 점에서 해결의 단초를 발견하였다. 다만 차이가 있다면 논쟁학습이 실제 상황에 대한 정보들을 바탕으로 가치문제에 대한 의사결정 훈련을 한다면, 교육연극은 실제 상황을 허구적 연극 형태로 구성함으로써 보다 구체적으로 체험한다는 차이가 있다. 따라서 실제 상황에 대한 정보가 충분하지 않은 경우 연극을 통한 상상적 간접체험이 오히려 고전적 논쟁학습보다 더 큰 효과를 줄 수 있는 것이다.

〈표 부-1〉 찬반 논쟁학습과 교육연극을 결합할 경우 학급 편성

진 영	조편성	역 할		인 원
		자기 진영 공연 시	상대방 진영 공연 시	
견해 1 동조집단	1조	연극의 기본 개요와 대본의 얼개를 구성하며, 상대방의 이의제기가 들어올 경우 방어논리를 주도적으로 개발한다.	상대방 연극을 면밀히 검토하여 자신들의 주장과 쟁점이 될 부분을 지적하고 이에 대한 대안을 제시한다.	5-7명
	2조	1조가 만든 대본을 토론을 통해 완성시키며 이를 직접 연기한다. 상대방의 이의제기가 들어올 경우 방어논리를 함께 개발한다.		8-10명
견해 2 동조집단	3조	1조와 동일		5-7명
	4조	2조와 동일		8-10명

현재 서울지역 중학교를 기준으로 한 학급을 두 진영으로 나누면 15~17명 정도로 연극을 구성하기에 적절한 인원이 된다. 이에 따라 한 학급에서는 어떤 쟁점에 대한 상반된 견해를 주장하는 두개의 연극이 구성이 되며, 각 진영은 상대 진영이 공연할 때는 적극적으로 논쟁을 제기하는 관객의 역할을 담당할 수 있게 된다. 이 경우 학급은 <표 부-1>과 같이 재편될 수 있다.

이러한 형태로 학급을 재편성하게 된다면 정보를 많이 보유하고 학업 능력이 우수한 학생과 그렇지 않은 학생들이 모두 소외됨 없이 나름의 역할을 담당할 수 있게 된다. 정보를 많이 보유한 학생은 자기 진영의 연극 내용을 구성하고, 상대방 진영 연극 내용에 대한 비판적 토론자가 된다. 즉 수동적 관객은 사라지고 그 자리에 내용 구성자와 비판적 토론자가 들어서게 되는 것이다. 이렇게 학급을 편성하여 두 개의 연극을 구성하도록 진행하고, 각 연극에 대한 논쟁을 전개한다면 앞에서 제기한 논쟁수업과 교육연극의 장애물들은 상당부분 해소될 수 있을 것이다.

그런데 문제는 교육연극 모형이나 논쟁학습 모형 모두 독자적인 교육 프로그램이기 때문에 이 둘을 기계적으로 결합해서는 지나치게 수업이 복잡해질 수 있다는 것이다. 복잡한 수업은 교사에게 진행 그 자체에 모든 에너지를 소모시켜 정작 학생을 돌볼 수 없게 만든다. 따라서 논쟁학습 모형과 교육연극 모형 모두 결합을 위해 간소화될 필요가 있으며, 특히 복잡한 구조를 가진 논쟁학습 모형이 간소화될 필요가 있다.

이를 위해 앞에서 살펴본 논쟁학습의 대표적인 세 모형의 장단점을 살펴보고 이들의 장점만을 취하고 단점은 버리도록 하자. 대표적인 논쟁학습 모형들의 장점과 여기에 대한 비판들은 <부-2>와 같이 정리될 수 있다.

<표 부-2> 주요 논쟁학습 모형들의 장·단점 비교

모 형	Oliver-Shaver 모형	Sweeny&Parsons 모형	Pro-Con 모형
장 점	가치문제에 대한 분석적이고 엄격한 추론	토의과정을 되돌아봄으로써 가치의 변화 혹은 확고화 등을 반성	다양한 입장을 취하도록 함으로써 역지사지의 능력 함양
비판적 검토	가치 추론의 형식적 탐구 과정만 중요시. 가치 자체에 대해서는 문제제기 안함	불명료하고 비조직적인 쟁점	복잡한 과정과 지나치게 많은 조 편성

표를 살펴보면 각각의 모형들은 나름의 장점이 있고, 또 약점이 있음을 알 수 있다. Oliver-Shaver모형의 경우는 가치추론의 엄격한 과정을 익힐 수 있고, 가치문제에 대해 감정적이 아닌 분석적 접근 태도를 익히게 할 수 있으나, 지나치게 보수적이라는 비판이 제기되고 있다. 즉 기존에 전수해야 할 가치들 외의 새로운 가치들의 등장에 대해 무관심하며, 적용이 곤란하다는 것이다. 반면 구체적인 가치들보다는 가치문제에서 비롯된 쟁점의 논쟁적 해결 과정을 중요시하는 Pro-Con모형은 이러한 위험을 피해갈 수 있다. 또 학생들이 다양한 가치와 입장을 간접적으로 경험해 볼 수 있기 때문에 더욱 큰 효과를 기대할 수 있다. 그러나 조 편성을 여러 번 하고 옮겨 다니는 등의 과정이 지나치게 번잡하다는 비판을 받아왔다. 이러한 점은 특히 학급이 비대한 한국 교실에의 적용을 더욱 곤란하게 만드는 약점이다. 반면 Sweeney-Parsons모형의 경우 가치문제에 대한 반성적 사고력을 키울 수 있고, 자료를 선정하는 과정을 이미 논쟁에 포함시켜 자연주의적 오류를 피할 수 있다. 그러나 쟁점이 불분명하다는 비판을 받아왔다. 쟁점을 분명하게 부각시키지 못하는 논쟁학습은 결국 지루한 논쟁과 사실상의 강의식 수업으로 전락해 버릴 위험을 가지고 있다.

〈표 부-3〉 세 모델을 결합·간소화한 논쟁학습 모형

단 계	활동내용
1. 쟁점 제시	교과내용을 중심으로 쟁점을 선정하여 제시한다.
2. 가치의 확인	제시된 쟁점에서 문제가 되고 있는 가치가 무엇인지 분석한다.
3. 학급 재편성	분석 결과에 따라 쟁점의 상반된 두 입장을 나누고 학급을 두 진영으로 재편한다.
4. 논 쟁	자신의 입장에 따른 결과 예상
	상대방의 대안에 대한 결과 예상
5. 반 성	쟁점에 대한 자신의 생각이 어떻게 바뀌었는지 반성한다.

이 연구는 세 모형의 장점을 모두 융합하여 보다 간소한 모형을 구성하기로 하였다. 그 결과는 <표 부-3>에 제시된 바와 같다. 주의할 점은 표에 제시한 모형은 교육연극과 결합하기 위해 간소화된 논쟁학습 모형이지, 독자적으로 활용 가능한 논쟁학습 모형이 아니라는 것이다. 간소화된 이 모형은 논쟁을 준비하는 단계에서는 Oliver-Shaver 모형을, 논쟁의 진행단계에서는 Pro-Con모형을, 그리고 논쟁의 후속작업에는 Seeney-Parsons 모형을 사용하도록 구성되었다. 그러나 쟁점은 일상생활이나 시사문제 등에서 선정하지 않고 교과내용을 중심으로 선정하도록 구성하였다. 이는 문화적 체험과 학업의 딜레마라는 한국적 현실을 고려한 것이다.

지금까지 교육연극과 결합하기 위한 논쟁학습의 간소화된 모형을 구성하였다. 이제 논쟁학습을 받아들이기 위한 교육연극의 모형을 구성하도록 하자. 그런데 문제는 교육연극의 수업모형 자체가 분명하지 않다는 것이다. 교육연극을 학교 교실에 도입하고자 한 시도는 비교적 최근의 일로서, 이 분야에서는 아직 분명한 교수-학습 모형은 만들어지고 있지 않다. 그 결과 매우 다양한 모형들이 일종의 시안처럼 제시되고 있다. 그 명칭도 다양하여 DIE, TIE, Creative Drama, Youth Theater 등으로 불리고 있다. 그러나 이들은 모두 공통의 과정을 가지고 있어, 사실상 하나의 모델이라고 보아도 무방하다(박은희, 2001).

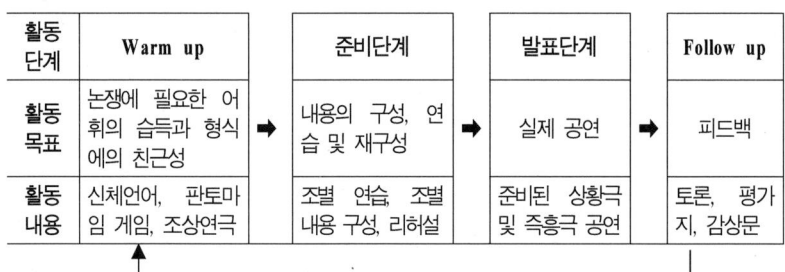

활동 단계	Warm up	준비단계	발표단계	Follow up
활동 목표	논쟁에 필요한 어휘의 습득과 형식에의 친근성	내용의 구성, 연습 및 재구성	실제 공연	피드백
활동 내용	신체언어, 판토마임 게임, 조상연극	조별 연습, 조별 내용 구성, 리허설	준비된 상황극 및 즉흥극 공연	토론, 평가지, 감상문

되먹임

[그림 부-1] 교육 연극의 일반화된 모형

이 모델들의 공통점을 모두 추출하면 결국 [그림 부-1]과 같은 4개의 단계를 이루고 있다. 첫 단계는 웜업이다. 아무리 무대를 전제로 하지 않는 교육연극이라 할지라도 자신의 생각을 언어와 몸짓으로 표현한다는 것은 쉬운 일이 아니다. 특히 수줍음이 많고 타인의 눈을 많이 의식하는 동아시아 문화권 학생들에게 이는 더욱 쉬운 일이 아니다. 따라서 이들이 자신의 벽을 깨고 자유롭게 자신을 표현할 수 있는 자세, 태도, 그리고 분위기를 조성하는 것은 교육연극의 첫 단계로서 대단히 중요하다. 두 번째 단계는 연극으로 구성할 내용을 만드는 것이다. 바로 이 부분이 교육연극이 여타의 연극과 구별되는 부분인데, 교육연극에서는 대본의 작성과 연기 연습이 구별되지 않는다. 학생들은 어떤 소재로 연극을 할 것인가를 브레인스토밍으로 결정한다. 그리고 구체적인 대본은 아이디어가 나올 때마다 즉흥극의 형태로 제시하고, 여기에 대해 토론하고 수정하면서 한 장면, 한 장면을 만들어 나가도록 되어있다. 그리고 연극이 완성되면 이를 실제 무대에 올리게 된다. 그리고 마지막 단계는 팔로우업으로서, 공연했던 연극에 대한 토론과 평가, 그리고 필요한 경우는 수정 후 재공연 등이 이루어진다.

〈표 부-3〉연극-논쟁학습 모형

단 계	활동내용
1. 쟁점 제시	사회과 교과내용을 중심으로 쟁점을 선정하여 제시한다.
2. 가치의 확인	제시된 쟁점에서 문제가 되고 있는 가치가 무엇인지 분석하며, 가능한 상황을 조사한다.
3. 학급 재편성	분석 결과에 따라 쟁점의 상반된 두 입장을 나누고 학급을 두 진영으로 재편한다.
4. 연극을 위한 소조 편성	각 진영에서 연극을 주도할 그룹과 토론을 주도할 그룹을 선정한다.
5. 연극의 구성	각 진영의 입장에 따른 상황극을 구성한다. 이때 상황극의 구성이 일부 작가 역에게 집중되지 않도록 조 내부의 토론을 이끈다.
6. 연 습	상황극을 무대에 올리기 위한 연습을 진행하면서 쟁점에 대한 자신의 생각이 어떻게 바뀌었는지, 그리고 자신이 선택한 입장의 논리를 어떻게 강화할 수 있는지 보강한다.
7. 리허설	상대방 진영의 논리와 상황을 미리 파악하고 연극을 수정하며 논쟁전략을 수립한다.
8. 발 표	각 진영별로 구성한 상황극을 발표한다.
9. 논 쟁	발표된 내용에 대해 각 진영의 입장에서 논쟁을 진행한다.
10. 반 성	주어진 쟁점에 대한 자신의 생각을 반성적으로 정리한다.

지금까지 검토하여 재구성한 <표 부−2>의 논쟁학습 모형과 [그림 부−1]의 교육연극 수업 모형들을 결합하여 연극−논쟁 수업의 모형을 구성할 수 있다. 그 결과는 <표 부−3>과 같다. 이것은 최종적으로 완성된 연극−논쟁 수업의 모형이다. 이 모형은 기본적으로 논쟁학습의 모형을 따르고 있지만 논쟁의 매개체로서 허구적 산물인 연극 공연을 도입하고 있다는 점에서 이와 구별된다. 또한 기존의 연극교육 수업에 비해 Follow up 단계의 논쟁을 강화하고, 쟁점을 분명히 함으로써 교육적 효과를 제고하고자 하였다. 표를 살펴보면 첫 번째, 두 번째, 그리고 아홉 번째와 열 번째 단계는 재구조화 한 <표 부−2>의 논쟁학습 모형이고, 나머지 부분은 교육연극 모형임을 확인할 수 있다. 즉 논쟁학습 모형이 교육연극 모형의 웜업과 팔로우업을 보강하고 있다. 이 점에서 연극−논쟁 학습은 팔로우업이 강화된 교육연극이라고 볼 수도 있을 것이다. 이 수업을 진행하기 위해 학급은 쟁점에 대한 입장에 따라 두 개 조로 편성이 된다. 한 개 조는 보통 16명 정도가 되는데, 이는 교육연극을 하기에 적당한 인원수가 된다. 이 두 개조는 각자 자신의 입장에 따라 상황 극을 DIE방식에 따라 제작한다. 그리고 이를 상대 조를 관객으로 하여 발표하게 된다. 마찬가지로 상대조가 발표할 때는 관객이 된다. 이때 두 조는 쟁점을 놓고 경쟁하는 상황이기 때문에 단지 수동적인 관객이 아니라 적극적으로 상대방의 연극 내용에 대해 이의 제기를 하고 논쟁을 벌이는 토론자가 된다.

지금까지 연극−논쟁수업의 모형의 구성과정과 각 단계의 특징을 살펴보았다. 그러나 모형의 틀과 간략한 설명만으로 이 수업의 진행을 보여주기에는 한계가 있기 때문에 이 모형을 적용한 실제 수업을 설계해 보고자 한다.

지금까지 구성한 사회과 연극논쟁 수업 모형의 실제 교실 적용을 위해 선택된 단원은 중학교 2학년 사회과의 문화단원이다. 이를 선택한 이유는 앞에서 여러 차례 강조했듯이 교육연극은 사회과 내용과 결합될 때 효과적이며, 논쟁학습 역시 사회과와 밀접한 관련이 있기 때문이다. 또 사회과에서도 문화 영역은 정치나 경제영역에 비해 가치문제가 보다 중심적 위치를 차지하고 있는 영역이기 때문에 이 수업 모형의 취지와 잘 부합한다.

1) 단원 개요

(1) 단원명: Ⅵ 개인과 사회발전 3. 문화 창조와 문화 발전
(2) 교재: 중학교 사회 2학년(도서출판 디딤돌), pp.150-165
(3) 단원 학습목표
  ★ 문화의 개념을 이해한다.
  ★ 문화를 보는 올바른 관점에 대하여 이해하고 설명할 수 있다.
  ★ 문화의 발전 경로에 대하여 이해하고 사례를 제시할 수 있다.
  ★ 다문화시대를 살아가기 위한 개방적인 태도를 습득한다.
  ★ 주어진 쟁점에 대해 자신의 관점을 견지하여 토론할 수 있다.

2) 단원 구성 및 차시별 학습 내용

이 단원을 앞에서 개발한 연극―논쟁 수업 모형에 따라 구성하게 되면 <표 부-4>와 같이 모두 6차시로 구성된 단원이 성립된다. 이 단원을 각 차시별로 살펴보면 다음과 같다. 먼저 1, 2차시는 논쟁에 필요한 기본적인 개념과 정보를 학습하기 위해 배당되었다. 3차시에서부터 실제 연극―논쟁 수업이 적용되는데, 3차시는 문화를 바라보는 관점에 따라 야기될 수 있는 쟁점을 발견하는 시간이다. 이를 위해 교사의 도발적인 발문, 혹은 학생들의 사고에 파문을 일으킬 수 있는 자료 제시 등

을 통한 브레인스토밍이 효과적이다. 학생들은 이때 확인한 자신의 입장에 따라 논쟁의 두 진영 중 한 진영을 선택한다. 이렇게 두 진영의 편성이 원활하지 않을 경우 교사가 개입할 수도 있다. 진영이 결정되면 각 진영 내에서 역할을 분담한다.

〈표 부-4〉 중학교 사회과 문화 영역의 단원 구성

대단원	중 단원	단원 학습 목표	차시	차시별 수업 내용		교수-학습 방법
				학습내용	활동내용	
VI 개인과 사회의 발전	3. 문화 창조와 문화발전	문화의 개념을 이해한다. 문화를 보는 올바른 관점에 대하여 이해하고 설명할 수 있다. 문화의 발전 경로에 대하여 이해하고 사례를 제시할 수 있다. 다문화 시대를 살아가기 위한 개방적인 태도를 습득한다. 주어진 쟁점에 대해 자신의 관점을 견지하여 토론할 수 있다.	1	문화의 의미	논쟁을 위한 기본지식, 정보 공유	개념 학습
			2	문화에 대한 여러 관점		
			3	세계화 시대의 문화 쟁점	쟁점의 확인 및 소집단 편성	브레인스토밍
			4	연극 내용 구성	상황극 구성을 위한 소집단별 토론	
			5	리허설	논쟁을 준비하기 위한 예비적인 발표 연극-논쟁 수업의 절차와 필요한 기능·동작의 공유 및 연습	연극-논쟁 수업
			6	연극 시연 및 토론	최종적인 발표 및 논쟁	연극-논쟁 수업
			7	대안적 가치의 모색	쟁점이 된 두 입장의 장단점을 비교하고 대안적인 제3의 가치를 발견함으로써 논쟁을 마무리	심층 학습

4차시에는 편성된 두 진영별로 소그룹 분임토의를 하고 이를 바탕으로 상황극을 구성하는 시간이다. 이 시간 내에 완성하지 못한 상황극의 대본은 과제로 부과하여 일종의 프로젝트 학습 같은 형태를 취하도록 한다. 상황극 구성을 위해 보다 많은 시간을 배분하는 것이 원칙이겠으나, 영어, 수학에 비해 내용은 많고 시수는 적은 사회과의 현실은 이를 허락하지 않는다. 5차시에는 리허설을 통해 학생들이 연극―논쟁 수업의 진행방법을 익히고, 주요 쟁점을 다시 확인하며, 자신들의 입장과 논리를 정리하여 본 수업에 대비하도록 한다. 이를 바탕으로 6차시에는 실제 연극을 공연하고 논쟁을 진행한다. 그리고 마지막으로 7차시에는 쟁점이 되었던 두 입장이 모두 가지고 있는 가능성과 한계를 반성적으로 살펴보고, 대안적 가치는 없는지 모색함으로써 21세기 세계화 시대에서 문화에 대한 상대주의적이고 개방적 태도의 의미를 심층적으로 확인하면서 문화 영역의 단원을 마무리하도록 한다.

앞에서 구성한 단원에 따라 강동구 소재 S중학교에서 이 연구자 중 하나가 실제로 수업을 실시하였다. 그중 실제 공연과 논쟁이 이루어진 6차시의 수업지도안을 다음과 같이 제시한다.

1) 장소: 멀티미디어 도서실
2) 일시: 2004년 12월 6일
3) 대상: 신암중학교 2학년 11반(33명)
4) 지도교사: 구민정
5) 본 차시 학습 내용: (총 7차시 중 6차시)
6) 본 차시 학습 목표
　　① 문화 사대주의와 국수주의가 가져오는 부정적 결과를 구성해
　　　봄으로써 이를 간접적으로 체험한다.
　　② 문화 사대주의자나 국수주의자들의 논리를 직접 구성하고 이

를 논박함으로써 그 문제점을 심층적으로 이해한다.

③ 문화를 대함에 있어 상대주의적인 접근의 필요성을 체험적으로 이해한다.

④ 다가오는 세계화시대에 필요한 문화에 대한 개방적 자세, 특히 소수 문화에 대한 배려와 이해력을 높인다.

6) 본 차시 교수-학습 방법: 연극-논쟁 수업 모형에서 발표 및 논쟁 단계

7) 본 차시 수업의 주안점

본 차시의 활동은 연극-논쟁 수업 모형에서 지금까지 준비한 상황극을 발표하고 이를 바탕으로 논쟁을 실시하는 핵심적인 부분이다. 이를 위해 교사는 다음과 같은 점을 유의하여야 한다.

① 학생들이 쟁점에 대한 태도를 보다 분명히 하도록 연극을 시작하기 전에 논쟁을 자극할 수 있는 자료들을 제시한다.

② 학생들과 마찬가지로 교사 역시 논쟁의 진행자라는 배역을 맡아 이를 연기할 수 있도록 한다.

③ 학생들이 자신들이 선택한 진영의 입장을 벗어나지 않고, 쟁점이 분명하게 부각되도록 유도한다.

④ 이 수업의 쟁점을 이루는 두 진영은 모두 그릇된 관점임을 학생들이 선험적으로 알고 있도록 조치해야 한다. 따라서 승자도 패자도 없다.

⑤ 학생들은 자신들에게 가해진 상대편의 공격을 통해 또 상대방에게 가한 자신의 공격을 통해 두 가지 관점이 모두 그릇되었음을 보다 논리적으로 확인하고 이를 통해 대안의 필요성을 인식해야 한다. 이를 위해 정교한 팔로우업 도구와 전략이 준비되어야 할 것이다.

본 6차시의 교수-학습은 <표 6>과 같이 진행된다.

〈표 6〉 교수-학습의 진행

학습 단계	교수-학습 활동		자료	시간		비고
	학생 활동	교사 활동		해당	누계	
도 입	조별로 모이고, 공연을 위한 준비를 완료한다.	공연 준비를 점검하고 각 조를 정돈한다. 사대주의와 국수주의 모두를 자극할 수 있는 자료화면을 멀티비전을 통해 보여준다. 토론에 참석할 패널들을 소개하고(통칭 물짱구 학회와 꿀짱구 학회로 한다), 먼저 제시한 자료화면에 대한 쟁점을 제시하고 논쟁적 분위기를 유도한다.	시그널 음악(Aron Copland'F afare for common people) 인터넷 광고화면(유럽품격의 S아파트 vs. 민속촌 광고)	2	2	컴퓨터, 멀티비전 활용
상황극	"물짱구 조"는 "국수주의자" 입장을 주장하는 상황극을 공연한다. 이때 "꿀짱구 조"는 중간에 이의제기를 하며 체크한다. 체크가 들어올 때 "물짱구" 대본조는 상대방의 이의제기가 무엇인지 예측하고 이에 대한 대응책을 마련한다.	교사는 논쟁의 진행자 역할을 맡아, 각 조의 상황극이 무대에 올라가도록 한다. 이때 각 조의 상황극에는 TV 논쟁 프로그램의 자료화면 같은 위상을 부여한다. 학생들이 상황극을 공연할 때는 연극진행을 돕는다. 특히 관객이 되는 다른 조의 학생들이 조용한 태도로 협조할 수 있도록 평가서를 활용한다.	각조의 연극 진행에 필요한 소품, 음향 효과 등	10	12	무대, 조명, 멀티비전 등 활용
	"꿀짱구 조"는 "사대주의자"입장을 주장하는 상황극을 공연한다. "물짱구 조"의 활동은 전 상황의 "사대주의자"와 동일하다.			10	22	
토 론	공연을 모두 마친 후, 각 조는 상대 조에게 이의 제기한 부분에 대한 리플레이를 요구하며, 여기에 대해 자신들의 대안을 제시하며 토론을 제기한다.	토론의 사회자의 역할을 수행한다. -논쟁의 쟁점을 정리하여 각 조가 자신의 논지를 벗어난 주장을 할 때 이를 바로잡는다. 토론 시 연극에 참여한 각 조의 배우들은 패널로 자리를 잡고 중앙에 앉도록 한다.	마이크	20	42	마이크, 프로젝터
정리 및 반성	쟁점이 된 부분이 무엇이었는가 공유하며, 제3의 길에 대한 문제의식을 가진다.	쟁점이 된 부분을 정리하고, 차시 예고를 통해 대안적 가치를 모색할 필요성을 제시한다. 이를 위해 미리 준비한 팔로우업 용지를 배부한다. 이는 차시 학습의 중요한 도구가 되며 동시에 평가 자료로 활용된다 (평가지는 부록으로 첨부함).	평가지	3	45	

다음에 제시하는 실제 수업 장면을 보면 보다 이해가 빠를 것이다. 다음의 [그림 보-1]은 DIE-논쟁 수업을 실시하기 위한 교실 배치도다. 좌측은 공연이 이루어지기 전까지의 교실 배치이며, 우측은 리허설 이후부터의 교실 배치다. 그림에서 확인할 수 있듯이 교실의 가운데 부분을 무대로 활용하며, 공연자는 상대조를 관객으로 공연하게 된다.

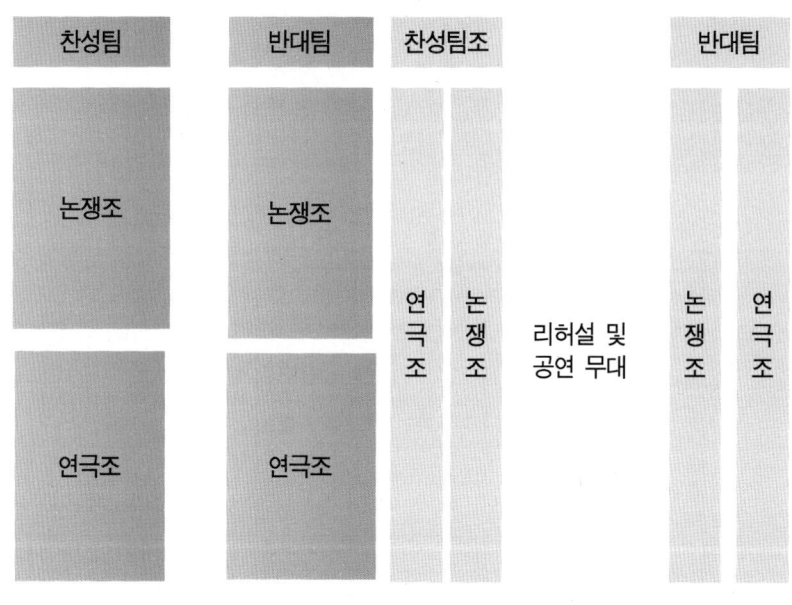

준비 단계의
교실배치

공연단계의 교실배치

[그림 보-1] NIE 의사결정학습 수업 순서

다음의 [사진 1]은 학생들이 상황극을 진행하고 있는 장면이다. 보는 바와 같이 약간의 소품과 의상은 준비하지만 기본적으로 즉흥극의 성격을 가지기 때문에 무대 연극 수준의 준비는 필요하지 않다. 위의 사진은 한국인 중국인 일본인이 모여 서로 자기 문화가 제일이라며 억지를 부림으로써 건강한 합의에 도달하지 못하는 장면을 묘사하고 있다. 아래 사진은 한국 기업에 취업한 이탈리아 출신 노동자는 예우를 받지만 인도네시아 출신 노동자는 무시와 왕따를 당하는 장면을 묘사한 상황극의 모습을 보여주고 있다.

[사진 1]

[사진 2]는 공연이 끝난 뒤 진행되는 팔로우업 단계에서 논쟁이 이루어지는 모습을 보여주고 있다. 여기에서 교사는 토론의 사회자로 참여하여 상황극의 쟁점을 정리하면서 토론을 진행하고 있으며, 학생들은 서로 상대 조 출연자들을 소환하여 문제제기를 한다. 이때 주의해야 할 점은 교사가 교사로서 참여하는 것이 아니라 사회자로서 참여한다는 점이다. 즉 토론회 자체가 일종의 연극적 상황이며, 학생들은 학생으로서 토론회에 참여하는 것이 아니라 사회단체, 전문가 등의 어떤 역할을 가지고서 토론회에 참석하게 된다.

여기에 제시된 사진은 무대가 전면에 배치되어 있다. 이는 이 수업에 적합한 특별한 교실을 확보할 수 있었기 때문이다. 그러나 이 수업 모형의 진정한 강점은 사진과 같은 시설을 갖추지 못한 일반 교실에서도 적용 가능하다는 점이다. 일반 교실에서 이 수업을 적용하고자 할 때는 [그림 보-1]과 같은 교실 배치로 충분히 활용가능하다.

[사진 2]

　　논쟁까지 다 끝나면 교사는 의사결정표를 나누어 주고 이를 작성하게 한 뒤 투표에 들어간다. 투표까지 마치면 최종적으로 평가지를 작성하게 한다. 평가지의 양식은 <부록 3>에 제시되어 있다. 이 평가지는 필요한 경우 실제 수행평가 등의 평가 자료로도 활용할 수 있고, 다음 수업을 위한 피드백 자료로도 활용할 수 있으며, 후속 연구를 위한 질적 자료의 수집 도구로도 활용할 수 있다.

평 가 지47)

================

학년 반 번 이름   소속(   )조

1. 연극에서 가장 중심이 되는 갈등은 무엇이었습니까?

우리 조 연극	상대 조 연극

2. 이 연극 내용에 대한 주된 비판은 무엇이었고 그에 대한 반박은 무엇이었습니까?

우리 조의 비판	상대 조의 비판

---

47) 이 평가지는 팔로우업의 정리 단계에서 사용된다. 수업의 목표에 따라 다양한 팔로우업 도구를 활용할 수 있다.

우리 조의 반박	상대 조의 반박

3. 이 수업을 하기 전과 하고 난 후 우리 문화와 외국 문화를 바라보는 생각에 어떤 변화가 있었습니까?

이 전	이 후

4. 귀하와 귀하의 동료들이 이번 수업에 맡은 역할은 구체적으로 무엇이며 그 수행정도는 어느 정도라고 생각하십니까?

나의 소속 (　　　)반 (　　　　　　)조
(　　　　　　)팀

번호	이 름	맡은 일	역할 수행 정도를 서술하세요	100점 만점에 몇 점 쯤?
	본 인			

참고문헌

권낙원(1996). 『토의수업의 이론과 실제』. 서울: 현대교육출판.

권오정, 김영석(2002). 『사회과 교육학의 구조와 쟁점』. 서울: 교육과학사.

김광자(2000). 『교수학습방법의 이해』. 서울: 집문당.

김균형(2001). "연극의 교육적 사용방법에 대한 연구". 『연극교육연구』, 7, pp.5-44.

김창화(2003). 『청소년을 위한 연극교육』. 서울: 문음사.

남세진(1997). 『역할놀이』. 서울대학교 출판부.

민병욱(2000). "창의적 드라마의 교육적 효용성에 관한 실증적 연구". 『한국연극학』, 15, pp.149-184

박은희(2001). "교육연극이란 무엇인가?". 민병욱,심상교 편(2001). 『교육연극의 이론과 실제』. 서울: 연극과 인간, pp.31-48.

오판진(2003). "비판적 사고교육을 위한 연극적 교수-학습 방법에 관한 시론". 『문학교육학』, 11, pp.401-431.

윤기옥, 정문성, 최영철, 강문봉, 노석구(2002). 『수업모형의 이론과 실제』. 서울: 학문출판.

이광성(1997). 『고급수준 질문의 활용 정도가 사회과 고급 사고력과 학업성취에 미치는 효과 연구』. 서울대학교 박사논문.

이성은(1996). 『총체적 언어교육』. 서울: 창지사.

이순재(2003). 『사회과 쟁점중심 수업이 비판적 사고 및 학습태도에 미치는 효과』. 서울대학교 박사학위 논문.

전숙자(2001). 『사회과교육의 새로운 이해』. 서울: 교육과학사.

주은옥(2001). 『논쟁문제를 위한 '찬반협상 모형'의 개발과 효과 연구』. 서울대학교 박사학위 논문.

Bloom, B.S., Engelhart, M.D., Furst, E.J., Hill, W.H. & Krathwohl, D.R. (1956). *Taxonomy of educational objects, the Classification of educational goals: Handbook Vol.1.* New York: Longmans, Green.

Engle, S. H. & Ochoa, A. S.(1988). *Education for democratic citizenship: Decision making in Social Studies.* New York: Teacher's College, Columbia University.

Erikson, E.(1950). *Childhood and Society.* New York: Norton.

Goffman, E.(1961). *Encounters: Two Studies in the Sociology of Interaction.* Indianapolis: Bobbs Merill.

Goodman, K.(1986). *What's a whole in whole language?* Portsmouth, N.H.: Heinemann Educational Books.

Mead, G. H.(1934). *Mind, Self, and Society.* Chicago: University of Chicago Press.

Nelms, H.(2000). *Play Production.* London: Dover Publications.

Newman, F.M.(1991). Classroom thoughtfulness and student's higher order thinking: Common indicators and diverse social studies courses: Theories and Research in Social Education, 14(4).

Oliver, D. W. & Shaver, J. P.(1966). *Teaching Public Issues in High School.* Boston: Houghton-Mifflin Co.

Orlich, D.C, Harder, R.J., Callahan, R.C., Kravas, C.H., Kavchak, D.P., Pendergrass, R.A., & Keogh, A.J.(1985). *Teaching Strategies(2nd. ed.).* Lexington, MA: Heath.

Shaftel, F.R., Shaftel, G.(1967). *Role Playing for social value: Decision making in the social studies.* Englwood Cliffs, N.J.: Prentice Hall

Shaftel, F.R., Shaftel, G.(1982). *Role Playing in the Curriculum.* Englwood Cliffs, N.J.: Prentice Hall

Siks, G.B.(1958). Creative Dramatics: An Art for Children. N.Y.: Harper & Row.

Stewig, J.W., Buege, C.(1994). *Dramatizing Literature in whole Language Classroom.* N.Y.: Columbia Univ. 황정현 역(2004).『총체적 언어교육을 위한 교육연극』. 서울: 평민사.

Sweeny, J.A.C., Parsons, J.B.(1975). Teacher preparation and models for teaching controversial social issues, In Muessig, R.H(Ed.), *Controversial issues in the social studies: A contemporary perspective.* Washington D.C.: National Council for Socail Studis.

저자 소개

권재원

서울 중동고등학교 졸업
서울대학교 사범대학 독어교육과 졸업
서울대학교 대학원 사회교육과 졸업. 교육학 박사
구산중, 도곡중, 강일중, 신암중
현) 고덕중학교 교사
    서울대학교 사범대학 사회교육과 강사
    참교육 연구소 부소장

주요 논문

「교육연극(DIE)이 청소년의 문화관용성에 미치는 효과 연구」
「학교 복장규정이 청소년의 정치문화와 비행 가능성에 미치는 효과 연구」
「연극−논쟁 수업 모형 개발에 대한 연구: 청소년 문화 활동을 통한 고차 사고력 함양을 위하여」
「청소년 게임중독 치료에서 게임유형 대체 요법의 효과에 대한 질적 사례연구」
「청소년의 학교·학원에서의 불만에 대한 질적 조사: 수업과 처우」
「청소년 문화 활동 저해요인으로서의 학원문제와 그 원인에 대한 연구: 학교 내 불만을 중심으로」
「청소년의 여가·문화를 위한 컴퓨터게임 선별 연구: 몰입·중독 효과를 중심으로」

E-mail hagi87@empal.com

구민정

서울 영동여자고등학교 졸업
이화여자대학교 사범대학 사회생활교육과 졸업
단국대학교 대학원 대중예술과 졸업(연극 연출 전공)
단국대학교 대학원 예술학 석사
현) 고덕중학교 교사

주요 논문
「사회적 쟁점을 소재로 한 교육연극이 청소년의 민주시민성에 미치는 영향」
「연극－논쟁 수업 모형 개발에 대한 연구: 청소년 문화 활동을 통한 고차
사고력 함양을 위하여」

E-mail sonasiny@empal.com

청소년을 위한 민주주의 교육의 이론과 실제

• 초판 인쇄	2007년 3월 26일
• 초판 발행	2007년 3월 26일
• 지 은 이	권재원 · 구민정
• 펴 낸 이	채종준
• 펴 낸 곳	한국학술정보㈜
	경기도 파주시 교하읍 문발리 526-2
	파주출판문화정보산업단지
	전화 031) 908-3181(대표) · 팩스 031) 908-3189
	홈페이지 http://www.kstudy.com
	e-mail(출판사업팀사업부) publish@kstudy.com
• 등 록	제일산-115호(2000. 6. 19)
• 가 격	27,000원

ISBN 978-89-534-6557-2 93370 (Paper Book)
978-89-534-6558-9 98370 (e-Book)